BFZ 9

ERIC MINTHE

Die Übertragung des Anwartschaftsrechts durch einen Nichtberechtigten

AF860847

AUSGESONDERT

HASCHE ESCHENLOHR PELTZER
RIESENKAMPFF FISCHÖTTER
- Rechtsanwälte -
Niedenau 68 - Tel. 069 - 71 70 1 - 0
60325 Frankfurt/Main
PostBkKto Ffm. 1324 23 - 600, (BLZ 500 100 60)

07. 02. 98

Schriften zum Bürgerlichen Recht

Band 203

Die Übertragung des Anwartschaftsrechts durch einen Nichtberechtigten

Von

Dr. Eric Minthe

Duncker & Humblot · Berlin

Die Deutsche Bibliothek – CIP-Einheitsaufnahme

Minthe, Eric:
Die Übertragung des Anwartschaftsrechts durch einen Nichtberechtigten / von Eric Minthe. – Berlin : Duncker und Humblot, 1998
(Schriften zum bürgerlichen Recht ; Bd. 203)
Zugl.: Mainz, Univ., Diss., 1997
ISBN 3-428-09248-1

Alle Rechte vorbehalten
© 1998 Duncker & Humblot GmbH, Berlin
Fotoprint: Werner Hildebrand, Berlin
Printed in Germany

ISSN 0720-7387
ISBN 3-428-09248-1

Gedruckt auf alterungsbeständigem (säurefreiem) Papier
entsprechend ISO 9706 ♾

Meinen Eltern

Inhaltsverzeichnis

A. Einleitung

I. Der Erwerb vom Nichtberechtigten

Vertraut der Erwerber auf die Richtigkeit der Behauptung des sich als Eigentümer gerierenden Veräußerers, so steht die Rechtsordnung vor der Frage, ob sie ihn zum Eigentümer machen soll oder nicht.

Der Erwerber, der in der Regel ein Vermögensopfer erbracht hat, um in den Besitz der Sache zu gelangen, hat ein schutzwürdiges Interesse daran, auch Eigentümer zu werden, wenn er im Vertrauen auf die Besitzlage gehandelt hat. Außerdem sind ganz unabhängig von dem persönlichen Interesse des konkreten Erwerbers die Leichtigkeit und Sicherheit des Verkehrs schützenswert. Das Allgemeininteresse verlangt, daß der Umsatz beweglicher Sachen nicht durch allzu große Risiken im Hinblick auf den Eigentumserwerb behindert wird.[1] Diesem Erwerbsinteresse steht allerdings das Beharrungsinteresse des Eigentümers entgegen, der seinerseits kein Interesse daran hat, seine Sache ohne sein Zutun zu verlieren. Dieser Zusammenstoß von Vertrauensschutz- und Rechtsbeharrungsinteressen taucht im ganzen Rechtssystem auf und wird vom Gesetz jeweils mit verschiedenen Mitteln und unterschiedlicher Interessenbewertung gelöst.[2]

Dieser Interessengegensatz läßt sich nicht dadurch lösen, daß der gutgläubige Erwerb völlig verneint wird, da sonst die Interessen des redlichen Erwerbers und des Verkehrs im allgemeinen überhaupt nicht berücksichtigt würden. Eine solche Lösung hat es daher auch nie gegeben.[3] Stellte man lediglich auf

---

[1] Vgl. *Harry Westermann/Gursky,* § 45 I; *MünchKomm/Quack,* § 932 Rn. 1; die Lit. zum gutgläubigen Erwerb ist ausgesprochen umfangreich, vgl. etwa das Schrifttumsverzeichnis bei *MünchKomm/Quack,* § 932 vor Rn. 1.

[2] Überblick hierzu und die verschiedenen Lösungsmöglichkeiten bei *Harry Westermann,* JuS 1963, S. 1 ff.

[3] Auch nicht im Römischen Recht, wie vielerorts, etwa bei *Berger,* S. 150, behauptet: Nach Römischem Recht gab es lediglich keinen gutgläubigen Soforterwerb vom Nichtberechtigten. Dies wird deutlich, wenn man die Voraussetzungen der Usucapio, der römisch-rechtlichen Ersitzung, mit denen des heutigen gutgläubigen Erwerbs vergleicht: Diese sind bis auf das tempus (bei beweglichen Sachen ein, bei Grundstücken zwei Jahre) identisch; insoweit täuscht die Stringenz des in diesem Zusammenhang gern gebrauchten Satzes „nemo plus iuris ad alium transferre potest quam ipse habet“

den Besitz als Träger des Rechtsscheins ab, so würde dies den Erwerber bevorzugen. Ohne Einfluß auf dessen Erwerb wäre es nämlich dann, aus welchen Gründen der Eigentümer nicht mehr Besitzer ist, also ob er die Sache etwa verliehen hat, oder ob ihm die Sache gestohlen worden ist. Der Besitz strebt aber nicht etwa wie das Grundbuch die Garantie der Identität von materieller Rechtslage und äußerem Schein an, so daß nur beim Grundbuch eine derartige Betrachtungsweise gerechtfertigt ist, vgl. §§ 892 f. BGB[4,5].

Übrig bleiben vermittelnde Lösungen, nach denen darauf abzustellen ist, ob der Eigentümer für den falschen Schein des Eigentums des Verfügenden verantwortlich ist. Dies hat in § 935 Abs. 1 seinen Ausdruck gefunden, wonach nur bei Abhandenkommen der Sache (Ausnahme: § 935 Abs. 2) den Beharrungsinteressen des Eigentümers der Vorzug gegeben wird und ein gutgläubiger Erwerb nicht stattfindet. Differenzierungen nach der Art des Grundgeschäfts hat das BGB nicht getroffen, es stellt bei der Frage des redlichen Erwerbs vielmehr allein auf das Verfügungsgeschäft ab. Die Art des Grundgeschäfts findet nur Eingang beim bereicherungsrechtlichen Ausgleich, vgl. § 816 Abs. 1 S. 1, S. 2. Auch ein Lösungsrecht hat das BGB dem ehemaligen Eigentümer, der damit bei besonderem Interesse die Sache vom redlichen Erwerber zurückerlangen könnte, nicht zugestanden.

Neben den bereits erwähnten Voraussetzungen des Besitzes des Verfügenden als Rechtsscheinträger, dem guten Glauben des Erwerbers und einem Erwerbstatbestand gem. §§ 929 ff. setzt der redliche Erwerb vom Nichtberechtigten voraus, daß der Erwerb auf einem Rechtsgeschäft beruht (und also nicht etwa ein Rechtserwerb kraft Gesetzes, etwa gem. § 1922 Abs. 1, vorliegt), daß ein Verkehrsgeschäft vorliegt (und also auf der Erwerberseite mindestens eine Person steht, die nicht auch auf der Veräußererseite steht[6]) und daß kein Fall des ebenfalls bereits erwähnten § 935 Abs. 1 gegeben ist.[7]

über die wahre Rechtslage, zutreffend *Rinnewitz*, S. 397 m. w. N. Diese Fragen können hier nicht vertieft werden, vgl. dazu und zur historischen Entwicklung des gutgläubigen Erwerbs allgemein insbes. *v. Lübtow*, FS FU Berlin, S. 144-177 (§ 2 g-m) und (zur historischen Entwicklung) S. 122-201 (§§ 2-3), aber auch die Überblicke bei *Rinnewitz*, S. 396 ff. und *Berger*, S. 150 ff.

[4] §§ ohne Gesetzesangabe sind im folgenden solche des BGB.

[5] Vgl. *Harry Westermann/Gursky*, SachenR, § 45 III 1 a. E.

[6] *Palandt/Bassenge*, § 892 Rn. 5.

[7] *Palandt/Bassenge*, § 932 Rn. 1; *MünchKomm/Quack*, § 932 Rn. 6 ff.; *Harry Westermann/Gursky*, § 45 III 1, 2; *Medicus*, BürgR, Rn. 547 f.; *Schwab/Prütting*, § 35 II 2; ausführlich zu allen im Zusammenhang mit dem Erwerb vom Nichtberechtigten stehenden Fragen nunmehr *Hager*, Verkehrsschutz durch redlichen Erwerb, 1990.

Das BGB läßt nicht nur Gutglaubensschutz beim Erwerb von beweglichen Sachen zu. Den §§ 932 ff. verwandte Regelungen sind etwa die §§ 135 Abs. 2, 136 für den gutgläubigen Erwerb bei Verfügungsverboten, § 161 Abs. 3 für bedingte Rechte, § 1244 für Verfügungen des vermeintlichen Pfandgläubigers, § 2113 Abs. 3 und § 2129 Abs. 2 für unberechtigte Verfügungen des Vorerben und § 2211 Abs. 2 für unberechtigte Verfügungen des Erben bei Testamentsvollstreckung. § 366 HGB schützt den guten Glauben an die Verfügungsbefugnis des Verfügenden. Die §§ 892 f. schützen im Liegenschaftsrecht denjenigen, der von einem zu Unrecht im Grundbuch Eingetragenen erwirbt; §§ 2366 f. denjenigen, der von einem zu Unrecht im Erbschein als Erbe Bezeichneten erwirbt. Beide Fälle haben gemeinsam, daß hier – im Gegensatz zum gutgläubigen Erwerb bei Mobilien – auch nicht grobe Fahrlässigkeit des Erwerbers bzgl. der Nichtberechtigung des Veräußerers schadet, vgl. §§ 892 Abs. 1 S. 1 a. E., 2366 a. E., 932 Abs. 2.

Seit jeher steht der Erwerb vom Nichtberechtigten im Brennpunkt der rechtspolitischen Diskussion. Bezweifelt man einerseits in einer arbeitsteiligen Wirtschaftsordnung die Eignung des Besitzes als Rechtsscheinträger generell, so versucht man andererseits der Auffassung von der erhöhten Schutzwürdigkeit des Eigentümers[8] dadurch zum Durchbruch zu verhelfen, die Verantwortlichkeit des Eigentümers für den bestehenden Rechtsschein einzuschränken. Damit aber stößt man an die interpretatorischen Grenzen, die das geltende Recht gezogen hat.[9] So fehlt es denn auch nicht an zahlreichen Vorschlägen für den Erwerb vom Nichtberechtigten de lege ferenda[10]. Solange aber die derzeitige Gesetzeslage Bestand hat, hat man den Schutz des gutgläubigen Erwerbers zu akzeptieren, mag man auch im Einzelfall mehr Sympathien für den Eigentümer aufbringen.

II. Die Lehre vom Anwartschaftsrecht

Wird ein Rechtsgeschäft unter einer aufschiebenden Bedingung vorgenommen, so tritt die von der Bedingung abhängig gemachte Wirkung mit dem Eintritt der Bedingung ein, § 158 Abs. 1. Hat jemand unter einer aufschiebenden Bedingung über einen Gegenstand verfügt, so ist jede weitere Verfügung, die er während der Schwebezeit über den Gegenstand trifft, im Falle des Ein-

---

[8] Zweifelnd an deren Evidenz *MünchKomm/Quack*, § 932 Rn. 1.

[9] Zutreffend *Harry Westermann/Gursky*, § 45 III 4 m. w. N.

[10] Siehe dazu *Harry Westermann/Gursky*, § 45 III 4 a. E. und *MünchKomm/Quack*, § 932 Rn. 1 m. w. N. in Fn. 5.

tritts der Bedingung insoweit unwirksam, als sie die von der Bedingung abhängige Wirkung vereiteln oder beeinträchtigen würde, § 161 Abs. 1 S. 1. Geschützt wird der bedingt Berechtigte gem. § 161 Abs. 1 S. 2 auch vor Verfügungen, die während der Schwebezeit im Wege der Zwangsvollstreckung, Arrestvollziehung oder durch den Konkursverwalter erfolgen. Wird der Eintritt der Bedingung von der Partei, zu deren Nachteil er gereichen würde, wider Treu und Glauben verhindert, so gilt die Bedingung als eingetreten, § 162 Abs. 1.

Dies ist die gesetzliche Ausgangslage, an der sich eine Arbeit, die sich mit dem Anwartschaftsrecht aus aufschiebend bedingter Übereignung auseinandersetzt, zu orientieren hat. Im Gemeinen Recht noch vertrat man unter dem Einfluß von Bartolus die Auffassung, daß dem Bedingungseintritt Rückwirkung zukommt. Dieser Auffassung stellten sich aber die §§ 128 ff. des ersten Entwurfs zum BGB, fast inhaltsgleich mit dem heutigen § 159, entgegen. Danach werden die Parteien, wenn nach deren Willen die an den Eintritt der Bedingung geknüpften Folgen auf einen früheren Zeitpunkt zurückbezogen werden sollen, bei Bedingungseintritt lediglich verpflichtet, einander zu gewähren, was sie haben würden, wenn die Folgen in dem früheren Zeitpunkt eingetreten wären. Denn man war der Auffassung, daß der bedingt Berechtigte durch die gesetzliche Regelung vor beeinträchtigenden Zwischenverfügungen hinreichend geschützt sei.[11] Dies war der Auslöser dafür, daß sich die Rechtswissenschaft des 20. Jahrhunderts in schier unüberschaubarer Fülle der juristischen Erfassung der Rechtsstellung des bedingt Berechtigten in der Schwebezeit widmete. Die Diskussion wird unter dem Schlagwort des *Anwartschaftsrechts* geführt.

Allen Anwartschaften ist eigentümlich, daß der Erwerb eines Rechts bereits eingeleitet, dieser aber noch nicht vollendet ist. Zwischen Einleitung und Vollendung des Vollrechtserwerbs liegt also eine Zeitspanne.[12] Voraussetzung für die Annahme eines Anwartschaftsrechts ist, daß von einem mehraktigen Entstehungstatbestand eines Rechts schon so viele Erfordernisse erfüllt sind, daß von einer rechtlich gesicherten Rechtsposition des Erwerbers gesprochen werden kann, die der andere an der Entstehung des Rechts Beteiligte nicht mehr durch einseitige Erklärung zu zerstören vermag.[13] Stellt man geringere Anforderungen an das Vorliegen eines Anwartschaftsrechts, etwa insoweit, als daß

---

[11] *Berger,* S. 23 m. w. N.; s. dort eingehend zur geschichtlichen Entwicklung des Anwartschaftsrechts auf den S. 1-121.

[12] *Medicus,* BürgR, Rn. 457.

[13] BGHZ 45, 186 (188 f.); 49, 197 (200) zurückgehend auf *Harry Westermann,* SachenR, 5. Aufl., § 5 III 3 a.

man es für ausreichend erachtet, daß die Beeinträchtigung der Rechtsposition nach dem normalen Verlauf der Dinge ausgeschlossen sei[14], so hieße dies, den Begriff des Anwartschaftsrechts konturlos machen. Ob man im zuletzt erwähnten Fall bereits von einem *Anwartschaftsrecht*, oder zunächst nur von einer *Anwartschaft* sprechen kann, ist für die Lösung eines Sachproblems nicht maßgeblich; denn dieses geht häufig gerade dahin, ob die Position des Erwerbers wirklich schon beständig ist. Das aber kann man nicht aus dem Vorliegen eines Anwartschaftsrechts folgern. Vielmehr ist regelmäßig gerade umgekehrt die Beständigkeit der Erwerberposition Voraussetzung dafür, daß man ein Anwartschaftsrecht annehmen darf.[15] Die terminologischen Fragen sollten daher nicht überbewertet werden.

Neben dem Anwartschaftsrecht des Vorbehaltskäufers – nur für bedingte Rechte gilt die eingangs zitierte Gesetzeslage – lassen sich obligatorische, dingliche, immaterialgüterrechtliche (vgl. §§ 9 PatG, 8 WZG) und erbrechtliche Anwartschaften unterscheiden.[16] Die Kennzeichnung der Anwartschaft als Vorstufe eines subjektiven Rechts darf nicht darüber hinwegtäuschen, daß die Qualifikation der jeweiligen Rechtsposition als Anwartschaftsrecht im Einzelfall äußerst zweifelhaft sein kann[17]. Während beispielsweise für die gewöhnliche Erbaussicht, die ja der Erblasser durch letztwillige Verfügung jederzeit zunichte machen kann, eindeutig nicht von einem Anwartschaftsrecht ausgegangen werden kann, ist dies schon problematischer bei der Rechtsstellung des durch Erbvertrag begünstigten Erben nach dem Vorversterben seines Vertragspartners oder der Stellung des Nacherben nach Eintritt des Erbfalls: Während im ersten Fall ein selbständig verkehrsfähiges Recht versagt wird, gesteht man dies im zweiten Fall dem Nacherben zu.[18] Im Blickpunkt der Diskussion stehen aber die sog. dinglichen Anwartschaften. Diese werden gelegentlich zusammen abgehandelt[19], da ihnen die Eigenschaft zugeschrieben wird, sich bereits so stark verfestigt zu haben, daß sie allein als qualifizierte Anwartschaften bezeichnet werden könnten.[20] Bei den dinglichen Anwartschaften werden immer dieselben Fragen, nämlich nach der Übertragbarkeit, der Zuständig-

---

[14] BGHZ 49, 197 (202).

[15] *Medicus*, BürgR, Rn. 456; ihm folgend *Schwerdtner*, Jura 1980, S. 613; *Marotzke*, JZ 1995, S. 804 zu I; *Staudinger/Bork*, Vorbem. zu §§ 158 ff. Rn. 57.

[16] *Staudinger/Bork*, Vorbem. zu §§ 158 ff. Rn. 58 m. w. N.

[17] *Schwerdtner*, Jura 1980, S. 609 f. m. w. N.

[18] BGHZ 87, 367; 37, 325; OLG Düsseldorf MDR 1981, S. 149; vgl. i. e. *Schwerdtner*, Jura 1980, S. 610 f. m. zahlr. N.

[19] So etwa von *Raiser*, Dingliche Anwartschaften 1961; *Medicus*, BürgR, Rn. 457 ff.; *Soergel/Mühl*, Einl. zum Sachenrecht Rn. 26.

[20] *Soergel/Mühl*, Einl. zum Sachenrecht Rn. 26 am Anfang.

keitsänderung auf der Passivseite, dem Erwerb vom Nichtberechtigten und der Verkehrsfähigkeit im allgemeinen, dem Recht des Anwärters zum Besitz sowie nach dem Rechtsschutz gegenüber Dritten, diskutiert. Es sind dies die Stellung des Grundstückserwerbers nach Auflassung vor Eintragung, des Hypothekars vor Valutierung und, als der am meisten diskutierten und auch hier im Verlauf der Darstellung im wesentlichen interessierenden Anwartschaft, der des Käufers unter Eigentumsvorbehalt.

Das wirtschaftlich bedeutendste Anwartschaftsrecht ist das des Vorbehaltskäufers. Die Vorschläge zu dessen korrekter dogmatischer Erfassung sind ebenso vielfältig wie verwirrend. Seit Jahrzehnten gibt es hierzu Publikationen, ohne daß sich ein allgemein zufriedenstellender Konsens hätte erreichen lassen; dies legt den Schluß nahe, daß ein solcher nach der derzeitigen Gesetzeslage vielleicht gar nicht zu erreichen ist. Von einem subjektiven Recht ist die Rede[21], vom wesensgleichen minus gegenüber dem Vollrecht Eigentum bzw. von dessen Wesensverwandtschaft oder gleichen Beschaffenheit[22], von einem einem echten beschränkten dinglichen Recht nahestehendem Recht[23], von einer Vorstufe zum Volleigentum[24], von einem schuldrechtlich-dinglichen Recht eigener Art[25], von einem geteilten Recht oder von einer Aufspaltung in Vor- und Nachrecht[26], von einem Erwerbsrecht eigener Art[27], von einem Warterecht[28] und anderem mehr[29]. Überwiegend wird das Anwartschaftsrecht in der Literatur als dingliches Recht qualifiziert[30]. Es ist aber festzustellen,

---

[21] BGHZ 10, 69; 20, 88 (94).

[22] BGHZ 28, 16 (21).

[23] BGHZ 34, 122 (124).

[24] BGHZ 30, 374 (377). Der Rspr. folgen die bei *Serick,* Eigentumsvorbehalt, S. 245 in Fn. 21 Genannten.

[25] *Serick,* Eigentumsvorbehalt, S. 247.

[26] *Raiser,* S. 66 ff., 72, 74.

[27] *Georgiades,* S. 113.

[28] *Forkel,* Grundfragen, S. 142 ff.

[29] Vgl. i. e. die nachweisreichen Darstellungen etwa bei *Staudinger/Bork,* Vorbem. zu §§ 158 ff. Rn. 62 ff.; *Staudinger/Honsell,* § 455 Rn. 34; *Schlegelberger/Hefermehl,* Anh. § 382 HGB Rn. 22 f.; *AK/Reich,* § 929 Rn. 25 f.; *Berger,* S. 27 ff., insbes. Fn. 3 ff. und insbes. *Rinnewitz,* Kapitel 1-3 (S. 1-395).

[30] *Palandt/Bassenge,* § 929 Rn. 40; *Raiser,* S. 63; *Mühl,* AcP 160 (1961), S. 270; *Stoll,* ZHR 128 (1966), S. 242; *Baur/Stürner,* § 59 V 1; vgl. des weiteren die Nachweise bei *Serick,* Eigentumsvorbehalt, S. 248 Fn. 39. Man erblickt hierbei keinen Verstoß gegen den numerus clausus der Sachenrechte. Der Kreis der dinglichen Rechte lasse sich zwar nicht durch eine privatautonome Gestaltung erweitern, hindere aber nicht, die sich aufgrund bedingter Übereignung ergebende Rechtsstellung des Vorbehaltskäufers als dingliches Recht zu qualifizieren, *Schlegelberger/Hefermehl,* Anh. § 382 HGB Rn. 23.

daß die Unterschiede in den Ergebnissen geringer sind, als man nach dem theoretischen Streit über die dingliche Natur des Anwartschaftsrechts annehmen möchte[31]. So darf auch hier genausowenig die dogmatische Natur des bedingten Eigentums die Sachprobleme präjudizieren, wie es die Annahme, es handcle sich beim bedingten Eigentum um ein (starkes) Anwartschafts*recht*, rechtfertigt. Denn dies liefe auf eine Beweisführung mit dem thema probandum hinaus[32].

Es fehlt auch nicht an zahlreichen Stellungnahmen, die ein wie auch immer geartetes „Anwartschaftsrecht" des Vorbehaltskäufers überhaupt ablehnen. Nach der *Lehre vom pfandrechtsbelasteten Eigentum* steht beim Eigentumsvorbehalt dem Erwerber das Eigentum sogleich zu, dem Veräußerer dagegen verbleibt ein pfandähnliches Recht. Alle auftauchenden Fragen ließen sich mit den Begriffen des Vollrechts einerseits und gewissen begrenzten Rechten auf Zeit oder Nutzungsrechten andererseits lösen.[33] Ähnlich wird der Erwerber nach der *Lehre vom auflösend bedingten Eigentum* sogleich mit Übergabe Eigentümer, dem Veräußerer/Vorbehaltsverkäufer bleibt nur die Anwartschaft auf Eigentumsrückfall. Denn die Position des Vorbehaltskäufers habe sich so verdichtet, daß sie einer für eine Anwartschaft charakteristischen Schwebelage im Regelfall nicht mehr entspreche[34]. Die *Lehre von der Vorausverfügung über das künftige Eigentum* sieht ebenfalls im bedingten Eigentum kein selbständig verkehrsfähiges Recht, sieht den Anwärter aber als Nichtberechtigten an. Er verfügt über das Eigentum, das zum Verfügungszeitpunkt noch dem Vorbehaltsverkäufer zusteht und das er erst mit Bedingungseintritt erwirbt. Das „Anwartschaftsrecht" wird als überflüssige Konstruktion angesehen, da man die Überzeugung, der Käufer unter Eigentumsvorbehalt solle eine starke Sicherung anbieten können, dogmatisch adäquat mit der Vorausverfügung und dem Prioritätsprinzip durchsetzen könne. Die Anwartschaft sei kein vom „Vollrecht" verschiedenes Verfügungsobjekt und führe zu begrifflichen Irrwegen.[35] Innerhalb dieser Auffassung bestehen viele Unterschiede im einzelnen, auf die noch im Laufe der Arbeit – soweit sich deren Vertreter zur Übertra-

---

[31] Vgl. *Staudinger/Honsell,* § 455 Rn. 34 a. E.

[32] *Flume,* AcP 161 (1962), S. 391 Mitte; *Staudinger/Honsell,* § 455 Rn. 34 a. E.

[33] *Blomeyer,* Studien, S. 220 und AcP 153 (1954), S. 246 (§ 161 schaffe ein Nutzungsrecht auf Zeit, das eigentlich in das dritte Buch des BGB gehöre). Die Lehre wurde fortgeführt von Ulrich Hübner und Berger („Mehrheit der Attribute des Eigentums kommen dem Käufer zu"), dazu unten B II 2 a, S. 114 ff.

[34] *Georgiades,* S. 158 und passim; dazu unten B II 2 b, S. 117 ff.

[35] Siehe etwa *Kühne,* S. 113 ff.; *Ernst Wolf,* § 7 C (S. 294 ff.); *Münzel,* MDR 1959, S. 345 ff.; *Meister,* NJW 1959, S. 608 f.; *Rupert Schreiber,* NJW 1966, S. 2333 ff.; *Hennrichs,* DB 1993, S. 1707 ff. Vgl. dazu eingehend *Rinnewitz,* S. 68 ff.

gung des Anwartschaftsrechts durch den Nichtberechtigten äußern – zurückzukommen sein wird[36]. Schließlich wird abweichend von der Anwartschaftslehre die *Pendenztheorie* vertreten, nach der die Verfügung des Anwärters über das Eigentum rückwirkend mit Bedingungseintritt konvalesziert[37].

Wesentliche Erkenntnis der Anwartschaftsrechtslehre ist es, die Rechtsstellung des aufschiebend bedingt Berechtigten als verkehrsfähige Position ausgestaltet zu haben. Der Anwartschaftsberechtigte kann insbesondere nicht nur als Nichtberechtigter mit Einwilligung des Eigentümers gem. § 185 Abs. 1 oder bei Gutgläubigkeit des Erwerbers gem. §§ 932 ff. wirksam über das Eigentum verfügen; er kann vielmehr auch als Berechtigter über die ihm derzeit schon zustehende Rechtsposition, das Anwartschaftsrecht, verfügen. Zur Wirksamkeit dieser Verfügung ist die Zustimmung des Eigentümers nicht erforderlich. Die Form der Anwartschaftsübertragung richtet sich nach den Vorschriften der Eigentumsübertragung. Es gelten also nicht die §§ 398, 413, sondern die §§ 929 ff.[38]

Nach Übertragung der Eigentumsanwartschaft geht bei Bedingungseintritt das Eigentum an der Sache unmittelbar vom Eigentümer auf den Anwartschaftsrechtserwerber über. Es findet kein Durchgangserwerb statt. Nach der früheren Rechtsprechung[39] wurde ein unmittelbarer Eigentumserwerb nur angenommen, wenn neben der Einigung zwischen Vorbehaltskäufer und Anwartschaftserwerber und der Besitzverschaffung die Zustimmung des Vorbehaltsverkäufers erteilt war. Fehlte es an der Zustimmung des Vorbehaltsverkäufers, so wurde angenommen, daß zunächst der Vorbehaltskäufer bei Eintritt der Bedingung Eigentümer werde, und sodann das Eigentum auf den Zweiterwerber übergehe. Der unmittelbare Eigentumserwerb des Anwartschaftserwerbers konnte auch gem. § 164 erfolgen; Voraussetzung war dazu aber die Bevollmächtigung des Vorbehaltskäufers und die tatsächliche Abgabe der Zustimmungserklärung durch den Vorbehaltskäufer im Namen des Vorbehaltsverkäufers.[40] BGHZ 20, 88 wich von dieser Auffassung ab, nachdem

---

[36] Während z. B. nach *Kupisch,* JZ 1976, S. 424 f. („bindende Vorausverfügung") der Anwärter als *Berechtigter* über sein künftiges Eigentum verfügt (dazu unten B II 1 a, S. 89 ff.), geht davon abweichend *Marotzke,* Anwartschaftsrecht, S. 23 ff. („Tragfähigkeit des in § 185 Abs. 2 S. 2 niedergelegten Prioritätsprinzips zur Behandlung der Verfügung über die Anwartschaft") von der Verfügung eines *Nichtberechtigten* aus (dazu unten B II 1 d, S. 97 ff.).

[37] *Eichenhofer,* AcP 185 (1985), S. 162 ff.; dazu unten B II 1 f, S. 107 ff.

[38] BGHZ 28, 16 (21), 35, 85 (89), allg. Meinung bei den Vertretern der Anwartschaftslehre.

[39] RGZ 140, 226.

[40] RGZ 140, 226.

schon in der Literatur[41] vermehrt der unmittelbare Eigentumsübergang des Anwartschaftserwerbers propagiert worden war. Zutreffend begründete man diesen Schritt damit, daß man, bejahte man die Übertragbarkeit der Eigentumsanwartschaft, auch den unmittelbaren Eigentumsübergang bejahen müsse. Andernfalls bliebe man auf halbem Wege stehen und lasse in Wahrheit die Anwartschaftsübertragung nicht zu.[42]

Die Ausgestaltung des Anwartschaftsrechts als verkehrsfähige Position geht über dessen selbständige Übertragbarkeit heute weit hinaus. Nach verbreiteter Auffassung gibt das Anwartschaftsrecht sogar einen Anspruch aus § 985[43]. Nach einer im Vordringen begriffenen Auffassung steht dem Käufer unter Eigentumsvorbehalt ein dingliches Besitzrecht gegenüber jedermann zu[44]. Ferner ist das Anwartschaftsrecht überwiegender Meinung nach ein sonstiges Recht im Sinne des § 823 Abs. 1[45], wobei die Konkurrenz zwischen Anwartschaftsberechtigtem und Eigentümer von der Rspr. so gelöst wird, daß der Käufer das Sachwertinteresse fordern darf, aber den Betrag abziehen muß, den der Eigentümer noch als Kaufpreis zu beanspruchen hat[46]. Auch einen Beseitigungs- und Unterlassungsanspruch nach § 1004 analog gesteht man dem Anwartschaftsberechtigten überwiegend zu[47]. Einen weiteren Schutz findet das Anwartschaftsrecht darin, daß es trotz § 161 Abs. 3 zu seinem Erlöschen durch gutgläubigen lastenfreien Erwerb des Eigentums regelmäßig nicht kommt: Denn ist der Vorbehaltskäufer wie meist unmittelbarer Besitzer, ver-

---

[41] Beispielsweise durch *Raiser,* S. 21 ff.; *Harry Westermann,* SachenR, 5. Aufl., § 44 2.

[42] BGHZ 20, 88 (99) mit fast einhelliger Zustimmung der Literatur; vgl. zu Einzelheiten *Rinnewitz,* 3. Kapitel A (S. 297 ff.) m. w. N.

[43] *Serick,* Eigentumsvorbehalt, S. 274 m. w. N. in Fn. 127; *Erman/Hefermehl,* § 985 Rn. 4; *Baur/Stürner,* § 59 I 2 a; a. A. *MünchKomm/Medicus,* § 985 Rn. 4; *Brox,* JuS 1984, S. 660. Vgl. i. e. zu der Konkurrenz zwischen Eigentümer und Anwartschaftsberechtigtem um die Drittschutzansprüche *Müller-Laube,* JuS 1993, S. 529 ff.

[44] OLG Karlsruhe, NJW 1966, S. 885; *Palandt/Bassenge,* § 929 Rn. 41; *Erman/Grunewald,* § 455 Rn. 37 f.; *Erman/Michalski,* § 929 Rn. 23; *Soergel/Mühl,* § 929 Rn. 68; *Raiser,* S. 75 ff.; *Serick,* Eigentumsvorbehalt, S. 272 Fn. 121; *Schwerdtner,* Jura 1980, S. 664; *Wieling,* SachenR I, § 17 III 2 a; die a. A. gesteht die Arglisteinrede zu, vgl. BGHZ 10, 69 ff.; *Georgiades,* S. 116 f.; *Brox,* JuS 1984, S. 659.

[45] BGHZ 55, 20 (26); BGH NJW 1970, S. 699; *Serick,* Eigentumsvorbehalt, S. 275 m. w. N. in Fn. 130.

[46] BGH WM 1957, S. 517; BGHZ 55, 20 (31 f.). Andere lassen den Käufer den Drittschaden liquidieren (RGZ 170, 1 ff.; w. N. bei *Serick,* Eigentumsvorbehalt, S. 277), während schließlich vertreten wird, daß gem. § 432 jede der beiden Parteien des Vorbehaltskaufs das Sachwertinteresse an beide gemeinschaftlich fordern kann (*Raiser,* S. 82 f.; *Serick,* Eigentumsvorbehalt, S. 278 f.; *Georgiades,* S. 166).

[47] *Palandt/Bassenge,* § 929 Rn. 43; *Raiser,* S. 76.

hindert § 936 einen gutgläubigen Erwerb[48]. Die Verpfändung erfolgt nach den Regeln des Eigentums, also nach §§ 1204 ff[49]. Das Anwartschaftsrecht unterliegt dem Vermieterpfandrecht[50] und fällt an Grundstückszubehör in den hypothekarischen Haftungsverband[51]. Mit Bedingungseintritt verwandelt sich das Pfandrecht am Anwartschaftsrecht in ein solches am Vollrecht[52]. Zur Pfändung des Anwartschaftsrechts ist nach der herrschenden sog. Theorie der Doppelpfändung sowohl eine Rechtspfändung (§§ 857, 829 ZPO) als auch eine Sachpfändung (§§ 808 f. ZPO) nötig[53]. Die Pfändung des Anwartschaftsrechts erfolgt zunächst nach §§ 857 Abs. 1, 829 ZPO, wobei der Pfändungsbeschluß dem Verkäufer als Drittschuldner zuzustellen ist. Zusätzlich zur Rechtspfändung ist die Sachpfändung deshalb erforderlich, weil das Pfändungspfandrecht an der Anwartschaft mit Bedingungseintritt untergeht und sich nicht automatisch in ein Pfändungspfandrecht an der Sache verwandelt. Bei Zwangsvollstreckung eines Gläubigers des Vorbehaltsverkäufers in die Sache steht dem Anwärter § 771 ZPO zu[54]. Auch der Vorbehaltsverkäufer selbst kann wegen der titulierten Kaufpreisforderung in die Sache vollstrecken; er muß aber § 811 ZPO zugunsten des Vorbehaltskäufers berücksichtigen[55]. Im Konkurs des Vorbehaltskäufers gehört die Anwartschaft zur Masse. Wählt der

---

[48] Vgl. *Müller*, Rn. 2457. Ausführlich *Döring*, NJW 1996, S. 1443 ff. m. w. N., nach dem obiges Ergebnis sich aus der eigenständigen Bedeutung des § 936 Abs. 3 als Regel über den Eigentumserwerb vom Nichtberechtigten ergibt und nicht aus einer analogen Anwendung der Vorschrift (S. 1446 f.).

[49] BGHZ 35, 85 (93).

[50] BGH NJW 1965, S. 1475.

[51] BGHZ 35, 85.

[52] BGH NJW 1965, S. 1475; BGHZ 35, 85 (87). Nach BGHZ 92, 280 ist eine nachträgliche Aufhebung des Anwartschaftsrechts durch die Vertragsparteien auch dann möglich, wenn es von der Grundpfandhaftung nach § 1120 erfaßt war und diese infolge der Aufhebung gegenstandslos wird. Vgl. hierzu eingehend *Eder*, Das Pfandrecht am Anwartschaftsrecht des Vorbehaltskäufers, 1990. Zum Vorrang des Vermieterpfandrechts vor dem Sicherungseigentum, wenn die Einbringung der Sache (vor Bedingungseintritt) in die Mieträume vor einer Sicherungsübereignung erfolgt s. BGHZ 117, 200 und *Fischer*, JuS 1993, S. 542 ff. m. w. N.

[53] BGH NJW 1954, S. 1325; OLG Hamburg MDR 1959, S. 398; *Serick*, Eigentumsvorbehalt, S. 303 ff.; *Erman/Grunewald*, § 455 Rn. 36. Die Sachpfändung halten für ausreichend z. B. *Raiser*, S. 90 ff.; *Stoll*, ZHR 128 (1966), S. 250; *Georgiades*, S. 140 ff. Für eine Rechtspfändung als genügend treten ein z. B. *Baur/Stürner*, § 59 V 4 a; *Flume*, AcP 161 (1962), S. 402 ff.; *Medicus*, BürgR, Rn. 486; ebenso BGHZ 49, 192 ff. für die Pfändung des Anwartschaftsrechts des Auflassungsempfängers. Ausführlich hierzu *Sponer*, Das Anwartschaftsrecht und seine Pfändung, 1965 und *Banke*, Das Anwartschaftsrecht aus Eigentumsvorbehalt in der Einzelzwangsvollstreckung, 1991.

[54] BGHZ 55, 20 (26).

[55] BGHZ 15, 171 ff.; *Palandt/Bassenge*, § 929 Rn. 51; *Müller*, Rn. 2451.

Konkursverwalter Erfüllung gem. § 17 KO, so ist die Restkaufpreisforderung Masseschuld; lehnt er die Erfüllung ab, so kann der Verkäufer gem. § 43 KO aussondern.[56] Auch im Konkurs des Vorbehaltsverkäufers kann der Verwalter nach Auffassung der Rspr. gem. § 17 KO die Erfüllung ablehnen mit der Konsequenz, daß der Anspruch des Vorbehaltskäufers auf Rückzahlung der bereits erbrachten Kaufpreisraten zur Konkursforderung wird.[57] Schließlich kann es einen Vermögenswert darstellen, der gem. § 1365 Abs. 1 nur mit Zustimmung des Ehegatten veräußert werden darf; bei der Bemessung des Werts des Anwartschaftsrechts ist der Wert des Kaufgegenstandes um den Betrag zu mindern, der (noch) aufgebracht werden muß, um das Anwartschaftsrecht zum Vollrecht erstarken zu lassen.[58]

III. Ziel und Gang der Untersuchung

Die Übertragung des Anwartschaftsrechts durch einen Nichtberechtigten wird gelegentlich als gutgläubiger Zweiterwerb des Anwartschaftsrechts bezeichnet[59]. Von *Zweiterwerb* des Anwartschaftsrechts spricht man deshalb, um klarzustellen, daß es um die Übertragung des Anwartschaftsrechts geht, Verfügungsobjekt also das Anwartschaftsrecht ist. Im Gegensatz dazu handelt es sich beim Ersterwerb des Anwartschaftsrechts um die Begründung des Anwartschaftsrechts: Der Eigentümer veräußert unter Eigentumsvorbehalt und begründet so ein Anwartschaftsrecht beim Vorbehaltskäufer. Von einem *gutgläubigen* Zweiterwerb ist dann die Rede, wenn der Erwerber die mangelnde Rechtszuständigkeit des Veräußerers durch seinen guten Glauben überwindet. Diese vereinfachende Terminologie hat sich nahezu eingebürgert[60]. Zweiterwerb bedeutet aber nicht, daß immer zwei Erwerbsvorgänge vorliegen müssen. Das Anwartschaftsrecht kann auch, nachdem es vom Vorbehaltskäufer auf ei-

---

[56] BGHZ 54, 214 (218).

[57] Z. B. BGH LM Nr. 6 zu § 17 KO; s. a. *Stoll*, ZHR 128 (1966), S. 243, die darauf abstellen, daß der Kaufvertrag mangels Eigentumsübergangs noch nicht völlig erfüllt sei. A. A., weil der Vorbehaltskäufer ansonsten entgegen des Schutzzwecks des § 17 KO benachteiligt würde, etwa *Palandt/Bassenge*, § 929 Rn. 60; *Brox*, JuS 1984, S. 657 zu VII 1 a; *Medicus*, BürgR, Rn. 480.

[58] BGH, NJW 1996, S. 1740 (S. 1740 f.): Anwartschaftsrecht aus Abtretung eines GmbH-Geschäftsanteils unter der aufschiebenden Bedingung der Kaufpreiszahlung.

[59] Vgl. *Staudinger/Honsell*, § 455 Rn. 41; *Palandt/Bassenge*, § 929 Rn. 38, 46; *Harry Westermann/Gursky*, § 45 III 1 d (S. 335); *Wieling*, SachenR I, § 17 IV 1 b; *Raiser*, S. 35 zu 4; *Rinnewitz*, S. 371 ff., 423 ff., 448 ff.

[60] Vgl. Nachweise in Fn. 59.

nen anderen übertragen worden war, auf eine weitere Person übertragen werden, ohne daß man dann von einem „Dritterwerb" sprechen würde. Auch bezeichnet man mit Zweiterwerb die Fälle, in denen sich der Veräußerer nur als Anwartschaftsberechtigter ausgibt und ohne daß es einen wahren Anwartschaftsberechtigten gäbe, so daß es einen „Ersterwerb" noch gar nicht gegeben hat. Die Terminologie „Übertragung vom Nichtberechtigten" ist insoweit unverfänglicher und vorzuziehen.

Seit der Entscheidung des BGH vom 21.05.1953[61] ist die Möglichkeit der Begründung bedingten Eigentums vom Nichteigentümer durch gutgläubigen Erwerb (gutgläubiger Ersterwerb des Anwartschaftsrechts) anerkannt[62]. Maßgeblicher Zeitpunkt des guten Glaubens ist nicht der Bedingungseintritt, sondern die Übergabe der Sache. Wesentliche Streitfragen bestehen in diesem Zusammenhang nicht mehr.[63] Während man sich früher noch dazu berufen sah, auf mehreren Seiten den maßgeblichen Zeitpunkt des guten Glaubens zu pro-

---

[61] BGHZ 10, 69 (72-74), bestätigend BGHZ 30, 374 (377).

[62] Vgl. außer den bereits angeführten Gerichtsentscheidungen etwa *Palandt/Bassenge,* § 929 Rn. 38; *Staudinger/Honsell,* § 455 Rn. 41; *Staudinger/Wiegand,* § 932 Rn. 8; *Soergel/Mühl,* § 929 Rn. 75; *RGRK/Pikart,* § 929 Rn. 76; *MünchKomm/H. P. Westermann,* § 455 Rn. 69; *Erman/Grunewald,* § 455 Rn. 32; *AK/Reich,* § 929 Rn. 28; *Jauernig,* BGB, § 929 Rn. 6 D b; *Schlegelberger/Hefermehl,* Anh. § 382 HGB Rn. 36; *Medicus,* BürgR, Rn. 474; *Baur/Stürner,* § 59 V 3 a; *Schwab/Prütting,* § 33 II 3; *Flume,* AcP 161 (1962), S. 392 f.; *Brox,* JuS 1984, S. 661 zu IV 2 a.

[63] Str. ist nur noch die im Ergebnis nicht relevante Frage, ob Eigentum oder Anwartschaftsrecht Verfügungsobjekt sind: Für letzteres wird beispielsweise angeführt, daß schon im Augenblick der aufschiebend bedingten Übereignung das Anwartschaftsrecht als „wesensgleiches minus" des Eigentums erworben werde, vgl. *Rinnewitz,* S. 407 m. w. N. in Fn. 1571. Von diesem Standpunkt aus ist die vom Gesetzgeber ungewollte Lücke mit der analogen Anwendung des § 932 auszufüllen; gem. § 932 analog ergibt sich danach die Übergabe als maßgeblicher Zeitpunkt für den guten Glauben. Der Begriff „Eigentum" müsse lediglich durch den Begriff des „Anwartschaftsrechts" ersetzt werden, vgl. *Rinnewitz,* S. 408 m. w. N. in Fn. 1575.

Auch diejenigen, die von einer Verfügung über das Eigentum ausgehen, stellen auf die Übergabe als den maßgeblichen Zeitpunkt für den guten Glauben ab (zu Einzelheiten vgl. *Rinnewitz,* S. 410 f.). Innerhalb der Anwartschaftslehre wird zutreffend ebenfalls davon ausgegangen, daß es sich beim sog. Ersterwerb des Anwartschaftsrechts um nichts anderes als um die Übertragung des bedingten Eigentums handelt: Der Veräußerer überträgt nicht das Anwartschaftsrecht, das er übrigens gar nicht hat, sondern überträgt bedingt Eigentum, woraus dann die Rechtsfolgen des § 161 resultieren und man insoweit davon sprechen kann, der Erwerber habe ein Anwartschaftsrecht „erworben". Daß schon vor dem Vollrecht eine Anwartschaft erworben werden kann, bedeutet nur eine Umschreibung der Tatsache, daß beim bedingten Vollrechtserwerb der Erwerber bloß bei der Übergabe gutgläubig sein muß, zutreffend *Medicus,* BürgR, Rn. 474 und 465; *Stoll,* ZHR 128 (1966), S. 247. Daraus ergibt sich die unmittelbare Anwendbarkeit der §§ 932 ff.

blematisieren[64], so erledigt man dies heute unter Berufung auf die bereits zitierten Gerichtsentscheidungen in einem Nebensatz. § 929 stelle – so der BGH – den Übergang des Eigentums auf Übergabe und Einigung ab, die, ohne daß es irgendwelcher weiteren Willensäußerungen bedürfe, einen Erwerb des Eigentums zur Folge hätten. Wenn daher § 932 von der Zeit spreche, zu der der Erwerber nach „diesen Vorschriften" das Eigentum erwerben würde, so sei damit in Wirklichkeit nichts anderes als der Zeitpunkt gemeint, in dem Übergabe und Einigung erfolgt seien. Das ergebe sich aus den §§ 933 und 934, in denen es für den guten Glauben nicht auf den Zeitpunkt des Erwerbs des Eigentums, sondern auf den der Übergabe oder des Besitzwechsels abgestellt werde. Die Hinausschiebung des Zeitpunkts des Eigentumserwerbs durch Vereinbarung einer Bedingung sei für das Vorhandensein des guten Glaubens ohne Bedeutung.[65] In der Tat sind mit der Übergabe alle rechtsbegründenden Handlungen und Vorgänge vollständig abgeschlossen, über die sich der Erwerber Gedanken machen muß und machen kann[66], weshalb nur der Zeitpunkt der Übergabe als maßgeblicher Zeitpunkt für das Vorliegen des guten Glaubens in Betracht kommt.

Obwohl sich die Rechtsprechung erst in einem vereinzelten obiter dictum[67] mit der Übertragung der Anwartschaft vom Nichtberechtigten beschäftigte, hat sich die Literatur dieses Problems ausführlich angenommen. Dies konnten auch nicht leicht spöttische Bemerkungen verhindern, die veräußernde Scheinanwärter „zwar nicht gerade ins Raritätenkabinett des Juristen" schikken, sie aber dennoch „nicht allzuweit entfernt" davon ansiedeln wollten[68]; vielleicht deshalb nicht, weil sich beim gutgläubigen Zweiterwerb nicht nur schwierige Fragen bezüglich des Gutglaubenserwerbs im allgemeinen (z. B. ob der Besitz einen Rechtsschein für das Anwartschaftsrecht bietet) ergeben, sondern weil man sich auch in Kollision zu „wesentlichen", wenn auch regelmä-

---

[64] *Grimm*, Gutgläubiger Erwerb bei bedingten Verfügungen, 1913, S. 40-52; *Nauenberg*, Die Anwartschaft aus aufschiebend bedingter Uebereignung, 1933, S. 17-19.

[65] BGHZ 10, 69 (73 und 74) m. w. N. auch zur damaligen Gegenansicht. Kritisiert wurde die Begründung des BGH insbesondere von *Blomeyer*, AcP 153 (1954), S. 241: Die Begründung sei überraschend; denn aus ihr ergebe sich nichts für die aufschiebend bedingte Übereignung. Im Ergebnis stimmt er der Entscheidung des BGH aber zu, freilich von seinem Standpunkt aus, daß der Anwartschaftsberechtigte in Wahrheit Eigentümer sei, vgl. S. 249 a. a. O. *Rinnewitz*, S. 413 unterschiebt Blomeyer fälschlicherweise die Auffassung, den Bedingungseintritt für maßgeblich zu halten, übersieht dabei aber, daß Blomeyer lediglich die Begründung des BGH kritisiert.

[66] Vgl. OLG München, OLG Rspr. 33 (1914), S. 271 f.

[67] BGHZ 75, 221 (225).

[68] *Gernhuber*, FS Baur, S. 33.

ßig nicht hinterfragten „Grundsätzen des Anwartschaftsrechts“[69] sieht, nämlich der Abhängigkeit des Anwartschaftsrechts vom Vorbehaltskauf. Schon hieraus folgt die Rechtfertigung, sich über die mangelnde praktische Virulenz[70] hinwegzusetzen.

Aber auch wenn so bereits zahlreich Stellung zum Thema bezogen worden ist[71], sieht man sich immer noch mit dem „verblüffenden Ergebnis“[72] der h. L. konfrontiert, die in der Fallkonstellation des Doppelmangels (Anwartschaftsrecht und Vorbehaltskauf bestehen nicht) zwar den Erwerb des Eigentums bejahen würde, nicht aber den Erwerb des Anwartschaftsrechts zuläßt. Außerdem muß auf den ersten Blick verwundern, daß die Möglichkeit des Gutglaubenserwerbs fast durchgehend von der Existenz einer Kaufpreisforderung abhängig gemacht wird[73], obwohl doch der dingliche Rechtserwerb vom Bestehen einer Kaufpreisforderung unabhängig ist, vgl. §§ 929 ff., 812 (Abstraktionsprinzip[74]). Während es wenige Verfasser gibt, die konsequent entweder den gutgläubigen Erwerb des Anwartschaftsrechts durchweg verneinen[75] oder bejahen[76], überwiegen die Stimmen, die sich für vermittelnde Lösungen einsetzen und so zu nicht immer überzeugenden bzw. „verblüffenden“ Ergebnissen kommen.

Bereits in den 30er Jahren kam es zu den ersten Stellungnahmen zur Frage, ob das Anwartschaftsrecht aus Vorbehaltskauf auch gutgläubig erworben werden kann[77]. Das Problem wurde anfangs noch bruchstückhaft behandelt; zu

---

[69] *Eder,* S. 157 zu a.

[70] *Gernhuber,* FS Baur, S. 33. Im übrigen ist eine Praxisrelevanz bei wertvollen Gütern gegeben, die regelmäßig, wie etwa das Zubehör bei einem landwirtschaftlichen Betrieb, unter Eigentumsvorbehalt veräußert werden. In solchen Fällen erscheint überdies der Veräußerer glaubwürdiger, wenn er sich nur als Anwärter ausgibt statt als Eigentümer. Schließlich ist an die Fälle zu denken, in denen der Anwärter irrig von seiner Berechtigung ausgeht.

[71] Siehe insbesondere das die bisherige Literatur nahezu vollständig berücksichtigende Werk von *Rinnewitz,* Zur dogmatischen Struktur des Anwartschaftsrechts aus dem Eigentumsvorbehalt, Diss. Göttingen 1989, S. 423 ff.

[72] *Baur/Stürner,* § 59 V 3 c.

[73] Nachweise in Fn. 9 ff. zu Abschnitt B.

[74] Zum Abstraktionsprinzip s. unten S. 39 ff.

[75] Etwa *Flume,* AcP 161 (1962), S. 394-397.

[76] Insbesondere *Wieling,* SachenR I, § 17 IV 1 b (S. 790 ff.).

[77] *Nauenberg,* Die Anwartschaft aus aufschiebend bedingter Übereignung als beschränktes dingliches Recht, Diss. Heidelberg 1933, S. 33; *Koch,* Die rechtliche Wirkung der Übertragung von Anwartschaftsrechten insbesondere beim Kauf unter Eigentumsvorbehalt, Diss. Würzburg 1937, S. 32 f.; *Hausmann,* Die Uebertragung der Anwartschaftsrechte nach dem Bürgerlichen Gesetzbuch, Diss. Köln 1937, S. 44 f.; *Schnorr v. Carolsfeld,* KritVSchr 66 (1939), S. 184.

einer Systematisierung der verschiedenen Fragestellungen und Fallkonstellationen kam man erst später[78]. Die verschiedenen denkbaren Fallkonstellationen unterscheiden sich danach, ob der Nichtberechtigte über ein Anwartschaftsrecht verfügt, das in anderer Hand vorhanden ist (Fallkonstellation 1), ob er über eines verfügt, das nicht in anderer Hand vorhanden ist und entweder ein Vorbehaltskauf vorliegt (Fallkonstellation 2) oder nicht (Fallkonstellation 3), oder ob er ein bestehendes Anwartschaftsrecht übertragen will, dieses aber in der Höhe dem gutgläubigen Erwerber nicht korrekt angibt (Fallkonstellation 4). Zweckmäßigerweise spricht man bei bestehendem Anwartschaftsrecht vom gutgläubigen Erwerb vom Nichtanwärter (denn hier gibt es einen wahren Anwartschaftsberechtigten) und bei nicht bestehendem Anwartschaftsrecht vom gutgläubigen Erwerb vom Scheinanwärter[79].

Der Meinungsstand innerhalb der Anwartschaftslehre ist uneinheitlich. Ihre Vertreter behandelten bislang am häufigsten den Erwerb vom Nichtanwärter und vom Scheinanwärter bei nicht bestehendem Vorbehaltskauf als die klassischen Antipoden. Bei letzterer Fallkonstellation konnte man nämlich die Eigenart des Anwartschaftsrechts in bezug auf die ihm zugrunde liegende schuldrechtliche Forderung herausstreichen, die einen gutgläubigen Erwerb im Gegensatz zum Erwerb vom Nichtanwärter scheitern ließ. Der gutgläubige Erwerb vom Scheinanwärter bei nicht bestehendem Vorbehaltskauf (weder Anwartschaftsrecht noch Vorbehaltskauf bestehen) wird damit fast allgemein verneint[80], während der gutgläubige Erwerb vom Nichtanwärter (ein Anwart-

---

[78] Mit *Raiser*, Dingliche Anwartschaften 1961, S. 35 ff.

[79] Die Terminologie geht zurück auf *Raiser*, S. 35 zu 4; s. z. B. auch *Staudinger/Honsell*, § 455 Rn. 41. Für Fallkonstellation 1 wird daher im weiteren Verlauf der Arbeit vom „Erwerb vom Nichtanwärter", für Fallkonstellation 2 vom „Erwerb vom Scheinanwärter bei bestehendem Vorbehaltskauf", für Fallkonstellation 3 vom „Erwerb vom Scheinanwärter bei nicht bestehendem Vorbehaltskauf" und für Fallkonstellation 4 vom „Erwerb vom den Ratenstand falsch angebenden Anwärter" gesprochen. Beispiele hierzu in den Fn. 2, 3, 5 und 24 zu Abschnitt B.

[80] BGHZ 75, 221 (225). Kommentare: *Soergel/Mühl*, § 929 Rn. 75 und Einl. zum Sachenrecht Rn. 26; *RGRK/Pikart*, § 929 Rn. 76; *Staudinger/Honsell*, § 455 Rn. 41 zu cc; *Staudinger/Bork*, Vorbem. zu §§ 158 ff. Rn. 74; *MünchKomm/H. P. Westermann*, § 455 Rn. 70; *MünchKomm/Quack*, § 932 Rn. 87; *Erman/Grunewald*, § 455 Rn. 33; *Erman/Michalski*, § 929 Rn. 24; *Palandt/Bassenge*, § 929 Rn. 46; *AK/Reich*, § 929 Rn. 28; *Jauernig*, BGB, § 929 Rn. 6 F b bb; *Schlegelberger/Hefermehl*, Anh. § 382 HGB Rn. 36. Lehrbücher: *Harry Westermann/Gursky*, § 45 III 1 d; *Baur/Stürner*, § 59 V 3 c; *Müller*, Rn. 2437; *Schwab/Prütting*, § 33 II 3; *Flume*, Rechtsgeschäft, § 42 4 c; *Larenz*, SchuldR, § 43 II c a. E.; *Fikentscher*, § 71 IV 2 a (3); *Medicus*, BürgR, Rn. 475; *Gernhuber*, BürgR, S. 126 f.; *Tiedtke*, Gutgläubiger Erwerb, S. 59; *Schapp*, S. 136; *Klaus Schreiber*, Rn. 332; *Harms*, Fall 42 a. E. (1) (S. 189); *Dilcher*, S. 197 f.; *Rimmelspacher*, Rn. 303; *Bülow*, Kreditsicherheiten, Rn. 636 f.; *Dietrich Reinikke/Tiedtke*, Kaufrecht, S. 369; *Dietrich Reinicke/Tiedtke*, Kreditsicherung, S. 223 zu 3;

schaftsrecht besteht) von der weitaus überwiegenden Zahl der Autoren bejaht wird[81].

Weber, S. 150. Aufsätze (chronologisch): *Schnorr v. Carolsfeld*, KritVSchr 66 (1939), S. 184; *Mühl*, AcP 160 (1961), S. 268; *Flume*, AcP 161 (1962), S. 396; *Koller*, JZ 1972, S. 650 Fn. 58; *Wiegand*, JuS 1974, S. 211 f.; *Schwerdtner*, Jura 1980, S. 665; *Waldner*, MDR 1980, S. 460; *Tiedtke*, Jura 1983, S. 475 zu 10.4.; *Dietrich Reinike/Tiedtke*, JA 1984, S. 211; *Brox*, JuS 1984, S. 662; *Eichenhofer*, AcP 185 (1985), S. 179 (der auch auf die h. L. eingeht); *Bülow*, Jura 1986, S. 236; *Krüger*, JuS 1994, S. 907. Monographien (chronologisch): *Koch*, S. 32 f.; *Gerhard Reinicke*, Pfandrechte, S. 40 Fn. 2; *Pannenborg*, S. 94 ff., s. a. S. 102; *Raiser*, S. 38; *Forkel*, Grundfragen, S. 178 Fn. 17 a. E. und S. 193 ff.; *Gerhards*, S. 31 f.; *Serick*, Eigentumsvorbehalt, S. 271 f.; *Georgiades*, S. 44 zu 2 a ; *Sponer*, S. 91 unten; *Valentin*, S. 17 ff., 124 f.; *Loesti*, S. 34; *Rinnewitz*, S. 449 ff., insbes. S. 450, 452 f., S. 473 zu a; *Eder*, S. 18 f.; *Hager*, S. 317 zu b. *Anders* nur *Wieling*, SachenR I, § 17 IV 1 b bb und Lehrbuch, § 17 III 1 b bb; *Nauenberg*, S. 33; *Hausmann*, S. 44 f.; *Herboth*, S. 104 f.; *Berger*, S. 143 f. und S. 149 ff. (der auch auf die h. L. eingeht). Hierbei wird für die Variante, daß es vor der Veräußerung durch den Anwärter zum Bedingungseintritt (etwa durch Zahlung von dritter Seite) kommt, von einigen Autoren eine Ausnahme gemacht, die den *Eigentum*serwerb des Erwerbers bejahen, vgl. *Schnorr v. Carolsfeld*, KritVSchr 66 (1939), S. 184 Fn. 33 c; *Serick*, Eigentumsvorbehalt, S. 257; *Hager*, S. 317 Fn. 479 a. E.; *Palandt/Bassenge*, § 929 Rn. 45. Dagegen aber *MünchKomm/ H. P. Westermann*, § 455 Rn. 70 Mitte und *Medicus*, BürgR, Rn. 475.

[81] Kommentare: *Soergel/Mühl*, § 929 Rn. 75 und Einl. zum Sachenrecht Rn. 26; *RGRK/Pikart*, § 929 Rn. 76; wohl auch *Staudinger/Honsell*, § 455 Rn. 41 zu bb; *Staudinger/Dilcher*, 12. Aufl. (abweichend von 13. Aufl.), Vorbem. zu §§ 158 ff. Rn. 59; *MünchKomm/Quack*, § 932 Rn. 87; *Erman/Grunewald*, § 455 Rn. 33; *Eman/Michalski*, § 929 Rn. 24; *Palandt/Bassenge*, § 929 Rn. 46; *AK/Reich*, § 929 Rn. 28; *Jauernig*, BGB, § 929 Rn. 6 F b bb. Lehrbücher: *Harry Westermann*, SachenR, 5. Aufl. (abweichend von 6. Aufl.), § 45 III 1 c; *Baur/Stürner*, § 59 V 3 b; *Müller*, Rn. 2437; *Wieling*, SachenR I, § 17 IV 1 b aa und Lehrbuch, § 17 III 1 b aa; *Schwab/Prütting*, § 33 II 3; *Larenz*, SchuldR, § 43 II c a. E.; *Esser*, 4. Aufl. (abweichend von 7. Aufl. 1991), § 65 I 2 (S. 65); *Fikentscher*, § 71 IV 2 a (3); *Tiedtke*, Gutgläubiger Erwerb, S. 59; *Gernhuber*, BürgR, S. 126; *Manfred Wolf*, Rn. 516; *Harms*, Fall 42 b) 1 c (S. 188); *Rimmelspacher*, Rn. 302; *Dietrich Reinicke/Tiedtke*, Kaufrecht, S. 369; *Dietrich Reinicke/Tiedtke*, Kreditsicherung, S. 223 zu 3; *Weber*, S. 150 f.; *Dilcher*, S. 196 f. Aufsätze (chronologisch): wohl auch *Lange*, NJW 1951, S. 446 zu 5; *Gerhard Reinicke*, MDR 1959, S. 616; *Mühl*, AcP 160 (1961), S. 268; *Koller*, JZ 1972, S. 650 Fn. 58; *Waldner*, MDR 1980, S. 460 f.; *Tiedtke*, Jura 1983, S. 475 zu 10.4.; *Dietrich Reinikke/Tiedtke*, JA 1984, S. 211; *Eichenhofer*, AcP 185 (1985), S. 177 f. (der auch auf die h. L. eingeht); wohl auch *Krüger*, JuS 1994, S. 906. Monographien (chronologisch): *Nauenberg*, S. 33; *Koch*, S. 33; *Gerhard Reinicke*, Pfandrechte, S. 39 f. Fn. 2; *Pannenborg*, S. 96 f., s. a. S. 102; *Herboth*, S. 103 ff.; *Raiser*, S. 38; *Forkel*, Grundfragen, S. 177 f., S. 178 Fn. 17 und S. 193; *Gerhards*, S. 32; *Serick*, Eigentumsvorbehalt, S. 270; *Georgiades*, S. 43 f. und S. 131 f.; *Sponer*, S. 91; *Valentin*, S. 15 f. und S. 123 f.; *Loesti*, S. 33 f.; *Berger*, S. 142 f. (der auch auf die h. L. eingeht); *Rinnewitz*, S. 432 ff., insbes. S. 444; s. a. S. 472 zu 1; *Eder*, S. 17 f.; *Hager*, S. 315 ff., insbes. S. 319 unten. *Anders* aber: Kommentare: *Staudinger/Wiegand*, § 932 Rn. 130 ff.; *Staudinger/Bork*, Vorbem. zu §§ 158 ff. Rn. 74; *MünchKomm/H. P. Westermann*, § 455 Rn. 70; *Schlegelberger/Hefermehl*, Anh. § 382 HGB Rn. 36. Lehrbücher: *Harry We-*

Die Differenzierung nach dem Bestehen einer schuldrechtlichen Forderung (Erwerb vom Scheinanwärter bei bestehendem Vorbehaltskauf) wird nicht von allen behandelt, aber wenn, dann wird der gutgläubige Erwerb überwiegend bejaht[82]. In das Lager der Befürworter des gutgläubigen Erwerbs in dieser Fallkonstellation lassen sich wohl auch diejenigen einordnen, die einen gutgläubigen Erwerb vom Scheinanwärter auch bei nicht bestehendem Vorbehaltskauf bejahen, dies für diese Fallkonstellation – Erwerb vom Scheinanwärter bei wirksamem Vorbehaltskauf – aber wohl lediglich nicht mehr ausdrücklich tun. Denn wenn selbst dann ein gutgläubiger Erwerb möglich sein soll, wenn überhaupt keine Forderung besteht, dann muß er erst recht möglich sein, wenn eine solche besteht (arg. a fortiori). Dagegen lassen sich entsprechend diejenigen in das Lager der Gegenauffassung einordnen, die selbst einen gutgläubigen Erwerb vom Nichtanwärter ablehnen. Denn hier besteht immerhin ein Anwartschaftsrecht, während dies beim Erwerb vom Scheinanwärter nicht der Fall ist (arg. a fortiori).

Der Erwerb vom den Ratenstand falsch angebenden Anwärter wird ebenfalls nicht von all denen, die sich mit dem Erwerb vom Nicht- und vom Scheinanwärter bei nicht bestehendem Vorbehaltskauf befassen, behandelt, aber wenn, dann wird die Möglichkeit des gutgläubigen Erwerbs fast allgemein abgelehnt[83]. Damit ist festzuhalten, daß nach h. M. der gutgläubige Er-

---

stermann/Gursky, § 45 III 1 d; *Wilhelm,* Rn. 1246 f.; *Flume,* Rechtsgeschäft, § 42 4 c; *Medicus,* BürgR, Rn. 475; *Klaus Schreiber,* Rn. 331; *Bülow,* Kreditsicherheiten, Rn. 634 f.; *Dietrich Reinicke/Tiedtke,* Kreditsicherung, S. 223 zu 3; wohl auch *Pottschmidt/Rohr,* Rn. 415. Aufsätze (chronologisch): *Flume,* AcP 161 (1962), S. 396 f.; *Wiegand,* JuS 1974, S. 211 f.; *Schwerdtner,* Jura 1980, S. 665; *Brox,* JuS 1984, S. 662; *Bülow,* Jura 1986, S. 235 f. und Jura 1996, S. 191 li. Sp. vor c.

82 Kommentare: wohl *Staudinger/Honsell,* § 455 Rn. 41 zu cc; *Palandt/Bassenge,* § 929 Rn. 46; wohl auch *AK/Reich,* § 929 Rn. 28. Lehrbücher: *Wieling,* SachenR I, § 17 IV 1 b aa a. E.; *Weber,* S. 150 f. Aufsätze: *Schnorr v. Carolsfeld,* KritVSchr 66 (1939), S. 184, der als erster den Erwerb vom Scheinanwärter bei bestehendem Vorbehaltskauf behandelte; *Mühl,* AcP 160 (1961), S. 268; *Eichenhofer,* AcP 185 (1985), S. 178 Fn. 44. Monographien: *Raiser,* S. 38 f.; wohl auch *Forkel,* Grundfragen, S. 194 unten; *Gerhards,* S. 32 f.; *Serick,* Eigentumsvorbehalt, S. 271; *Georgiades,* S. 44 f. zu 2 b; *Valentin,* S. 17 ff. und S. 124 f.; *Rinnewitz,* S. 463 ff., insbes. S. 469 und S. 471; s. a. S. 473 zu b; *Hager,* S. 315 ff., insbes. S. 319 unten. *Anders Staudinger/Bork,* Vorbem. zu §§ 158 ff Rn. 74; *MünchKomm/H. P. Westermann,* § 455 Rn. 70. *Lehrbücher: Harry Westermann/Gursky,* § 45 III 1 d; *Wilhelm,* Rn. 1247; *Flume,* Rechtsgeschäft, § 42 4 c; *Larenz,* SchuldR, § 43 II c a. E.; *Bülow,* Kreditsicherheiten, Rn. 636, 638; *Dietrich Reinicke/Tiedtke,* Kaufrecht, S. 369. *Aufsätze: Flume,* AcP 161 (1962), S. 396 f.; *Wiegand,* JuS 1974, S. 211 f.; *Bülow,* Jura 1986, S. 236; *Krüger,* JuS 1994, S. 907 Fn. 17. *Monographien: Sponer,* S. 91 f.; *Eder,* S. 19.

83 Kommentare: *RGRK/Pikart,* § 929 Rn. 76; *MünchKomm/H. P. Westermann,* § 455 Rn. 70; *MünchKomm/Quack,* § 932 Rn. 87; *Erman/Grunewald,* § 455 Rn. 33; *Erman/Michalski,* § 929 Rn. 24; *Palandt/Bassenge,* § 929 Rn. 46. Lehrbücher: *Harry*

werb vom Nichtanwärter möglich, aber vom Scheinanwärter bei nicht bestehendem Vorbehaltskauf und vom den Ratenstand falsch angebenden Anwärter nicht möglich ist. Hinsichtlich des Erwerbs vom Scheinanwärter bei bestehendem Vorbehaltskauf sind die Stimmen geteilt, es überwiegen aber wohl die den gutgläubigen Erwerb bejahenden Stimmen.

Auch innerhalb der die Anwartschaftslehre ablehnenden Ansichten ist der Meinungsstand nicht einheitlich.[84] Die obige Terminologie hinsichtlich Anwärter, Nichtanwärter und Scheinanwärter kann man bei den die Anwartschaftslehre ablehnenden Ansichten genau genommen zwar nicht zugrunde legen. Denn das Anwartschaftsrecht als Verfügungsgegenstand existiert nach diesen Ansichten nicht[85]. Aus Vereinfachungsgründen und um eine bessere Vergleichbarkeit mit der h. L. zu erreichen, wird sie dennoch auch bei den ablehnenden Ansichten beibehalten.

Anliegen der vorliegenden Arbeit ist es, einen Weg zu finden, die Divergenzen der verschiedenen Ansichten auszuräumen und „Verblüffungen" bei den Ergebnissen zu vermeiden. Hauptsächlich wird dabei das Verhältnis des Anwartschaftsrechts aus Vorbehaltskauf zu dem ihm zugrundeliegenden Kaufvertrag, dem es nach h. L. seine Entstehung verdankt, zu untersuchen sein. Denn gerade in dieser Hinsicht ist die Position des Anwärters ungeklärt: Einerseits soll der Anwärter nach h. L. Inhaber eines dinglichen Rechts sein, andererseits aber soll diese dingliche Berechtigung die Abhängigkeit von der

---

Westermann/Gursky, § 45 III 1 d; *Wilhelm,* Rn. 1245; *Flume,* Rechtsgeschäft, § 42 4 c; *Larenz,* SchuldR, § 43 II c a. E.; *Medicus,* BürgR, Rn. 475; *Harms,* Fall 42 a) 1 c (S. 186); *Rimmelspacher,* Rn. 304. Aufsätze: *Flume,* AcP 161 (1962), S. 396; *Wiegand,* JuS 1974, S. 211 f.; *Brox,* JuS 1984, S. 662. Monographien: *Gerhards,* S. 32; *Georgiades,* S. 132 f.; *Valentin,* S. 17 Fn. 42 und S. 124 Fn. 380; *Rinnewitz,* S. 444 f.; s. a. S. 472 zu 1; *Eder,* S. 19 f.; *Hager,* S. 317 zu b. *Anders* nur *Wieling,* SachenR I, § 17 IV 1 b bb und Lehrbuch, § 17 III 1 b bb; *Nauenberg,* S. 33; *Herboth,* S. 105 Mitte.

[84] Den Erwerb vom Nichtanwärter bejahen *Marotzke,* Anwartschaftsrecht, S. 124; *Egert,* S. 91; *Eichenhofer,* AcP 185 (1985), S. 178; *Hübner,* NJW 1980, S. 732; *Berger,* S. 145 f. und wohl auch *Georgiades,* s. unten S. 118 f., während *Kupisch,* JZ 1976, S. 427 zu V 2 und JZ 1977, S. 494 f. zu IV, jeden gutgläubigen Erwerb ablehnt. Für einen Erwerb vom Scheinanwärter bei nicht bestehendem Vorbehaltskauf sprechen sich aus *Hübner,* NJW 1980, S. 732 f., *Berger,* S. 146 f. und wohl auch *Georgiades,* s. unten S. 118 f.; einschränkend *Stoll,* ZHR 128 (1966), S. 249 zu IV 2 b und *Marotzke,* Anwartschaftsrecht, S. 127 f., während ihn *Eichenhofer,* AcP 185 (1985), S. 179, ablehnt; falls ein Vorbehaltskauf besteht, will *Egert,* S. 105 f., den gutgläubigen Erwerb zulassen, während *Lempenau,* S. 56 f., ihn versagt; zum Ganzen s. i. e. unten B II, S. 88 ff.

[85] Siehe S. 17 f. Der Anwärter ist dann entweder Nichteigentümer (so bei der Annahme einer Verfügung über das fremde Eigentum) oder Eigentümer (so bei der Annahme einer Verfügung über das eigene Eigentum). Schein- und Nichtanwärter sind Nichtberechtigte. Auf die Unterscheidung, ob es tatsächlich einen „Anwärter" gibt, kommt es nicht an.

Grundlage des Rechts in den schuldrechtlichen Beziehungen zwischen Vorbehaltsverkäufer und -käufer nicht beseitigen können.[86]

Die Übertragung des Anwartschaftsrechts durch den Nichtberechtigten ist möglich, wenn die Voraussetzungen einer Analogie[87] zu den §§ 932 ff. vorliegen, also Rechtsähnlichkeit zur Übertragung des Eigentums vom Nichtberechtigten und eine planwidrige Lücke für das Anwartschaftsrecht aus Vorbehaltskauf. Die Darstellung orientiert sich an den zu erfüllenden Tatbestandsmerkmalen. Möglicherweise besteht im Gegensatz zum Eigentum für das Anwartschaftsrecht kein Rechtsschein[88], der Anwartschaftsrechtserwerber ist nicht schutzwürdig[89] oder nicht gutgläubig[90] oder es ergibt sich aus sonstigen Erwägungen, daß eine Parallele zur Übertragung des Eigentums vom Nichtberechtigten nicht zu ziehen ist[91]. Dabei ist grundlegend zu klären, ob die Parteien in ihrer Einigung gem. § 929 S. 1 das Anwartschaftsrecht oder das Eigentum zum Verfügungsgegenstand machen[92]. Geht man zunächst mit der h. L. vom Anwartschaftsrecht als Verfügungsgegenstand aus, könnte die Rechtsähnlichkeit zur Übertragung des Eigentums vom Nichtberechtigten bereits an der Forderungsabhängigkeit des Anwartschaftsrechts scheitern.

---

86 Vgl. *MünchKomm/H. P. Westermann*, § 455 Rn. 59.

87 Vgl. eingehend zur sog. offenen Lücke *Larenz/Canaris*, Kap. 6 2 b.

88 C, S. 120 ff.

89 D I, S. 130 ff.

90 E, S. 142 ff.

91 D II und III, S. 134 ff.

92 B II, S. 88 ff.

B. Der Verfügungsgegenstand

I. Das Anwartschaftsrecht als Verfügungsgegenstand

Nach h. L. verfügt der Anwärter über das ihm derzeit zustehende Recht, das Anwartschaftsrecht. Da man es in Abhängigkeit zu dem ihm zugrundeliegenden Kaufvertrag sieht, ohne den es nach h. L. nicht existieren kann[1], stellt sich die Frage, ob ein wirksamer Vorbehaltskauf Voraussetzung für einen gutgläubigen Erwerb ist. Die enge Verknüpfung von Anwartschaftsrecht und Vorbehaltskauf ist dann auch das schlagende Argument gegen die Möglichkeit des gutgläubigen Erwerbs vom Scheinanwärter bei nicht bestehendem Vorbehaltskauf[2] und vom den Ratenstand falsch angebenden Anwärter[3]. Liegt eine derartige Verknüpfung tatsächlich vor, wäre wegen der mit dem Anwartschaftsrecht verbundenen konstruktiven Schwierigkeiten ein gutgläubiger Erwerb hier wohl auch mit Interessenabwägungen nicht zu bejahen[4]. Beim Erwerb vom Scheinanwärter bei bestehendem Vorbehaltskauf[5] allerdings verhilft das

---

[1] Nachweise s. sogleich in Fn. 9 ff.

[2] *Beispiel* (E = Eigentümer; SA = Scheinanwärter; ZE = Zweiterwerber): SA veräußert sein angebliches Anwartschaftsrecht an den redlichen ZE; SA hatte die Sache jedoch nur von E gemietet. Weiteres *Beispiel:* SA veräußert sein angebliches Anwartschaftsrecht an der von E unter Eigentumsvorbehalt gekauften Sache an den redlichen ZE, nachdem E vom Kaufvertrag bereits zurückgetreten war/Schadensersatz verlangt hatte (§ 326 I 2)/der Kaufvertrag bereits angefochten war/aufgehoben war/indes der Kaufvertrag von Anfang an unwirksam war.

[3] *Beispiel*: Der Anwärter überträgt sein Anwartschaftsrecht auf den redlichen Zweiterwerber und gibt dabei fälschlich an, bereits 500,-- DM von den geschuldeten 1000,-- DM an den Eigentümer gezahlt zu haben. In Wirklichkeit hat er aber erst 100,-- DM gezahlt.

[4] So aber *Wieling*, SachenR I, § 17 IV 1 b bb.

[5] *Beispiel* (nach *Raiser*, S. 38 f.) (E = Eigentümer; SA = Scheinanwärter; ZE = Zweiterwerber): E verkauft die Sache unter Eigentumsvorbehalt dem SA, die aufschiebend bedingte Übereignung soll aber erst in zwei Wochen erfolgen. Bei der Übereignung ist E aber nunmehr unerkannt geisteskrank (hier ist wegen § 935 Abs. 1 S. 1 ein gutgläubiger Erwerb nur möglich, wenn man die Weggabe eines Geschäftsunfähigen nicht als „abhandenkommen" qualifiziert, str., Nachweise bei *Palandt/Bassenge*, § 935 Rn. 3)/die Übereignung scheitert wegen Dissens/die Übereignung wird wirksam angefochten. SA veräußert nun das angeblich ihm zustehende Anwartschaftsrecht an den gutgläubigen ZE. Weiteres *Beispiel*: SA kauft eine Sache unter Eigentumsvorbehalt und läßt sie sich aufschiebend bedingt übertragen, ist aber bzgl. der Berechtigung des

Abhängigkeitsdogma erst zur Möglichkeit des gutgläubigen Erwerbs: Obwohl hier ein Anwartschaftsrecht in niemandes Hand besteht, läßt man hier teilweise den gutgläubigen Erwerb zu, da dank Forderung der Bedingungseintritt möglich sein und so das Anwartschaftsrecht zum Vollrecht erstarken können soll.[6]

Wohl wegen der offensichtlichen Unmöglichkeit eines Erwerbs vom Scheinanwärter bei nicht bestehendem Vorbehaltskauf[7] und vom den Ratenstand falsch angebenden Anwärter[8] verwendet die Literatur für diese Fallkonstellationen nur wenig Platz. Häufig anzutreffen dabei ist das Argument, daß ein gutgläubiger Erwerb schon daran scheitere, daß bei Nichtexistenz der Kaufpreisforderung die Bedingung, die den Anwärter zum Inhaber des Vollrechts machen solle, gar nicht eintreten könne[9].

Diesbezüglich helfe aber auch nicht der gute Glaube des Erwerbers weiter, denn der gute Glaube an den Bestand einer Kaufpreisforderung werde nicht geschützt.[10] Einen Schutz des guten Glaubens an eine Forderung gebe es mangels Rechtsscheinbasis für die Forderung nicht einmal dann, wenn es um den Erwerb der Forderung gehe. Also sei auch nicht ein guter Glaube an den Forderungsbestand im Hinblick auf das davon abhängige Anwartschaftsrecht

---

Veräußerers bösgläubig. Sodann überträgt SA das vermeintlich ihm zustehende Anwartschaftsrecht auf den gutgläubigen ZE. Zu beachten ist, daß nur im ersten Beispiel die dingliche Einigung ganz fehlschlägt.

[6] Siehe hierzu i. e. S. 33 f.

[7] Beispiel s. soeben, Fn. 2.

[8] Beispiel s. soeben, Fn. 3.

[9] *Soergel/Mühl,* § 929 Rn. 75; *Schlegelberger/Hefermehl,* Anh. § 382 HGB Rn. 36; *Harry Westermann/Gursky,* § 45 III 1 d; *Baur/Stürner,* § 59 V 3 c; *Schwab/Prütting,* § 33 II 3; *Tiedtke,* Gutgläubiger Erwerb, S. 59; *Harms,* Fall 42 a. E. (1); *Rimmelspacher,* Rn. 303; *Dietrich Reinicke/Tiedtke,* Kaufrecht, S. 369 und JA 1984, S. 211; *Weber,* S. 150; *Koller,* JZ 1972, S. 650 Fn. 58; *Brox,* JuS 1984, S. 662; *Eichenhofer,* AcP 185 (1985), S. 179; *Krüger,* JuS 1994, S. 907 und Fn. 17; *Raiser,* S. 38 Fn. 92; *Forkel,* Grundfragen, S. 194; *Georgiades,* S. 44 vor 2 b; *Sponer,* S. 92; *Valentin,* S. 17 f. und S. 124; *Loesti,* S. 34; *Rinnewitz,* S. 450; *Gerhard Reinicke,* Pfandrechte, S. 40 Fn. 2; *Pannenborg,* S. 94 f.

[10] BGHZ 75, 221 (225); *Erman/Grunewald,* § 455 Rn. 33; *Palandt/Bassenge,* § 929 Rn. 46; *Schlegelberger/Hefermehl,* Anh. § 382 HGB Rn. 36; *Flume,* AcP 161 (1962), S. 396 und Rechtsgeschäft, § 42 4 c; *Larenz,* SchuldR, § 43 II c a. E.; *Klaus Schreiber,* Rn. 332; *Gernhuber,* BürgR, S. 127; *Rimmelspacher,* Rn. 303 f.; *Bülow,* Kreditsicherheiten, Rn. 637 und Jura 1986, S. 236; *Weber,* S. 150; *Schnorr v. Carolsfeld,* KritVSchr 66 (1939), S. 184; *Mühl,* AcP 160 (1961), S. 268; *Raiser,* S. 38; *Serick,* Eigentumsvorbehalt, S. 271; *Georgiades,* S. 132 f.; *Sponer,* S. 91 unten; *Rinnewitz,* S. 450, 468; wohl auch *Pannenborg,* S. 95; ähnlich *Schapp,* S. 136.

zu schützen.[11] Der Erwerber habe nur an ein bedingtes Recht geglaubt und müsse es nun hinnehmen, wenn die Bedingung nicht eintreten könne.[12] Die Höhe der Zahlung (speziell zum Erwerb vom den Ratenstand falsch angebenden Anwärter) werde im Kaufvertrag festgesetzt; diese Bedingung werde durch den guten Glauben aber nicht verändert[13].

In dieselbe Richtung gehen, aber mehr allgemeiner Art sind die Erwägungen, die den gutgläubigen Erwerb an der Abhängigkeit des Anwartschaftsrechts vom schuldrechtlichen Verhältnis scheitern lassen wollen. Bei der so entstehenden eigenartigen Mischung von sachenrechtlichen und schuldrechtlichen Elementen sei gutgläubiger Erwerb nur bzgl. der sachenrechtlichen Elemente möglich, bzgl. der schuldrechtlichen nicht. Das führe dazu, daß gem. §§ 932 ff. nur soweit ein Erwerb auf Grund der Verfügung eines Nichtberechtigten eintreten könne, als der „sachenrechtliche Teil des Anwartschaftsrechts" fehle. Wo gar keine Anwartschaft bestehe, sei danach auch gutgläubiger Erwerb ausgeschlossen. Ein gutgläubiger Erwerb scheide von vorneherein aus, wenn die Kaufpreisforderung, die dem behaupteten Anwartschaftsrecht zugrunde liegen solle, überhaupt nicht existiere: Das Anwartschaftsrecht sei nun einmal von dem schuldrechtlichen Verhältnis zwischen dem Eigentumsvorbehaltsverkäufer und dem Käufer abhängig.[14]

Daß ein gutgläubiger Erwerb mangels Kaufpreisforderung von vornherein ausscheide, wird gelegentlich durch plakative Umschreibungen bis hin zu Polemisierungen zu verdeutlichen versucht: Der gutgläubige Erwerb eines überhaupt nicht oder nicht im angenommenen Umfang existenten Anwartschafts-

---

[11] *Wilhelm,* Rn. 1245 f; ähnlich *Brox,* JuS 1984, S. 662; *Harry Westermann/Gursky,* § 45 III 1 d; *Raiser,* S. 38 Fn. 92; *Hager,* S. 317, 319; *AK/Reich,* § 929 Rn. 28; *Müller,* Rn. 2437; *Harms,* Fall 42 a) 1 c; *Georgiades,* S. 132 f. Fn. 10; *Valentin,* S. 125 Fn. 381. Der Auffassung, daß auch keine Fiktion der Kaufpreisforderung möglich sei, sind *Schnorr v. Carolsfeld,* KritVSchr 66 (1939), S. 184; *Gerhards,* S. 31; *Georgiades,* S. 44 zu 2 a; *Loesti,* S. 34; *Rinnewitz,* S. 450, 468.

[12] *Baur/Stürner,* § 59 V 3 c; *Weber,* S. 150; *Schwerdtner,* Jura 1980, S. 665.

[13] *Harms,* Fall 42 a) 1 c.

[14] *Harry Westermann/Gursky,* § 45 III 1 d; *MünchKomm/H. P. Westermann,* § 455 Rn. 70; *Rinnewitz,* S. 450; zumindest ähnlich *Waldner,* MDR 1980, S. 460; *Tiedtke,* Jura 1983, S. 475; *Fikentscher,* § 71 IV 2 a (3); *Hager,* S. 317 und Fn. 479; *Wilhelm,* Rn. 1247 (Anwartschaftsrecht als eine nicht wie das Eigentum aus sich heraus klare sachenrechtliche Position); *Rinnewitz,* S. 450 (Regel, daß ohne Kaufpreisforderung kein gutgläubiger Erwerb möglich sei) und S. 468, 469-471 (absolute Sperre für gutgläubigen Erwerb wegen Akzessorietät des Anwartschaftsrechts); *Brox,* JuS 1984, S. 662; *Eichenhofer,* AcP 185 (1985), S. 179; *Krüger,* JuS 1994, S. 907; *Raiser,* S. 37 und 38; *Forkel,* Grundfragen, S. 194 f.; *Gerhards,* S. 31; *Georgiades,* S. 44 zu 2 a, S. 45 zu III und S. 132 f.; *Valentin,* S. 17 f. und S. 125; wohl auch *Koch,* S. 33 oben.

rechts sei „nicht denkbar“[15]; ein Anwartschaftsrecht, das nicht zum Vollrecht erstarken könne, „gebe es nicht“[16], sei „inhaltslos“[17], „sinnlos“[18] oder „unzulässig“[19]; das Bestehen einer Forderung sei „existenznotwendig“[20], bei deren Fehlen sei der gutgläubige Erwerb „ausgeschlossen“, denn es bestehe eine als „absolut zu erachtende Sperre“[21].

Besteht aber eine Kaufpreisforderung, so zahlreiche Autoren, so ist ein gutgläubiger Erwerb des Anwartschaftsrechts auch dann zu bejahen, wenn dieses nicht besteht (Erwerb vom Scheinanwärter bei bestehendem Vorbehaltskauf[22]); denn der Bedingungseintritt sei möglich: Bestehe ein noch nicht erfüllter Kaufvertrag zwischen Eigentümer/Vorbehaltsverkäufer und dem angeblichen Anwartschaftsinhaber/Vorbehaltskäufer und sei lediglich die dingliche Seite des Geschäfts gescheitert, so sei gutgläubiger Erwerb möglich, wenn die vermeintlich bestehende Anwartschaft an dieser bestimmten Sache übertragen werde.[23] Die Kaufpreisforderung, hinsichtlich deren guter Glaube nichts nützen würde, sei wirksam begründet und der Bedingungseintritt möglich; der sachenrechtliche Zuständigkeitsmangel des Scheinanwärters werde durch § 932 in gleicher Weise überwunden, wie wenn ein Nichtanwärter über eine bestehende Anwartschaft verfügt hätte[24]. Sei beim Erwerb vom Nichtan-

---

[15] *RGRK/Pikart,* § 929 Rn. 76; *Schnorr v. Carolsfeld,* KritVSchr 66 (1939), S. 184; *Gerhards,* S. 31; *Georgiades,* S. 44 zu 2 a; *Valentin,* S. 17; *Loesti,* S. 34.

[16] *Rimmelspacher,* Rn. 303.

[17] *Gerhard Reinicke,* Pfandrechte, S. 40 Fn. 2.

[18] *Pannenborg,* S. 95.

[19] *Valentin,* S. 19.

[20] *Forkel,* Grundfragen, S. 194; *Rinnewitz,* S. 452, 468.

[21] *Rinnewitz,* S. 450, 463, 468 f. und S. 471.

[22] Beispiel s. S. 30, Fn. 5.

[23] *Schnorr v. Carolsfeld,* KritVSchr 66 (1939), S. 184; ebenso *Mühl,* AcP 160 (1961), S. 268; *Rinnewitz,* S. 468 ff., insbes. S. 470 (der gutgläubige Erwerb sei wegen Existenz der Forderung hier wie auch sonst möglich); *Eichenhofer,* AcP 185 (1985), S. 178 Fn. 44; *Weber,* S. 150 f.; *Georgiades,* S. 44 f. zu 2 b; *Gerhards,* S. 32 f.; *Valentin,* S. 18 und 124 f.; wohl auch *Palandt/Bassenge,* § 929 Rn. 46. Zur Kritik vom Boden der Abhängigkeitslehre aus s. Fn. 214. Vom Standpunkt der kausalen Verfügung aus *Serick,* Eigentumsvorbehalt, S. 271.

[24] *Beispiel* (E = Eigentümer; AB = Anwartschaftsberechtigter; NA = Nichtanwärter; ZE = Zweiterwerber): NA überträgt auf den gutgläubigen ZE das vermeintlich ihm zustehende Anwartschaftsrecht durch Übergabe, nachdem NA das Anwartschaftsrecht bereits der Bank B zur Sicherung gem. §§ 929, 930 wirksam übereignet hatte. Als weiteres *Beispiel* ist der Fall denkbar, daß AB die von E unter Eigentumsvorbehalt gekaufte Sache vor Bezahlung des vollständigen Kaufpreises an NA vermietet. NA gibt sich dem gutgläubigen ZE als Anwartschaftsberechtigter aus und überträgt ihm das Anwartschaftsrecht.

wärter das Vertrauen auf die Anwartschaft des Nichtanwärters geschützt, eine Rechtsposition, die sich aus bedingter Einigung und Besitzübergabe zusammensetze, so könne man den Erwerb vom Scheinanwärter bei bestehendem Vorbehaltskauf[25] mit dem gleichen Objekt des Vertrauensschutzes nicht anders entscheiden. Daran zeige sich, daß die Möglichkeit gutgläubigen Erwerbs nur ausscheide, wenn eine Kaufpreisforderung, auf die sich die Bedingung beziehe, nicht bestehe.[26]

Für ein gewisses Unbehagen der h. L. und als Zeichen dafür, daß man möglicherweise mit der Abhängigkeitslehre fehlgeht, könnte man die Stellungnahmen werten, die zwar dem Abhängigkeitsdogma anhängen, aber dennoch Argumente vorbringen, die geeignet sind, einen gutgläubigen Erwerb immer – ohne Rücksicht auf eine Forderung – zu bejahen; kommen diese Autoren dann aber zu den Fallkonstellationen, bei denen ein wirksamer Vorbehaltskauf unabdingbar scheint, schwenkt man auf das übliche Ergebnis, nämlich der Unmöglichkeit des gutgläubigen Erwerbs, um und widerspricht sich damit zuweilen selbst. So steht zu lesen, die Abhängigkeit des Anwartschaftsrechts von der Forderung stehe dem gutgläubigen Erwerb ebensowenig entgegen wie bei der Hypothek.[27] Weiter wird vorgebracht, folge man der Ansicht, das Anwartschaftsrecht sei nichts anderes als ein wesensgleiches minus gegenüber dem Vollrecht, dann sei nicht zu begreifen, weshalb kein gutgläubiger Erwerb vom Scheinanwärter bei nicht bestehendem Vorbehaltskauf[28] solle stattfinden können, reiche doch der vorliegende Vertrauenstatbestand sogar zum Eigentumserwerb aus. Der Veräußerer einige sich mit dem Erwerber, verschaffe ihm Besitz und habe gleich wenig an eigener Berechtigung, ob das Anwartschaftsrecht nun gar nicht existiere oder einem anderen zustehe.[29] Oder es lautet beispielsweise: Da der gutgläubige Erwerber auf grundsätzlich als unzerstörbar gewertete dingliche Interessen vertraue, könne es nicht mehr entscheidend auf das zwischen ihm und dem wahren Eigentümer fehlende Schuldverhältnis ankommen, zumal ein solches Band niemals den gutgläubi-

---

[25] Beispiel s. S. 30, Fn. 5.

[26] *Raiser*, S. 39 und Fn. 93.

[27] *Manfred Wolf*, Rn. 516. Wolf macht diese Bemerkung (Rn. 516 im Beispiel a. E.) allerdings im Zusammenhang mit dem Erwerb vom Nichtanwärter, bei dem es auf diese Frage gar nicht ankommt; den gutgläubigen Erwerb vom Scheinanwärter bei nicht bestehendem Vorbehaltskauf möchte er dann inkonsequenterweise nicht zulassen (Rn. 516 a. E., S. 274).

[28] Beispiel s. S. 30, Fn. 2.

[29] *Forkel*, Grundfragen, S. 193, der aber sogleich auf den S. 193 f. den gutgläubigen Erwerb mangels Rechtsscheins ablehnt („Daß jene Ansicht dennoch richtig ist, leuchtet ... ein, ...“), nachdem er den Rechtsschein für den Erwerb vom Nichtanwärter unstimmigerweise bejaht hatte.

gen Erwerb eines dinglichen Rechts bedingen könne. Der gutgläubige Erwerber müsse im Rahmen seiner schuldrechtlichen, gegenüber dem Nichteigentümer eingegangenen Verpflichtung mit Bedingungseintritt das volle Eigentum erwerben können, wenn nicht jeder Sinn eines Gut-Glaubens-Schutzes verloren gehen solle.[30] Und schließlich wird mit dem bekannten und bereits erwähnten Wort Baurs es als verblüffend bezeichnet, daß der gutgläubige Anwartschaftsrechtserwerb vom Scheinanwärter bei nicht bestehendem Vorbehaltskauf[31] nicht möglich, der des Eigentums aber möglich sei[32]. Dies zeigt, wie dringend erforderlich es ist, das Abhängigkeitsdogma hin auf seine Stimmigkeit zu untersuchen. Träfe die von der h. L. aufgestellte Prämisse gar nicht zu, wäre ihrer Argumentation die Grundlage entzogen.

1. Zur Akzessorietät des Anwartschaftsrechts

Vereinzelt wird von einer Akzessorietät des Anwartschaftsrechts von der Kaufpreisforderung gesprochen. So wird behauptet, der Bestand der Forderung sei wegen der akzessorischen Natur der Anwartschaft existenznotwendige Voraussetzung für das Vorliegen eines Anwartschaftsrechts.[33] Man zieht Parallelen zur Hypothek, zum Pfandrecht und zur Vormerkung, da diese wegen der Akzessorietät im Vergleich zum Anwartschaftsrecht besonders interessierten[34]. Ein Unterschied zu den anderen akzessorischen Rechten sei anscheinend nur darin begründet, daß das Anwartschaftsrecht ohne die Forderung übertragen werde und die Rechtsinhaberschaft also nicht notwendig an die Innehabung der Forderung geknüpft sei.[35] Auch Fikentscher betont, daß die Eigentümlich-

---

[30] *Sponer,* S. 91, der zwei Absätze weiter unten dagegen feststellt, daß die Rechtswissenschaft völlig zurecht den gutgläubigen Erwerb eines nichtbestehenden Anwartschaftsrechts vom Scheinanwärter verneine, da ja dort der gute Glaube an das Bestehen eines Schuldverhältnisses geschützt werden müßte.

[31] Beispiel s. S. 30, Fn. 2.

[32] *Baur/Stürner,* § 59 V 3 c; die Formulierung übernommen haben *Georgiades,* S. 44 Fn. 7; *Rinnewitz,* S. 452; *Schwerdtner,* Jura 1980, S. 665 und von der Gegenseite *Wieling,* SachenR I, § 17 IV 1 b bb und Lehrbuch, § 17 III 1 b bb.

Für einen gutgläubigen Erwerb ohne Rücksicht auf eine zugrundeliegende Forderung treten nur ein *Wieling,* SachenR I, § 17 IV 1 b bb und *Berger,* S. 155-158. S. a. *Nauenberg,* S. 33.

[33] *Rinnewitz,* S. 468 und S. 469. Auf die Akzessorietät wird an folgenden Stellen abgehoben: „... wegen der akzessorischen Natur der Anwartschaft ..." (S. 468); „... das Anwartschaftsrecht ... anders als alle anderen akzessorischen Rechte ..." (S. 469); „... Rechtslage anderer akzessorischer Rechte ..." (S. 470).

[34] *Rinnewitz,* S. 465 f. und S. 470.

[35] *Rinnewitz,* S. 469.

keit der Akzessorietät von Anwartschaftsrecht und causa zu beachten sei.[36] Endlich besteht Wilhelm zufolge die Rechtsposition des Vorbehaltskäufers akzessorisch zum Stand des Kaufvertrages[37].

Das BGB verwendet den Begriff der Akzessorietät nicht, weshalb es eine allgemeingültige Definition von Gesetzes wegen nicht gibt. Von Akzessorietät eines dinglichen Rechts spricht man herkömmlicherweise, wenn es bezüglich Entstehung, Erlöschen und Rechtsinhaberschaft von einer schuldrechtlichen Forderung abhängt.[38] Sie bedeutet eine einseitige Verbindung zwischen zweckidentischen Rechten: Das eine Recht bestimmt das Schicksal des anderen, aber nicht auch umgekehrt.[39] Das die Akzessorietät kennzeichnende Übergewicht des führenden Rechts gegenüber dem geführten beruht darauf, daß das Gesetz nur für das führende Recht regelt, wer Gläubiger ist und unter welchen Voraussetzungen er befriedigt wird. Diese Regelung wird dann durch die Akzessorietät auf das geführte Recht rechtstechnisch vereinfachend erstreckt.[40] Sie besteht kraft Gesetzes und zwingend bei Bürgschaft, Mobiliarpfandrecht und Hypothek. Auch die Vormerkung kann wohl als akzessorisch bezeichnet werden.[41] Das geführte Recht entsteht nur, wenn auch das führende Recht entsteht[42]; das führende Recht bestimmt den Umfang des geführten Rechts[43] und wem es zusteht[44]. Einreden gegen die Geltendmachung des führenden Rechts können auch der Geltendmachung des geführten entgegengehalten

[36] *Fikentscher,* § 71 IV 2 c.

[37] *Wilhelm,* Rn. 1241; s. a. Rn. 1245, 1247.

[38] *Medicus,* JuS 1971, S. 497 zu I 3 und BürgR, Rn. 767; *Palandt/Bassenge,* Einl. vor § 854 Rn. 8; *Müller,* Rn. 1506 (Hypothek); *Wieling,* SachenR I, § 15 IV und Lehrbuch, § 15 II b (Pfandrecht); *Baur/Stürner,* § 36 III 1; *Jauernig,* NJW 1982, S. 268 ff.; *Büdenbender,* JuS 1996, S. 669 ff. m. w. N. Zur an der Aussagekraft des Akzessorietätsdogmas geübten Kritik s. *Medicus,* JuS 1971, S. 501 f. zu III 2 m. w. N.

[39] *Medicus,* JuS 1971, S. 497 zu I 3.

[40] *Medicus,* JuS 1971, S. 498 zu I 4 d.

[41] *Medicus,* JuS 1971, S. 497 (zurückhaltend hinsichtlich der Vormerkung auf S. 502 zu IV 2 a) und BürgR, Rn. 767; *Palandt/Bassenge,* Einl. vor § 854 Rn. 8; *Müller,* Rn. 1506 (Hypothek); *Wieling,* Lehrbuch, § 15 II b (Pfandrecht).

[42] Bürgschaft: § 765 Abs. 1; Pfandrecht: § 1204 Abs. 1; (Fremd)-Hypothek: § 1113 Abs. 1.

[43] Bürgschaft: § 767 Abs. 1 S. 1, Abs. 2; Pfandrecht: § 1210; Hypothek: § 1118.

[44] Mit der Übertragung der Forderung geht das Sicherungsrecht auf den neuen Gläubiger über. Es ist untrennbar mit der Forderung verbunden. Der Gläubiger der Forderung ist grundsätzlich eo ipso auch Berechtigter des Sicherungsrechts, Bürgschaft: § 401 Abs. 1; Pfandrecht: § 1250; Hypothek: § 1153 (Ausnahme: § 1138).

werden[45]. Wenn und soweit das führende Recht erlischt, erlischt auch das geführte[46].[47]

Den möglicherweise voreiligen Schluß, das Anwartschaftsrecht als akzessorisch zu bezeichnen, könnte man darauf zurückführen, daß bei der Frage der Verknüpfung des Anwartschaftsrechts mit der dinglichen Einigung und mit dem Kauf zuweilen schnell und unbedacht mit dem Begriff der Akzessorietät gearbeitet wird.[48] Als Forderungen aus dem Kaufvertrag, bzgl. deren das Anwartschaftsrecht akzessorisch sein könnte, kommen der Übereignungs- und Übergabeanspruch des Vorbehaltskäufers und der Kaufpreisanspruch des Vorbehaltsverkäufers in Betracht. Daß die dingliche Berechtigung des Vorbehaltskäufers in bezug auf seine Forderung akzessorisch wäre, ist zwar konstruktiv denkbar[49], hätte aber keinen Sinn und wird auch von niemand vertreten, da man ja das Anwartschaftsrecht von der Ratenzahlung in Abhängigkeit bringen will. Würde man das Anwartschaftsrecht als das durch die Forderung des Vorbehaltskäufers geführte Recht betrachten, so hieße das überdies, den Grundsatz der Nicht-Akzessorietät ohne gesetzliche Grundlage unterlaufen.

Aber auch in bezug auf die Forderung des Verkäufers auf Kaufpreiszahlung kann nicht von Akzessorietät gesprochen werden: Denn Akzessorietät bezeichnet die Abhängigkeit eines Rechts von einem anderen Recht derselben Person; das Anwartschaftsrecht steht aber dem *Käufer* und die Kaufpreisforderung steht dem *Verkäufer* zu. Das Recht einer Person kann nicht in bezug auf das Recht einer anderen Person im gebräuchlichen Sinne als akzessorisch bezeichnet werden[50]. Auf Unterschiede zur herkömmlichen Akzessorietät machen zwar auch deren Befürworter aufmerksam, wenn hier die Besonderheit

---

[45] Bürgschaft: § 768; Pfandrecht: § 1211; Hypothek: § 1137. Es existieren mehrere Ausnahmen, etwa § 223 Abs. 1 für Pfandrecht und Hypothek.

[46] Bürgschaft: §§ 765 Abs. 1, 767 Abs. 1 S. 1; Pfandrecht: § 1252; Hypothek wird zur Eigentümergrundschuld: §§ 1163 Abs. 1 S. 2, 1177 I 1. Zu einem Zuständigkeitswechsel und nicht zu einem Erlöschen kommt es in den Fällen der Legalzession auf einen Regreßberechtigten, s. etwa §§ 268 Abs. 3, 426 II 1, 774 I 1, 1143 I, 1225.

[47] Siehe i. e. *Medicus,* JuS 1971, S. 498 ff. zu II.

[48] Diese Vermutung hegt *Gernhuber,* FS Baur, S. 34 unten, der sich bislang als einziger kritisch mit der Frage beschäftigt hat; dennoch ist festzustellen, daß von Akzessorietät im vorliegenden Zusammenhang nur sehr selten gesprochen wird, vgl. die Nachweise soeben und s. weiter *Valentin,* S. 16 oben, nach dem eine Akzessorietät zwischen Kauf und Anwartschaftsrecht „nicht anerkannt" sei. Siehe schließlich vom Standpunkt einer kausalen Verfügung aus *Serick,* AcP 166 (1966), S. 131, nach dem die Grundverschiedenheit der institutionellen Abhängigkeit des Anwartschaftsrechts von der causa keinen Vergleich mit der Akzessorietät zulasse.

[49] *Gernhuber,* FS Baur, S. 35 spricht insoweit vom einzig denkbaren Recht aus dem Kaufvertrag, das dem Anwartschaftsrecht zugeordnet werden könnte.

[50] Vgl. *Gernhuber,* FS Baur, S. 35.

einmal darin gesehen wird, daß das Anwartschaftsrecht ohne die Forderung übertragen werde, und zum andern darin, daß die Akzessorietät Anwartschaft und causa (den Vorbehaltskauf), aber kein anderes subjektives Recht, betreffe. Damit hat man aber den Begriff der Akzessorietät, wie er gewöhnlich verwendet wird, verlassen. Auch sonstige Versuche, ihn in Einklang mit der Anwartschaft zu bringen, müssen vor diesem Hintergrund gesehen werden. So faßt Gernhuber den Begriff der Akzessorietät weiter und sieht als das Recht, zu dem das dingliche Recht akzessorisch sein kann, nicht nur Forderungen, sondern allgemein subjektive Rechte an. So kommt er zur Frage, ob nicht das Anwartschaftsrecht zu der bedingten Übereignung akzessorisch sein könnte. Er verneint diese Frage, da aufschiebend bedingte Einigung und Anwartschaftsrecht das Verhältnis von Tatbestand und Rechtsfolge verbinde; das Anwartschaftsrecht entstehe, weil eine bewegliche Sache aufschiebend bedingt übereignet worden sei, und es entstehe so, wie es in der bedingten Einigung vorgesehen sei[51].

All dies führt nicht weiter. Mit dem im herkömmlichen Sinn verwendeten Begriff der Akzessorietät ist eine mögliche Abhängigkeit des Anwartschaftsrechts von dem seiner Bestellung zugrundeliegenden Kaufvertrag nicht zu erklären. Auch die Rechtsprechung, die mitunter großzügig aufgrund stillschweigender Parteivereinbarung oder unter Hervorhebung des wirtschaftlichen Zwecks bei der Sicherungszession eine Abhängigkeit von der zu sichernden Forderung bejaht[52], kann nicht für eine mögliche Akzessorietät des Anwartschaftsrechts aus Vorbehaltskauf angeführt werden. Denn hier geht es im Gegensatz zur Anwartschaft aus Vorbehaltskauf gerade um die der Akzessorietät zugrundeliegende Konstellation, daß das führende Recht (die zu sichernde Forderung) und das geführte Recht (die sichernde Forderung) einer und derselben Person (dem Sicherungszessionar) zustehen.

Unter Zuhilfenahme des Begriffs der Akzessorietät bringt man hier lediglich eine irgendwie geartete Abhängigkeit zum Ausdruck, für die es möglicherweise auch andere, die Sache besser treffende Begriffe wie etwa den des „Bedingungszusammenhangs“ gibt. Um Begriffsverwirrungen zu vermeiden,

---

[51] *Gernhuber*, FS Baur, S. 35.

[52] BGH, NJW 1982, S. 275; s. a. BAG, NJW 1967, S. 751. Die Entscheidung ist dogmatisch unklar (rechtsgeschäftlich herbeigeführte Geschäftseinheit gem. § 139, aufschiebende Bedingtheit der Sicherungsübertragung durch das Bestehen des zu sichernden Anspruchs oder – wofür die Formulierungen des Urteils sprechen – Akzessorietät von Rechts wegen?) und angesichts des gesetzlichen Ausgangspunkts, daß die Sicherungsübertragung nicht akzessorisch ist, auch sachlich nicht überzeugend. Sie wird daher zu Recht kritisiert etwa von *Jauernig*, NJW 1982, S. 268 ff. und *Harry Westermann/Gursky*, § 44 III 2 m. w. N.

sollte man deshalb auf den Gebrauch der Akzessorietät im vorliegenden Zusammenhang ganz verzichten. Es bleibt festzuhalten, daß die Sicherung des Verkäufers durch Eigentumsvorbehalt nicht zu den akzessorischen Sicherungen im klassischen Sinn zählt. Denn die Forderung ist nicht ein unmittelbar zuständiges Recht, dem die Anwartschaft als mittelbar zuständiges Recht folgt (die Zession der Kaufpreisforderung hat keinen Einfluß auf die dingliche Rechtslage).[53]

2. Zur kausalen Verfügung

Serick vertritt die Ansicht[54], daß die Verfügung beim Kauf unter Eigentumsvorbehalt kausal ausgestaltet sei. Ein innerer Rechtsgrund des Kaufvertrages (der Verkäufer wolle den Kaufpreis erhalten) sei Vertragsinhalt des Leistungsgeschäfts geworden und habe dadurch die Verfügung rechtsgrundabhängig gemacht. Es handele sich um eine kausale Verfügung, da die Bedingung gerade einen subjektiven Rechtsgrund des Kausalgeschäftes zum Bestandteil des Erfüllungsgeschäfts mache.[55] Die Umschreibung des Vorbehaltskaufs in § 455, daß nämlich der Verkäufer das Eigentum unter der aufschiebenden Bedingung der vollständigen Bezahlung des Kaufpreises übertrage, betrachtet Serick als eine Durchbrechung des das Sachenrecht beherrschenden Abstraktionsprinzips[56]. Serick fährt fort, kausale Verfügungen seien als besonderer gesetzlicher Typus im BGB nicht geregelt. Rechtsgeschäftlich könnten die Parteien freilich den gesetzlichen, abstrakt aufgebauten Verfügungstatbestand durch Hinzufügen einer solchen Bedingung verändern. Das Anwartschaftsrecht sei damit stets abhängig vom Bestand des Kausalgeschäfts. Das Anwartschaftsrecht aus einem Kauf unter Eigentumsvorbehalt verdingliche das obligatorische Recht des zahlenden Käufers, ohne ihm aber vor Tilgung des Kaufpreises in irgendeinem Augenblick eine vom Kausalgeschäft

---

[53] Zutreffend *Gernhuber*, BürgR, § 13 I 4, der allerdings im Zusammenhang der Frage nach der Akzessorietät des *Anwartschaftsrechts* etwas ungenau vom *Eigentum* als nachfolgendem Recht spricht.

[54] Aber auch *Derleder*, ZHR 139 (1975), S. 20 spricht beim Anwartschaftsrecht von dem „Unikum eines von der causa seiner Bestellung abhängigen dinglichen Rechts". Zu Unrecht aber werden dieser Ansicht durch *Eder*, S. 123 Fn. 10, *Gernhuber*, FS Baur, S. 41, der keinerorts von einer „kausalen Verfügung" spricht, und *Weitnauer*, JZ 1965, S. 241, der gerade die kausale Verfügung ablehnt, zugeschlagen.

[55] *Serick*, Eigentumsvorbehalt, S. 53 und AcP 166 (1966), S. 130. An letzterer Stelle geht Serick vornehmlich auf die an seiner Konzeption geübte Kritik ein.

[56] *Serick*, Eigentumsvorbehalt, S. 206.

losgelöste dingliche Rechtsposition zu geben.[57] Serick schließt damit, daß der Käufer, sei der Kaufvertrag nicht zustandegekommen oder später aufgehoben oder rechtsunwirksam geworden, kein Anwartschaftsrecht erlangt oder es wieder verloren habe. Das Anwartschaftsrecht sei ein kausales Recht, das mit der schuldrechtlichen causa stehe und falle und ohne den Kauf überhaupt nicht existiere.[58]

Das kausale und das abstrakte Rechtsgeschäft sind Kategorien der Zuwendungsgeschäfte. Unter Zuwendungsgeschäften versteht man alle Geschäfte, durch welche ein Partner des Geschäfts einem anderen, sei es dem anderen Partner oder einem Dritten (Vertrag zugunsten Dritter, §§ 328 ff.) etwas zuwendet oder die Partner des Geschäfts sich gegenseitig Zuwendungen machen. Die Zuwendung kann darin bestehen, daß eine Leistung erbracht oder nur eine Forderung auf eine Leistung begründet wird. Zuwendungsgeschäfte sind deshalb außer den Verfügungsgeschäften (Abtretung von Forderungen, Übereignung von Sachen) auch die schuldrechtlichen Verträge. Durch den Kaufvertrag z. B. erhält der Verkäufer eine Zuwendung, indem für ihn der Anspruch auf den Kaufpreis entsteht, und desgleichen der Käufer, indem für ihn der Anspruch auf die Lieferung der Kaufsache begründet wird.[59]

Nach überkommener Ansicht versteht man unter causa eines Zuwendungsgeschäfts den Rechtsgrund für das Behaltendürfen im Sinne des Bereicherungsrechts. Das Abstraktionsprinzip besage, die dinglichen Verfügungsgeschäfte seien in ihrem Zustandekommen unabhängig davon gültig, ob die zu diesen Verfügungen verpflichtenden Versprechensverträge gültig seien. Die Versprechensverträge seien die causa (der Rechtsgrund) der Verfügungsgeschäfte und hießen darum Kausalgeschäfte.[60]

Entgegen dieser „landläufigen“[61] Ansicht bezeichnet nach zutreffender und heute wohl herrschender Ansicht das Gegensatzpaar „abstrakt/kausal“ nicht die Abhängigkeit einer Verfügung von der Verpflichtung, sondern in erster Linie die Abhängigkeit einer Zuwendung von ihrem Zweck: Eine Zuwendung ist abstrakt, wenn sie unabhängig davon wirksam ist, ob für sie ein Zweck ge-

---

[57] *Serick,* Eigentumsvorbehalt, S. 54.

[58] *Serick,* Eigentumsvorbehalt, S. 55.

[59] *Flume,* Rechtsgeschäft, S. 152; *Larenz,* AT, S. 329 f.; *Harder,* S. 147; *Schäfer,* S. 157 f.

[60] *Fikentscher,* S. 49; *Larenz,* AT, S. 327; *Medicus,* AT, Rn. 224; *Flume,* Rechtsgeschäft, S. 152 ff.; *Esser/Schmidt,* S. 16 f.; *Büdenbender,* JuS 1996, S. 668 f.

[61] *Bork,* S. 57; *Ehmann,* Gesamtschuld, S. 153 f. spricht insoweit von pädagogischer Vereinfachung und Primitivierung des Rechts, *Gernhuber,* Schuldverhältnis, S. 436 von simplifizierender, aber unschädlicher façon de parler.

setzt und ob der angestrebte Zweck erreicht ist; anderenfalls ist sie kausal.[62] Man kann unter causa nicht schlechthin eine (vermeintlich) zugrundeliegende schuldvertragliche („Kausalgeschäft“) oder gesetzliche Verpflichtung verstehen. Denn es gibt auch Leistungen, die nicht zum Zwecke der Erfüllung einer Verbindlichkeit, sondern aus einem anderen Grunde erbracht werden. Zu denken ist hierbei etwa an Anzahlungen, die der Anbahnung eines noch abzuschließenden Kausalgeschäftes dienen, oder daran, daß auf ein unwirksames, etwa formnichtiges Kausalgeschäft geleistet wird[63]; schließlich liegen Handgeschäften keine Versprechensgeschäfte zugrunde.[64] Eine Identifikation von Leistungszweck und Vertragszweck bzw. von bereicherungsrechtlicher causa und schuldrechtlichem Kausalgeschäft ist ferner unter der Regentschaft des finalen Leistungsbegriffs der herrschenden Meinung nicht möglich. „Der Mensch ... handelt nicht aus kausalem Zwang, sondern um eines Zweckes willen, d. h. der Schuldner zahlt nicht, *weil* er schuldig ist, sondern *um* die Schuld zu tilgen.“[65] Causa ist weniger Grund als vielmehr Absicht. Die umfassende schuldrechtliche Bedeutung des Zwecks im Recht schlägt sich in einer finalen Betrachtungsweise nieder.[66]

Die schuldvertragliche causa stellt den rechtlichen Zweck dar, den die Parteien mit dem Abschluß des Schuldvertrages verfolgen.[67] Kausale Verpflich-

---

[62] *Enneccerus/Nipperdey,* S. 916; *H. P. Westermann,* S. 17; *Jahr,* ZSS 80 (1963), S. 141 ff. und AcP 168 (1968), S. 15; *Gernhuber,* Schuldverhältnis, S. 434 f.; *Reuter/Martinek,* S. 87-89; *Ehmann,* Gesamtschuld, S. 155; *Harder,* S. 156; *Schäfer,* S. 73 f.; *Bork,* S. 57 f.; *Kegel,* FS Mann, S. 57, 65; *Oeckinghaus,* S. 43; *Jauernig,* NJW 1982, S. 268 f.; *Klinke,* S. 82 f.

[63] *Reuter/Martinek,* S. 87 f.

[64] *Ehmann,* Gesamtschuld, S. 154; *Harder,* S. 148; *Bork,* S. 58. Handgeschäfte sind Güterbewegungen ohne Begründung von Verpflichtungen: Bei der sofortigen Übereignung oder der sofortigen Zession im Rahmen eines Handkaufs beispielsweise werden die Leistungen sofort bewirkt, ohne daß – auch nicht für eine logische Sekunde – Verpflichtungen entstehen, vgl. *Krawielicki,* S. 48 ff.; *Ehmann,* Gesamtschuld, S. 144 ff.; *Harder,* S. 148 mit Fn. 731 und S. 155; *Oeckinghaus,* S. 65 ff.; *Bork,* S. 56. Nach a. A. handelt es sich bei den Handgeschäften um sofort erfüllte Versprechensgeschäfte, bei denen den Parteien Verpflichtungen, obwohl tatsächlich keine entstehen, durch die Rechtsordnung zugerechnet würden, vgl. *Schäfer,* S. 171, bzw. bei denen Verpflichtung und Erfüllung zeitlich zusammenfielen, aber durch eine juristische Sekunde voneinander getrennt seien, vgl. *Larenz,* SchuldR, § 39 II a (für den Handkauf), *Medicus,* BürgR, Rn. 38. Der Vorzug ist aber der erstgenannten Ansicht zu geben, da eine Verpflichtung, die nicht besteht, weder zugerechnet noch erfüllt werden kann, vgl. *Harder,* S. 148 Fn. 731 m. w. N.

[65] *Ehmann,* NJW 1969, S. 401 (Hervorhebung von Ehmann).

[66] *Ehmann,* Gesamtschuld, S. 154; *Reuter/Martinek,* S. 87 f. („die causa der Leistung liegt sozusagen vorn, nicht hinten“); *Bork,* S. 58.

[67] *H. P. Westermann,* S. 79 f.; *Klinke,* S. 50; *Schäfer,* S. 162 m. w. N.

tungen tragen demnach den rechtlichen Zweck in sich und sind deshalb aus sich heraus wirtschaftlich verständlich.[68] Es gehören nicht alle Zwecke, die die Parteien eines Schuldvertrages verfolgen, zur causa. Die Zwecke können lediglich Motiv geblieben sein, die Geschäftsgrundlage bilden oder eine Bedingung darstellen. Gegenüber dem Motiv und der Geschäftsgrundlage hebt sich die causa dadurch ab, daß die Parteien den rechtlichen Zweck der Zuwendung in die rechtsgeschäftliche Vereinbarung mit aufgenommen haben.[69] Die Bedingung ihrerseits zielt auf den gesamten Bestand eines Rechtsgeschäfts ab: Während beispielsweise bei einer auflösenden Bedingung (§ 158 Abs. 2) mit Eintritt des zukünftigen, ungewissen Ereignisses der Rechtserfolg ipso jure fortfällt, bleibt bei der causa – wenn auch mittels Kondiktion vernichtbar – der Rechtserfolg bestehen.[70] Wird wie häufig ein besonderer Zuwendungszweck von den Parteien nicht ausdrücklich vereinbart, ist zumindest konkludent der typische mit dem Vertrag verbundene Zweck als causa vereinbart.[71] Ansonsten ist die causa allein aus der vertraglichen Übereinkunft der Parteien zu ermitteln.[72] Als Hauptbeispiele gelten der Austauschzweck bei Kauf und anderen gegenseitigen Verträgen, der Liberalitätszweck bei Schenkungen und der Sicherungszweck bei obligatorischen Sicherungsgeschäften.[73]

---

[68] *Schäfer,* S. 162.

[69] *Schäfer,* S. 163 f.; *H. P. Westermann,* S. 98 ff., 107 ff.; *Kegel,* FS Mann, S. 59 ff.

[70] Vgl. *Esser/Schmidt,* S. 97; *H. P. Westermann,* S. 103. Anders, aber mißverständlich *Schäfer,* S. 163, nach dem hier der Unterschied darin begründet ist, daß bei der Bedingung der Rechtserfolg von einem Ereignis abhänge, während ein auf einer causa beruhender Rechtserfolg eintrete. Denn auch bei der auflösenden Bedingung tritt der Rechtserfolg (zunächst) ein, ohne daß es sich dabei um eine causa handelt.

[71] *H. P. Westermann,* S. 80; *Schäfer,* S. 163.

[72] *H. P. Westermann,* S. 80; *Schäfer,* S. 163; zu den abw. Ansichten vgl. *H. P. Westermann,* S. 51-94.

[73] *H. P. Westermann,* S. 16 m. w. N. Auf S. 17 f. bezeichnet er den subjektiven Verkehrszweck als „causa im subjektiven Sinne" und den Rechtsgrund des Behaltendürfens bei Zweckerreichung als „causa im objektiven Sinne".

Aus dem gemeinen Recht stammen die sog. *drei klassischen causa-Kategorien,* nämlich die causa solvendi (Schulderfüllung als Zuwendungszweck), credendi (Erlangung einer Gegenleistung) und donandi (heutige Handschenkung nach § 516), die noch heute bei den Leistungszwecken im Sinne des § 812 verwendet werden, vgl. *H. P. Westermann,* S. 57 f. und *Schäfer,* S. 158 ff. m. w. N. Gegen die Beibehaltung dieser Dreiteilung *Harder,* S. 157, der eine Einteilung in causae obligandi (= inhaltliche causae) für die causae der Versprechensgeschäfte (Kauf-, Schenkungs-, Bürgschafts-, Darlehens-, Gesellschaftszweck usw.) und in causae acquierendi et retinendi für die Handgeschäfte (= äußere causae) vorschlägt, *Harder,* S. 155 f. *H. P. Westermann,* S. 83 ff., seinerseits schlägt eine Einteilung der causae nach Austausch-, Schenkungs-, Erfüllungs- und Verwendungszweck vor. *Kegel,* FS Mann, S. 63 f., für den die causa allgemein der angestrebte Zweck in Form einer zusätzlichen Abrede sei, kommt beim gegenseitigen Geschäft auf mindestens acht, ja sogar zwölf

Das Prinzip der Kausalität der Verpflichtungsgeschäfte besagt, daß zur vertraglichen Begründung eines Schuldvertrages der Konsens über das „Ob" (= Konsens über die Entstehung einer Schuld bestimmten Inhalts) und über das „Warum" (= Zweckvereinbarung) vorliegen muß. Verspricht A dem B, 100 zu zahlen und nimmt B dieses Versprechen an ohne daß eine Einigung erzielt ist, ob die Geldzahlung „kaufweise", „schenkweise" oder „darlehenshalber" erfolgen soll, so hindert die fehlende Abrede bzw. gegebenenfalls der Dissens über das „Warum" das Zustandekommen eines Vertrages. Ist ein Geschäft nur gültig, wenn die Parteien über den Zweck der gewollten Rechtsfolge einig sind, gehört mithin die Zwecksetzung zum Inhalt der den Vertrag konstituierenden Erklärungen, dann läßt sich diese Gestaltung als „inhaltliche" oder „innere Kausalität" bezeichnen. „Innere" oder „inhaltliche Abstraktion" bedeutet demnach eine Regelung, nach der ein Geschäft ohne Rücksicht auf Konsens oder Dissens über seinen Zweck gültig ist. Wenn ein Verpflichtungsgeschäft als kausal bezeichnet wird, dann meint man die inhaltliche Kausalität[74], bei einem abstrakten Verpflichtungsgeschäft (§§ 780, 781) entsprechend die inhaltliche Abstraktion.[75]

Kausalität kann aber auch heißen, daß die Gültigkeit des Geschäfts von der Zweckerreichung abhängig ist. So ist der Erfüllungszweck verfehlt, wenn keine Schuld bestanden hat. Eine solche Gestaltung, die zur Ungültigkeit des Rechtsgeschäfts führt, ist als „äußerliche Kausalität", ihr Gegenteil als „äußerliche Abstraktion" zu bezeichnen. Diese Art der Abstraktion steht im Bereicherungsrecht im Vordergrund. Die Verpflichtungsgeschäfte sind regelmäßig inhaltlich und äußerlich kausal.[76] Die Verfügungsgeschäfte unseres heutigen Rechts sind in jeder Hinsicht, also inhaltlich und äußerlich, abstrakt.[77] Das Abstraktionsprinzip im geltenden Recht besagt also zweierlei:

---

causae. Weiterführend zum Begriff der causa neuerdings *Schäfer,* §§ 23 f. (S. 157 ff.); zur geschichtlichen Entwicklung *H. P. Westermann,* S. 15 f., *Reuter/Martinek,* S. 86 f., *Harder,* S. 146 und *Schäfer,* § 23 (S. 157-163).

[74] Dies wird auch als *genetisches Synallagma* bezeichnet im Gegensatz zum *funktionellen* oder konditionellen, wonach trotz entstandener Verpflichtung der Anspruch auf die Gegenleistung (etwa des Verkäufers auf den Kaufpreis) erlischt, weil die Leistung (die Übereignung der Kaufsache) wegen schuldloser nachträglicher Unmöglichkeit (§ 275) nicht erbracht werden kann, vgl. *H. P. Westermann,* S. 83 f.; *Esser/Schmidt,* S. 95; *Kegel,* FS Mann, S. 66 ff.

[75] *Jahr,* ZSS 80 (1963), S. 141 ff. und AcP 168 (1968), S. 15 f.; *Harder,* S. 154 f.; *Klinke,* S. 82; s. a. *Bork,* S. 66.

[76] *Jahr,* ZSS 80 (1963), S. 150 und AcP 168 (1968), S. 16 f.

[77] *Harder,* S. 156. Der Ansicht, Übereignung und Abtretung seien bei der Erfüllung inhaltlich kausal gestaltet (etwa *Jahr,* ZSS 80 [1963], S. 161 und *Ehmann,* Gesamtschuld, S. 155 ff., 159 ff.), kann de laga lata nicht gefolgt werden, vgl. *Harder,* S. 153.

Das Verfügungsgeschäft ist inhaltlich zweckfrei (sog. innere oder inhaltliche Abstraktion), d. h. unabhängig davon wirksam, ob der mit ihm verfolgte Zuwendungszweck (z. B. Erfüllung) übereinstimmend gesetzt wurde oder nicht. Des weiteren ist es in seiner Wirksamkeit von der Zweckerreichung unabhängig (sog. äußere Abstraktion).[78] Das Abstraktionsprinzip ist im Gesetz nur mittelbar dadurch ausgedrückt, daß nirgends die causa als Voraussetzung der Gültigkeit eines Verfügungstatbestandes genannt ist, vgl. §§ 398, 873, 929.[79]

Für Verfügenden und Verfügungsempfänger bedeutet die Abstraktheit der Verfügung in ihrem Verhältnis nur eine Veränderung der Anspruchsgrundlage: §§ 812 ff. treten an die Stelle des § 985, der bei kausaler Gestaltung der Verfügung die Anspruchsgrundlage bilden würde. Wesentlich ist aber der Unterschied im Verhältnis des Verfügenden zu Dritten: Fällt beim Kauf der Käufer nach der Lieferung der Kaufsache, also nach Übereignung, aber vor Zahlung des Kaufpreises in Konkurs, so kann der Verkäufer nicht gem. § 43 KO aussondern, sondern ist auf eine einfache Konkursforderung mit meist minimaler Konkursquote wegen seines schuldrechtlichen Kaufpreisanspruchs verwiesen. Veräußerte weiterhin derjenige, der eine Sache fehlerhaft erworben hat, weiter an einen Dritten, so würde eine kausale Ausgestaltung der Übereignung dazu führen, daß der Dritterwerber vom Veräußerer, der in diesem Fall nicht verfügungsbefugt wäre, nur durch Erwerb vom Nichtberechtigten gem. §§ 932 ff. Eigentümer werden könnte.[80]

Das Abstraktionsprinzip ermöglicht einen weitreichenden Verkehrsschutz. Die absolut wirkenden Verfügungen sollen möglichst weitgehend von Fehlerquellen unberührt bleiben, was sich insbesondere bei Veräußerungsketten bemerkbar macht. Insoweit sind Rechtssicherheits- und Einfachheitsstreben entscheidend gewesen. Gegen das Abstraktionsprinzip ist beispielsweise eingewendet worden, die Verkehrsschutzinteressen seien im Sachenrecht durch die Möglichkeit gutgläubigen Erwerbs ausreichend geschützt; auch andere Rechtsordnungen kämen mit dem Prinzip der kausalen Übereignung aus; die Schwäche der Stellung des vorleistenden Verkäufers im Konkurs des Käufers (vgl. das soeben gebildete Beispiel) sei nicht angemessen.[81] Die Kritik am Abstraktionsprinzip kann aber nicht de lege lata, sondern nur de lege ferenda

---

Zur Rechtslage bei der Traditio im Römischen Recht (inhaltlich kausal, aber äußerlich abstrakt) vgl. *Jahr*, AcP 168 (1968), S. 17 ff.

[78] *Beuthien*, S. 286; *Jahr*, AcP 168 (1968), S. 15-17; *Harder*, S. 153 m. w. N.; *Schäfer*, S. 74 m. w. N.; *Jauernig*, NJW 1982, S. 269 zu I 1 b; *Bork*, S. 57 f.

[79] Vgl. *Harry Westermann/Gursky*, § 4 I 2 m. w. N.; *Schäfer*, S. 85.

[80] *Harry Westermann/Gursky*, § 4 II 2.

[81] Nachweise und Einzelheiten bei *Harry Westermann/Gursky*, § 4 III; *Schäfer*, S. 77 ff.

überzeugen. Denn im Ergebnis ist die Abstraktion als Gestaltungsprinzip des deutschen Rechts nach wie vor beachtlich und kann nicht ohne erhebliche Gründe durch Anerkennung abweichender Gestaltungen beiseite geschoben werden.[82]

Serick geht also bei der Verfügung über das Anwartschaftsrecht zwar von innerer Abstraktion (die Zweckvereinbarung ist nicht Inhalt der Anwartschaftsrechtsübertragung), aber von äußerer Kausalität aus. Denn er sieht die Gültigkeit des Geschäfts als von der Zweckerreichung abhängig. So ist nach Serick der Erfüllungszweck bei Übertragung des Anwartschaftsrechts ohne wirksamen Vorbehaltskauf verfehlt, da keine Schuld bestanden hat.

Dieser Auffassung ist zunächst zu entgegnen, daß es außer dem noch ausführlich zu erörternden[83] Bedingungszusammenhang (die Wirksamkeit des Grundgeschäfts ist Bedingung für die Wirksamkeit der Verfügung) anerkanntermaßen[84] zwei vom Abstraktionsprinzip abweichende Gestaltungen gibt, nämlich die sog. Fehleridentität, nach der eine gemeinsame Fehlerquelle Grund- und Erfüllungsgeschäft vernichtet,[85] und die – nur ausnahmsweise vorliegende – Einheit von Grund- und Erfüllungsgeschäft im Sinne des § 139[86]. Die äußerlich kausale Verfügung aber gehört nicht dazu. Sie wird dann auch bei der Übereignung beweglicher Sachen außer von Serick nirgends nach geltendem Recht angenommen[87]. Nach dem Abstraktionsprinzip hat man

---

[82] Vgl. *Harry Westermann/Gursky,* § 4 III; *Harder,* S. 154; *Schäfer,* S. 85, letzterer m. N. in Fn. 247 auch zur Ansicht, daß das Abstraktionsprinzip wegen seiner rechtspolitischen Verfehltheit de lege lata nicht anzuwenden sei.

[83] Unten 4, S. 53 ff.

[84] Gegen jede Durchbrechung des Abstraktionsprinzips aber *Breyhan,* S. 79 ff.; *Schlüter,* JuS 1969, S. 12 f.; *Zimmermann,* JR 1985, S. 48.

[85] Die Einzelheiten sind str., *Harry Westermann/Gursky,* § 4 IV 1; *Erman/Brox,* Einl. § 104 Rn. 22 a. E.; *Enneccerus/Nipperdey,* § 148 I 5 b γ; *Baur/Stürner,* § 5 IV 3 a; *Medicus,* AT, Rn. 231 ff.; *Flume,* Rechtsgeschäft, S. 177 ff.; *Schäfer,* S. 86 ff.; *Bork,* S. 59 ff.; *Krawielicki,* S. 17 ff.; *Oeckinghaus,* S. 69 ff.; *Kegel,* FS Mann, S. 75 ff.

[86] Dazu, teils ablehnend, *Harry Westermann/Gursky,* § 4 IV 3; *Erman/Brox,* Einl. § 104 Rn. 22 a. E.; *Enneccerus/Nipperdey,* § 148 I 5 b β; *Baur/Stürner,* § 5 IV 3 c; *Müller,* Rn. 65; *Medicus,* AT, Rn. 231 ff.; *Flume,* Rechtsgeschäft, S. 177 ff.; *Schäfer,* S. 86 ff.; *Bork,* S. 68 f.; *Krawielicki,* S. 17 ff.; *Oeckinghaus,* S. 69 ff; *Kegel,* FS Mann, S. 75 ff.

[87] Zur *inhaltlich* kausalen Gestaltung de lege lata vgl. oben Fn. 77. *Enneccerus/Nipperdey,* § 148 Fn. 7 z. B. spricht von einer (äußerlich) kausalen Übereignung nur de lege ferenda; ebenso *Wolff/Raiser,* § 38 Fn. 20. Gegen die kausale Gestaltung der Eigentumsübertragung und allgemein der Verfügungsgeschäfte *Flume,* Rechtsgeschäft, S. 176 (Gefährdung der Sicherheit des Rechtsverkehrs). Ausnahmsweise wird von gewollt kausalen Verfügungen vereinzelt bei *Handgeschäften* (vgl. Fn. 64) gesprochen. Denn dem Handgeschäft sei eine besondere Unsicherheit eigentümlich, die auf einen kausalen Willen der Parteien schließen lasse und zu einer teleologischen Reduk-

vielmehr von innerer und äußerer Abstraktheit bei der Übereignung auszugehen. Daß der Eigentumserwerb des Vorbehaltskäufers möglicherweise von der Kaufpreiszahlung abhängt, ist besser durch einen Bedingungszusammenhang als durch eine kausale Verfügung zum Ausdruck zu bringen. Auch bei Festhalten an der Abstraktheit der Verfügung kann die Rechtsfigur der Bedingtheit die Rechtslage ausreichend erklären.[88] Damit bleibt man zumindest im Grundsatz dem Abstraktionsprinzip verhaftet, wenn man es auch für eine Sonderfrage verläßt. Die Kausalität der Verfügung ist ein unangemessen scharfes Mittel, die mögliche Abhängigkeit von Vorbehaltskauf und dinglicher Rechtsstellung des Käufers zu verdeutlichen.

Bei einer kausalen Verfügung müßte die Bedingtheit weiterwirken, so daß auch bei nachträglicher Anfechtung des Kaufvertrages das Eigentum rückwirkend entfiele. Der Vereinbarung eines Eigentumsvorbehalts ist aber ein solcher Gestaltungswille – ungeachtet dessen Zulässigkeit – nicht zu entnehmen.[89] Es fällt auch schwer, die rechtsdogmatische Begründung für eine kausale Verfügung zu finden. Serick wendet sich gegen einen Bedingungszusammenhang, da man sonst Parteiautonomie und gesetzlichen Zuschnitt eines dinglichen Rechts verwechsle.[90] Dieser gesetzliche Zuschnitt könnte sich nur aus § 455 ergeben, da eine sonstige Regelung, die beim Vorbehaltskauf die Bezahlung des Kaufpreises mit dem Eigentumsübergang in Beziehung setzt, nicht exi-

---

tion des Abstraktionsprinzips führe, *Bork,* S. 62 ff. Eine gewollt kausale Gestaltung der Handgeschäfte ist aber nicht erforderlich, da ein Bedingungszusammenhang (Verknüpfung der Erfüllungsgeschäfte) zur Erklärung des Phänomens ausreicht, vgl. *Schäfer,* S. 92 f. m. w. N., und sogleich im Text.

Bei den *akzessorischen Rechten* wird gelegentlich unter Zugrundelegen der zu sichernden Forderung als causa von *gesetzlich* kausaler Verfügung gesprochen, vgl. *Bork,* S. 60 m. w. N. in Fn. 17. Zutreffender ist es aber wohl, die causa in der Sicherungsabrede zu sehen. Ansonsten verwechselt man die Abstraktheit einer Verfügung mit der Akzessorietät eines Rechts, vgl. *Schäfer,* S. 131 f.; *Jauernig,* NJW 1982, S. 268 f.; *Wilhelm,* Rn. 714; *Harry Westermann/Gursky,* § 44 III 2; *Flume,* Rechtsgeschäft, S. 155; *Büdenbender,* JuS 1996, S. 669. Über die akzessorischen Rechte hinaus wird als kausale Verfügung angesehen etwa der *Vergleich* (vgl. *Schäfer,* S. 141, m. w. N. in Fn. 413) oder die *Aufrechnung* (*Schäfer,* S. 135 m. w. N.; *Bork,* S. 59 m. w. N.; eingehend zum Ganzen *Krawielicki,* S. 26 ff. [weitgehend in der Annahme kausaler Verfügungen] und *Schäfer,* S. 132 ff.).

[88] Vgl. *Harry Westermann/Gursky,* § 4 IV 5 und § 5 III 4 d; *Weitnauer,* JZ 1965, S. 141 re. Sp. oben. Weitnauer (S. 141 f.) wirft *Serick* gar Unklarheiten über die Bedeutung der schuldrechtlichen causa vor.

[89] Ähnlich *Harry Westermann/Gursky,* § 5 III 4 d; *Stoll,* ZHR 128 (1966), S. 241.

[90] *Serick,* AcP 166 (1966), S. 131: Fügten die Parteien dem Anwartschaftsrecht eine Bedingung des Inhalts hinzu, daß das Recht von der causa abhängig sein solle, so wäre diese Bedingung völlig überflüssig und wiederholte nur, was das Wesen des Anwartschaftsrechts aus Vorbehaltskauf bereits kennzeichne.

stiert. § 455 spricht aber ausdrücklich von einer aufschiebenden Bedingung, weshalb man aus dieser Vorschrift höchstens einen Bedingungszusammenhang, nicht aber eine kausale Verfügung herauslesen könnte. Von „gesetzlichem Zuschnitt" kann also nicht gesprochen werden. Damit scheidet aber zugleich die Möglichkeit einer rechtsgeschäftlich begründeten kausalen Verfügung durch Parteivereinbarung aus, denn diese wird wegen der angeblichen gesetzlichen Ausgestaltung des Anwartschaftsrechts vom Autor eben nicht für nötig befunden. Aus Gründen der Rechtssicherheit wäre es aber auch nicht opportun, neben dem hier zur Verfügung stehenden Bedingungszusammenhang überhaupt eine kausale Verfügung der Parteien zuzulassen; deren rechtsgeschäftlicher Wille müßte dann vielmehr wegen Verstoßes gegen das Abstraktionsprinzip weg von einer kausalen Verfügung hin zu einem Bedingungszusammenhang durch Auslegung korrigiert werden. Das Verfügungsgeschäft wird nicht kausal, da die Kausalabrede außerhalb des gesetzlichen Tatbestandes des Verfügungsgeschäftes liegt. Die Parteien haben es nicht in der Hand, diesen Tatbestand zu verändern.[91]

Die Auffassung, daß das Anwartschaftsrecht kausal mit dem Kaufvertrag verbunden ist, läßt sich aber wohl nicht überzeugend dadurch widerlegen, Beispiele zu geben, die Sachgerechtigkeit der gefundenen Ergebnisse zu postulieren und als Schluß die Unterlegenheit der kausalen Verfügung gegenüber anderen Konstruktionen festzustellen. So führt Stoll ein Beispiel an, dessen sachgerechtes Ergebnis unvereinbar mit der Vorstellung einer kausalen Verfügung sei: Hätten die Parteien bei aufschiebend bedingter Übereignung der Ware sich etwa noch nicht über den Kaufpreis geeinigt, so sei das Kausalgeschäft in der Regel (§ 154) noch nicht wirksam zustandegekommen. Gleichwohl vermöge das Verfügungsgeschäft alsbald die sich aus den §§ 158 ff. ergebenden Rechtswirkungen zu entfalten, sofern die Parteien dies wollten. Dieses Ergebnis beruhe darauf, daß trotz der fraglichen Bedingung die Kausalabrede nicht Bestandteil des Übereignungsvertrages sei und daher dessen Wirkungen der Perfektion des Kausalgeschäfts vorauseilen könnten.[92] Serick äußert hierzu zutreffend als Gegenkritik, daß es eine Selbstverständlichkeit sei, daß die Übereignung unter einer aufschiebenden Bedingung vorgenommen werden könne, noch ehe eine Einigung über den Kaufpreis erzielt worden sei. Dann handele es sich aber auch nicht um eine Übereignung im Zusammenhang mit einem Vorbehaltskauf und es liege weder eine kausale Verfügung noch ein Anwartschaftsrecht vor. Die Frage, ob bei einem nichtigen Vorbehaltskauf die vollständige Zahlung des Kaufpreises den Eigentumsübergang bewirke, habe

[91] Zutreffend *Stoll,* ZHR 128 (1966), S. 241.

[92] *Stoll,* ZHR 128 (1966), S. 241.

nichts mit der Struktur des Anwartschaftsrechts zu tun, sondern gehöre in die Bedingungslehre.[93]

Auch überzeugt der Einwand Stolls nicht, die Theorie von der kausalen Verfügung vermöge nicht die seltsame Konsequenz zu vermeiden, dem Erwerber schließlich doch rechtsgrundunabhängiges Eigentum zu verschaffen; denn mit Erledigung der Bedingung höre das Verfügungsgeschäft von selbst auf, kausal zu sein. Bei späterer Vernichtung des Kausalgeschäftes – etwa durch Anfechtung (§ 142) – falle das Eigentum selbstverständlich nicht von selbst an den Verkäufer zurück, sondern müsse von diesem nach den allgemeinen Regeln kondiziert werden.[94] Das Gegenteil ist aber gerade nach Serick[95] zumindest für das Anwartschaftsrecht der Fall. Und da Serick nicht von einer Abhängigkeit des Anwartschaftsrechts durch Bedingungszusammenhang ausgeht, erscheint das von Stoll als selbstverständlich postulierte Ergebnis auf einmal vom Standpunkt der kausalen Verfügung aus als fraglich. Ein Vergleich mit einem kausalen schuldrechtlichen Vertrag, z. B. dem Kaufvertrag, mag das verdeutlichen: Wenn hier die Anfechtung erklärt wird, verliert der Verkäufer rückwirkend seinen Kaufpreisanspruch. Der Käufer braucht diesen nicht etwa nach § 812 Abs. 1 S. 1 1. Alt. zu kondizieren, sondern die Rechtsordnung sieht den Verkäufer so an, als hätte er diesen Anspruch nie gehabt. Dafür aber, daß die Rechtslage dementsprechend bei der Anwartschaft aus Vorbehaltskauf ist, wonach das Abstraktionsprinzip aufgrund kausaler Ausgestaltung zu weichen habe, hat Serick keine ausreichende Begründung gegeben; eine solche läßt sich auch nicht finden. Das Anwartschaftsrecht kann nicht als kausal angesehen werden.[96]

---

[93] *Serick,* AcP 166 (1966), S. 130.

[94] *Stoll,* ZHR 128 (1966), S. 242.

[95] In AcP 166 (1966), S. 131, 2. Abs. letzter Satz. So auch *Harry Westermann/Gursky,* § 5 III 4 d und *Krawielicki,* S. 20 f., unterstellend, es handele sich bei § 455 um eine kausale Verfügung. Der Unterschied zum Bedingungszusammenhang besteht gerade darin, daß bei der kausalen Verfügung nicht nur eine Abschwächung der Abstraktion (*Krawielicki,* S. 20) vorliegt, sondern deren Aufgabe.

[96] Zur Kritik an der kausalen Verfügung s. a. *Rinnewitz,* S. 212-214; *AK/Reich,* § 929 Rn. 26 a. E., demzufolge *Serick* die Besonderheit des Eigentumsvorbehaltskaufs überschätzt; der Durchgriff schuldrechtlicher Vorschriften auf sachenrechtliche Verfügungen entspreche vielmehr dem heutigen Kreditsicherungsrecht; im Hinblick auf den Verfügungsgegenstand schließlich *MünchKomm/H. P. Westermann,* § 455 Rn. 47 a. E.: Wenn die Begründung eines Anwartschaftsrechts als kausale Verfügung angesehen werde, so könne das leicht zu Mißverständnissen führen. Denn es werde überhaupt nicht gezielt eine Anwartschaft begründet, sondern der Verkäufer verfüge aufschiebend bedingt über sein gegenwärtiges Eigentum.

3. Zur sonstigen Abhängigkeit des Anwartschaftsrechts vom Kaufvertrag

Häufig findet sich die Auffassung, daß das Anwartschaftsrecht vom zugrundeliegenden Kaufvertrag abhängig sei, ohne daß eine nähere Spezifizierung dieser Abhängigkeit vorgenommen würde. Auf eine Begründung für diese Ansicht trifft man selten. Es wird hierbei wohl auch nicht immer klar genug gesehen, daß die angebliche Abhängigkeit auf einer möglichen Verknüpfung von Anwartschaftsrecht und Kaufvertrag durch die aufschiebende Bedingung der vollständigen Kaufpreiszahlung beruhen könnte. Wenig überzeugend, da dogmatisch unsauber, wird sie gelegentlich als „institutionell" bezeichnet[97].

Der BGH vertritt die Ansicht, das Anwartschaftsrecht werde hinfällig, wenn der Kaufvertrag durch gegenseitige Übereinkunft erlösche, der Verkäufer nach § 455 vom Kaufvertrage zurücktrete[98] oder wenn der Vertrag wirksam angefochten werde; es sei in seinem Bestand mit dem schuldrechtlichen Kaufvertrag verknüpft. So entstehe kein Anwartschaftsrecht, wenn der schuldrechtliche Vertrag nicht bestehe oder nichtig bzw. unwirksam sei. Das Anwartschaftsrecht bleibe demnach als subjektiv-dingliches Recht in seiner Bestandskraft durch seine Abhängigkeit vom schuldrechtlichen Grundgeschäft geschwächt.[99] Der BGH schließt, es bestehe eine enge Verknüpfung (Abhängigkeit) des Anwartschaftsrechts mit dem schuldrechtlichen Vertrag.[100]

Auch in der Literatur wird diese Ansicht von einer Vielzahl von Autoren vertreten. So wird angeführt, daß die Selbständigkeit, die das Anwartschaftsrecht dadurch erlange, daß es ohne das Schuldverhältnis übertragbar sei, ihre Grenzen darin finde, daß es auch noch in der Hand des Erwerbers vom Fort-

---

[97] Siehe etwa *Gerhardt,* JZ 1986, S. 675 zu IV 1 (sog. „institutionelle Schwäche des Anwartschaftsrechts").

[98] BGHZ 35, 85 (94).

[99] BGHZ 75, 221 (225 f.).

[100] BGHZ 75, 221 (227). Wegen dieser Abhängigkeit könne der Vorbehaltskäufer *auch* keine beliebige Änderung der vereinbarten Bedingung des Eigentumsüberganges vornehmen, so der BGH a. a. O. Aus dieser Wendung wird ersichtlich, daß die Abhängigkeit des Anwartschaftsrechts vom Kaufvertrag nach BGH nichts mit dem Bedingungsinhalt zu tun hat. Die Stellungnahme des BGH in BGHZ 92, 280 (292 f.), wonach die Aufhebung eines Anwartschaftsrechts ohne Zustimmung des Grundpfandgläubigers jedenfalls dann rechtmäßig sei, wenn sie im Rahmen einer wirtschaftlich vernünftigen Abwicklung des Kaufvertrages erfolge, da derjenige, der am Anwartschaftsrecht ein Recht erworben habe, wegen der *Abhängigkeit des Anwartschaftsrechts von dem schuldrechtlichen Grundgeschäft* dies hinnehmen müsse (mit Verweis auf BGHZ 75, 221 [225]; Hervorhebung vom Verf.), gehört nur unter Vorbehalt hierher, da es in BGHZ 92, 280 um die *dingliche* Aufhebung, und nicht um die Aufhebung des Anwartschaftsrechts durch Einwirkung auf den Kaufvertrag ging.

bestand des Schuldverhältnisses abhängig sei. Der Zweck des Schuldverhältnisses sei auf Verschaffung des Vollrechts, nicht bloß der Anwartschaft gerichtet. Werde dieser Zweck verfehlt und das Schuldverhältnis aufgehoben oder aufgelöst, so gehe damit auch die Anwartschaft unter, einerlei, ob sie sich noch in der Hand des ersten Anwärters oder eines späteren Erwerbers befinde. Diese Wirkung, wie häufig zusammengefaßt wird, ergebe sich daraus, daß die Anwartschaft als vorläufige Rechtsstellung in einer ihr eigentümlichen Weise[101] mit dem zugrundeliegenden Schuldverhältnis verknüpft sei.[102]

Die Abhängigkeit des Anwartschaftsrechts vom Kaufvertrag hat sich zu einem wesentlichen anwartschaftsrechtlichen Grundsatz verfestigt. Dabei wird aber nicht genügend berücksichtigt, daß diese Erkenntnis aufgrund des Ausnahmetatbestandes, daß vor Bedingungseintritt der Kaufvertrag unwirksam wird, gewonnen worden ist. Man muß aber auch die Fälle einbeziehen, bei denen die schuldrechtliche Einwirkung erst nach Bedingungseintritt erfolgt. Deswegen sind auch die Fallgestaltungen, bei denen der Verkäufer nach vollständiger Kaufpreiszahlung anficht bzw. sich die Parteien erst zu diesem Zeitpunkt über die Unwirksamkeit des Kaufvertrages bewußt werden, auf die Eigentumsverhältnisse hin zu untersuchen.[103]

Ficht der Verkäufer nach Erhalt des Kaufpreises an, so wird die Eigentümerstellung des Käufers, die er ja mit Zahlung erlangt hat, weder durch den Vorbehaltskaufvertrag noch durch die vorhergehende Ratenzahlung beein-

---

[101] Auch *Forkel,* Grundfragen, S. 194 f. und in NJW 1980, S. 775 zu 3 spricht davon, daß ein obligatorisches Verhältnis „in eigentümlicher Weise“ über den Bestand eines dinglichen Rechts entscheide; bei dessen Fehlen gehe das Anwartschaftsrecht einfach unter.

[102] *Raiser,* S. 31 unten. Ebenso unter Berufung auf BGHZ 75, 221 (225) *Schlegelberger/Hefermehl,* Anh. § 382 HGB Rn. 24, 25 (s. außerdem Rn. 27: „unvermeidbare Schwäche“ des Anwartschaftsrechts) und *Bülow,* Kreditsicherheiten, Rn. 618. Von einer „gewissen Schwäche“ des Anwartschaftsrechts spricht *Loewenheim,* JuS 1981, S. 725 zu IV 2 c. S. weiter *Staudinger/Honsell,* § 455 Rn. 39 und *Soergel/Mühl,* Einl. zum Sachenrecht Rn. 26, § 455 Rn. 20 und Rn. 77 („Anwartschaftsrecht wird hinfällig“); *MünchKomm/H. P. Westermann,* § 455 Rn. 50; *Gerhardt,* JZ 1986, S. 675 zu IV 1 (sog. „institutionelle Schwäche des Anwartschaftsrechts“); *Schwab/Prütting,* § 33 II 4 (S. 165); *Gernhuber,* BürgR, § 13 I 4 (S. 124), IV 2 (S. 127) (durch Wegfall der obligatorischen Basis trete der Verlust des Anwartschaftsrechts ein); *Waldner,* MDR 1980, S. 460 li. Sp.; *Hager,* S. 317 („intensive Verflechtung“); *Derleder,* JuS 1979, S. 480 zu II 1 d (Verlust des Anwartschaftsrechts bei Rücktritt des Verkäufers stehe außer Zweifel); *Wiegand,* AcP 190 (1990), S. 129 (Abschottung des Sachenrechts gegen schuldrechtliche Einwirkungen sei an einem weiteren zentralen Punkt durchbrochen); *Rinnewitz,* S. 388 („eigentümliche Schwäche“ bedeute spezifische Abhängigkeit vom ursprünglich vereinbarten Vorbehaltskauf; der mögliche Rücktritt stelle ein dem Anwartschaftsrecht immanentes Entwicklungsrisiko dar).

[103] *Eder,* S. 157-159.

trächtigt. Ein minderwertiges Sondereigentum des Erwerbers aufgrund des zwischenzeitlichen Schwebezustandes gibt es nicht. Es läßt sich nicht auf ein früheres mangelhaftes Anwartschaftsrecht stützen; die Lehre vom Anwartschaftsrecht kann nicht dazu benutzt werden, die Rechtsstellung des früheren Anwartschaftsrechtsinhabers und jetzigen Eigentümers zu schwächen. Es wird daher von der Lehre der „institutionellen Abhängigkeit des Anwartschaftsrechts" auch nicht angenommen, daß die Rechtsposition des Vorbehaltskäufers nach Bedingungseintritt durch schuldrechtliche Einwirkungen beeinträchtigt wird. Erkennen die Parteien bei unbedingter Übereignung nach Kaufpreiszahlung die Unwirksamkeit des Kaufvertrages, so erhält der Erwerber dennoch das Eigentum an der Sache; er ist aber zur Herausgabe des Eigentums verpflichtet nach § 812 Abs. 1 S. 1, 1. Fall.[104]

Die Beispiele bergen eine gewisse Gefährlichkeit. Denn im Grunde genommen können sie gegen die Auffassung, das Anwartschaftsrecht sei vom Kaufvertrag abhängig, nichts ausrichten. Denn den Ergebnissen der Beispiele liegt das Abstraktionsprinzip zugrunde; sie können damit die Richtigkeit der Auffassung, daß das Anwartschaftsrecht eben nicht vom Kaufvertrag abhängig ist, eigentlich nicht begründen. Damit gerät man in die Nähe einer petitio principii. Im übrigen wird die Abhängigkeit des Anwartschaftsrechts über die Erfüllung des schuldrechtlichen Geschäfts hinaus von der kausalen Verfügung sehr wohl angenommen, wenn auch nicht von der hier behandelten Auffassung der sonstigen Abhängigkeit des Anwartschaftsrechts vom Kaufvertrag. Die Beispiele dienen aber dazu, ein Problembewußtsein zu schaffen und nicht ohne zu hinterfragen von der Abhängigkeit eines verkehrsfähigen dinglichen Rechts von einem Kaufvertrag auszugehen. Es fragt sich vielmehr, ob ein schuldrechtlicher Mangel vor Bedingungseintritt nach Sinn und Zweck des Eigentumsvorbehalts und den Interessen der Parteien zur Annahme zwingt, das Anwartschaftsrecht entfalle.

Im Fall des Eigentumsvorbehalts hängt der Eigentumserwerb davon ab, wie die Parteierklärung auszulegen ist: Die Übereignung der Vorbehaltssache erfolgt aber nicht deshalb, um den Vorbehaltskäufer davor zu schützen, auf einen nichtigen Kaufvertrag zu leisten. Unsicher ist nicht die rechtliche Wirksamkeit des Vertrages, sondern die tatsächliche Zahlung des Kaufpreises. Eine Auslegung nach Treu und Glauben ergibt daher, daß das Eigentum bereits mit Zahlung auf die tatsächlich vereinbarte Kaufpreisforderung übergehen soll. Damit erwirbt der Vorbehaltskäufer auch bei unwirksamem Kaufvertrag Eigentum. Dies entspricht auch den berechtigten Interessen der Beteiligten. Der Eigentumsvorbehalt soll den Verkäufer vor dem Zahlungsverzug des Käufers

---

[104] *Eder*, S. 157 f.

schützen; mit der vollständigen Zahlung ist dieser Schutzzweck aber erreicht.[105] Der Eigentumserwerb des Vorbehaltskäufers ist damit unabhängig von Bestand und Wirksamkeit des Kaufvertrages.[106]

Die Sache liegt bei Einwirkungen auf den Kaufvertrag vor Bedingungseintritt aber insofern anders, als die Unwirksamkeit des Kaufvertrages sich auch auf den Bedingungseintritt auswirken könnte. Gedanklich sind aber bei der aufschiebend bedingten Übereignung die beiden Gesichtspunkte zu unterscheiden, daß die Übereignung erstens gemäß und mit dem Inhalt der schuldrechtlichen Vereinbarung und zweitens unter einer bestimmten Bedingung erfolgt. Anschließend ist zu fragen, ob die Verfügung auch bei einem unwirksamem Kaufvertrag wirksam ist, wenn der Eintritt der Bedingung möglich bleibt. Da eine Verfügung von der ihr zugrundeliegenden schuldrechtlichen Verpflichtung unabhängig ist (Abstraktionsprinzip), muß eine Einwirkung auf den Kaufvertrag die dingliche Rechtsstellung der Vertragsparteien unberührt lassen. Für den Fall des Eigentumsvorbehalts bedeutet dies, daß – wäre der Eigentumsübergang nicht an den Kaufpreis, sondern an eine andere Bedingung geknüpft – der Vorbehaltskäufer auch noch nach Unwirksamwerden des Kaufvertrags Eigentum erwerben kann. Die Einwirkungen auf den Vorbehaltskaufvertrag führen nicht unter dem Aspekt zum Untergang des Anwartschaftsrechts, daß die aufschiebend bedingte Übereignung vom Fortbestand des Kaufvertrages abhängig ist.[107]

Es kann also geschlossen werden: Um das Abstraktionsprinzip auszuhebeln, stehen im vorliegenden Zusammenhang die Figuren der Fehleridentität, der Nichtigkeit nach § 139 und insbesondere des Bedingungszusammenhangs zur Verfügung. Eine Ausnahme vom Abstraktionsprinzip außerhalb dieser Rechtsinstitute durch eine „institutionelle Abhängigkeit" des Anwartschaftsrechts aber gibt es nicht. Es scheint vielmehr, daß die Gegenauffassung nicht durchdacht ist und möglicherweise einfach einen Bedingungszusammenhang mit „Abhängigkeit vom Kaufvertrag" verwechselt. Eine eigene Daseinsberechtigung hat die Argumentation von der sonstigen Abhängigkeit des Anwartschaftsrechts nicht. Hält man auch das Abstraktionsprinzip de lege ferenda für nicht wünschenswert und befürwortet man seine Reduktion[108], so hat man sich doch de lege lata daran zu halten.

---

[105] *Schlegelberger/Hefermehl*, Anh. § 382 HGB Rn. 25.

[106] Überzeugend *Eder*, S. 158 f.

[107] So mit Recht *Eder*, S. 159 f.

[108] So beispielsweise *Wiegand*, AcP 190 (1990), S. 135.

4. Zur Wirksamkeit des Kaufvertrages als Bedingungsinhalt

Ob das Anwartschaftsrecht mangels Kaufvertrags deshalb nicht bestehen kann, weil es ohne ihn schlechterdings nicht existieren kann, oder deshalb nicht, weil die Bedingung des Eigentumsübergangs nicht mehr eintreten kann, wird nicht immer klar auseinandergehalten. Beide Argumente werden regelmäßig von den Autoren vertreten, die von einer Abhängigkeit des Anwartschaftsrechts vom Kaufvertrag ausgehen, ohne daß aber herausgestellt würde, daß die Argumente verschiedene Aspekte berühren: Nämlich einmal eine – wie gezeigt nicht anzuerkennende – „institutionelle Abhängigkeit" des Anwartschaftsrechts vom Kaufvertrag und zum andern die Unmöglichkeit, daß das Anwartschaftsrecht sich zum Vollrecht entwickeln kann. Zu beachten ist insoweit – und deshalb scheint eine Trennung der Argumente erforderlich –, daß aus dem Umstand allein, daß die Bedingung nicht mehr eintreten könnte, das Anwartschaftsrecht nicht ipso jure entfiele. Der Wegfall des Anwartschaftsrechts wäre nur die logische Folge daraus, daß eine Rechtslage – das bedingte Eigentum –, die auf Fortentwicklung – zum unbedingten Eigentum – angelegt ist, sich nicht mehr fortentwickeln könnte. Auch dies wird zumeist nicht klar genug gesehen, wenn zu ungenau davon gesprochen wird, daß das Anwartschaftsrecht mangels Möglichkeit des Bedingungseintritts entfiele. Die h. L.[109] geht wie selbstverständlich davon aus, daß die Wirksamkeit des Kaufvertrages Bedingungsinhalt ist: Etwas anderes scheint wegen des Wortlauts des § 455 („Bezahlung des *Kaufpreises*") nicht in Frage zu kommen.

a) Der parteilich vereinbarte Bedingungszusammenhang

Bis auf die bedingungsfeindliche Auflassung, vgl. § 925 Abs. 2, können Verfügungsgeschäfte von der Gültigkeit des Grundgeschäfts durch Vereinbarung einer Bedingung abhängig gemacht werden. In diesem Fall hängt auch die dingliche Wirkung von der Gültigkeit des Grundgeschäfts ab. Bei Bedingtheit muß zwar objektive Ungewißheit bestehen.[110] Harry Westermann aber will beispielsweise die subjektive Unsicherheit der Beteiligten über die Gültigkeit des Grundgeschäfts hier der objektiven Ungewißheit gleichstellen. Man spricht dann von einem Bedingungszusammenhang.[111]

---

[109] Nachweise s. Fn. 118 ff.

[110] Vgl. *Palandt/Heinrichs,* Einf. v. § 158 Rn. 1, 6.

[111] *Harry Westermann/Gursky,* § 4 IV 2 m. w. N.; *Palandt/Heinrichs,* Überbl. vor § 104 Rn. 24; *Soergel/Hefermehl,* § 139 Rn. 20; *Baur/Stürner,* § 5 IV 3 b; *Schwab/Prütting,* § 4 II 4; *Müller,* Rn. 63 f.; *Medicus,* AT, Rn. 239; *Flume,* Rechtsgeschäft, S. 178 f.; *Schäfer,* S. 87; *Ehmann,* Gesamtschuld, S. 157; *Oeckinghaus,* S. 76 f; *Kegel,* FS Mann, S. 70; *Bork,* S. 60 ff.; *Krawielicki,* S. 18 ff. Es handelt sich um eine

Eine solche Bedingung kann auch konkludent erklärt werden, weshalb die praktische Tragweite des Abstraktionsprinzips davon abhängt, in welchem Umfang eine solche Art der Bedingungssetzung angenommen wird. Das bedingte Geschäft ist durch seine Ungewißheit gekennzeichnet; Mindestvoraussetzung wäre also für die Annahme, beim Eigentumsvorbehaltskauf würde ein Bedingungszusammenhang vereinbart, daß bei den Beteiligten über die Rechtsbeständigkeit des Grundgeschäfts Ungewißheit herrscht. Ein solches Bewußtsein wird den Beteiligten aber in der Regel dann fehlen, wenn die Verfügung nach bindendem Abschluß des Grundgeschäfts erfolgte. Bei Geschäften des täglichen Lebens können die Umstände darauf schließen lassen, daß der Eigentumsübergang von der Gültigkeit des Kaufvertrages abhängen soll, insbesondere, wenn Grund- und Erfüllungsgeschäft zeitlich zusammenfallen.[112] In anderen Fällen wird sich eine entsprechende Auslegung dagegen nur dann rechtfertigen lassen, wenn entsprechende Anhaltspunkte vorliegen.[113]

Ein Bedingungszusammenhang ist grundsätzlich zulässig; fragwürdig wird er aber dann, wenn durch bereitwillige Annahme schlüssig erklärter Bedingungen der Abstraktionsgrundsatz praktisch unterlaufen wird. Letzteres trifft insbesondere dann zu, wenn die Parteien über die Gültigkeit des Kaufvertrages keine Zweifel hatten.[114] Allgemein ist vor den Versuchen zu warnen, durch eine mehr oder weniger schematische Annahme von Bedingungen das Abstrak-

---

unechte Bedingung, da die Wirksamkeit der Verfügung nicht von einem zukünftigen, sondern von einem gegenwärtigen Umstand abhängt, vgl. *Bork*, S. 62 Fn. 32 m. w. N.; hält man des weiteren die zweite Bedingung für erforderlich, daß der der Zuwendung zugrunde liegende Rechtsgrund auch in der Zukunft wirksam ist (doppelte Bedingtheit, vgl. *Krawielicki*, S. 18 m. w. N.), liegt auch eine echte, da in die Zukunft gerichtete, Bedingung vor. Gegen den Bedingungszusammenhang (Erstreckung des Bedingungsverbots des § 925 Abs. 2 auf alle Verfügungen zum Schutz des Dritterwerbers; Unabdingbarkeit der Abstraktion als Satz des öffentlichen Rechts) *Breyhan*, S. 79 ff.

[112] Siehe zur abw. Ansicht bei *Handgeschäften* bereits oben S. 45, Fn. 87. Bei *Wechselgeschäften* treten für eine Abhängigkeit der *Verfügungen* voneinander (Verknüpfung der Erfüllungsgeschäfte) ein, da es den Parteien auf die Gültigkeit des Kaufvertrages nicht ankomme, *Flume*, Rechtsgeschäft, S. 179; ihm folgend *Medicus*, AT, Rn. 241 a. E.; *Krawielicki*, S. 20; *Schäfer*, S. 93 f. m. w. N.

[113] *Harry Westermann/Gursky*, § 4 IV 2; *Palandt/Heinrichs*, Überbl. vor § 104 Rn. 24.

[114] *MünchKomm/H. P. Westermann*, § 158 Rn. 26; *Baur/Stürner*, § 5 IV 3 b spricht davon, daß man das Abstraktionsprinzip zur Farce machen würde, würde man nicht verlangen, daß die Parteien über die Wirksamkeit des Grundgeschäfts im Ungewissen seien. Eine Zweifelslage verlangen weiterhin etwa BGH, NJW 1990, S. 1913 (Übereignung von Bargeld); *Schäfer*, S. 87; *Medicus*, AT, Rn. 239; *Flume*, Rechtsgeschäft, S. 178 f.; *Soergel/Hefermehl*, § 139 Rn. 20; *Bork*, S. 66.

tionsprinzip auszuschließen.[115] Über das Erfordernis einer Zweifelslage über die Wirksamkeit des Grundgeschäfts für einen konkludent erklärten Bedingungszusammenhang besteht – soweit ersichtlich – Einigkeit. Da sich das BGB für das Abstraktionsprinzip entschieden hat, wird man gegen gesteigerte Anforderungen für die Annahme eines derartig zustandegekommenen Bedingungszusammenhangs wohl auch nicht ernsthaft angehen können. Die oben angeführten Auslegungskriterien zu den Bargeschäften des täglichen Lebens können beim Eigentumsvorbehaltskauf naturgemäß keine Anwendung finden, da hier ja gerade kein Bargeschäft, sondern ein Kreditgeschäft vorliegt. Unter diesem Gesichtspunkt scheidet also ein konkludent erklärter Bedingungszusammenhang aus. Grund- und Erfüllungsgeschäft fallen weiterhin nicht zeitlich zusammen; der Abschluß des Kaufvertrags geht dessen Erfüllung von Käuferseite und der damit verbundenen Übereignung durch Bedingungseintritt seitens des Verkäufers voraus. Denn abzustellen ist hier ausnahmsweise nicht auf die Leistungshandlung (die bedingte Übereignung), sondern auf den Leistungserfolg (den Bedingungseintritt), da nur die vollständige Abwicklung des Geschäfts die zeitliche Einheit im oben dargestellten Sinne begründen kann.

Aber auch sonstige Anhaltspunkte, die einen konkludent erklärten Bedingungszusammenhang im Regelfall rechtfertigen könnten, sind nicht ersichtlich. Denn Sicherungszweck des Eigentumsvorbehalts ist nicht, den Verkäufer vor der Leistung auf einen unwirksamen Vertrag zu schützen. Da die Parteien in keinerlei Zweifel über die Wirksamkeit des Kaufvertrags sind, kann mangels ausdrücklicher Vereinbarung und vorbehaltlich einer gesetzlichen Regelung also auch nicht über die Figur des Bedingungszusammenhangs davon ausgegangen werden, daß die Wirksamkeit des Kaufvertrags Voraussetzung für das Bestehen des Anwartschaftsrechts ist.[116]

b) Die herrschende Lehre

Eine solche Regelung könnte § 455 darstellen. § 455 spricht von „Kaufpreis" und könnte somit die Wirksamkeit des Kaufvertrages zum Bedingungsinhalt erheben. Die meisten Stimmen in der Literatur[117] teilen diese

---

[115] *Harry Westermann/Gursky*, § 4 IV 2; *Baur/Stürner*, § 5 IV b; *MünchKomm/H. P. Westermann*, § 158 Rn. 26.

[116] Im Ergebnis ebenso *Eder*, S. 161, dessen Aufwerfen der Frage, ob man auch dann von einem Bedingungszusammenhang sprechen könne, wenn die Parteien die Erfüllbarkeit der Kaufpreisforderung bezweifelten, nicht weiter führt, da es sich dann eben nicht um einen Bedingungszusammenhang im dargestellten Sinne handelte; Eder verneint die Frage dann auch.

[117] Nachweise s. sogleich Fn. 120 ff.

Auffassung, so daß von ihr als der herrschenden Lehre gesprochen werden kann. Der Begriff „Bedingungszusammenhang" wird aber nur vereinzelt verwendet[118].

So führt Weitnauer aus, daß man die in § 455 vorausgesetzte Abhängigkeit der Eigentumsübertragung von der Bezahlung der Kaufpreisforderung als gewisse Regelwidrigkeit zum Abstraktionsprinzip sehen möge. Aber solange das Verfügungsgeschäft nicht ausnahmsweise bedingungsfeindlich wäre, könnten die Parteien Kausal- und Erfüllungsgeschäft in der Weise verknüpfen, daß dieses vom Bestand des ersteren abhänge. Das BGB hindere nicht die Übertragung des Eigentums an der beweglichen Kaufsache unter der Bedingung der Gültigkeit des Kaufvertrages.[119]

Viele weitere Autoren halten es für den dinglichen Rechtserwerb des Vorbehaltskäufers ebenfalls für erforderlich, daß der Kaufvertrag wirksam ist; sie reden dabei von der „Unmöglichkeit des Bedingungseintritts", nicht aber ausdrücklich von einem Bedingungszusammenhang.

So wird argumentiert, beim Kauf unter Eigentumsvorbehalt bestehe die Bedingung für den Eigentumserwerb des Käufers regelmäßig in der vollständigen Zahlung des Kaufpreises. Über die Bedingung sei der dingliche Teil des Geschäfts von dem obligatorischen Teil abhängig; daher entfalle das Anwartschaftsrecht, wenn die Kaufpreisforderung wegfalle: Die Anwartschaft bedeute ja nur die Möglichkeit zum Erwerb des Vollrechts, und wo diese Möglichkeit nicht mehr bestehe, weil die Bedingung nicht mehr eintreten könne (etwa wegen Anfechtung oder Rücktritts), sei auch die Anwartschaft erloschen.[120] Kauf

---

118 *Weitnauer,* JZ 1965, S. 141 re. Sp.; s. a. *Ehmann,* Gesamtschuld, S. 157 Fn. 109 und differenzierend *Flume,* Rechtsgeschäft, S. 174 (zu Flume noch unten, S. 58 ff.) und *Krawielicki,* S. 20 f. (dazu unten S. 70, Fn. 157); widersprüchlich *Schäfer,* S. 87: Zwar werde nicht die Wirksamkeit des Kaufvertrages zur Bedingung der Übereignung erhoben. Aber dadurch, daß eine Pflicht zur Kaufpreiszahlung nur dann bestehe, wenn der Kaufvertrag wirksam sei, sei der Eigentumserwerb auch davon abhängig, ob ein wirksamer Kaufvertrag bestehe. Schäfer nimmt hier möglicherweise die Differenzierung der h. M. vor, die nicht ausdrücklich von einem Bedingungszusammenhang spricht, ihn im Ergebnis aber doch annimmt (Nachweise sogleich Fn. 120 ff.). Ein Unterschied in der Sache ist aber zu dem von Weitnauer formulierten Bedingungszusammenhang nicht auszumachen.

119 *Weitnauer,* JZ 1965, S. 141 re. Sp. oben und unten.

120 *Medicus,* BürgR, Rn. 479. Ebenso *Raiser,* S. 32; *Palandt/Bassenge,* § 929 Rn. 50 und 31; vom *Erlöschen* reden auch *Dietrich Reinicke/Tiedtke,* Kaufrecht, S. 373; *Fikentscher,* § 71 IV 2 b bb (S. 459); *Schlegelberger/Hefermehl,* Anh. § 382 HGB Rn. 25 und 26 und *Bülow,* Kreditsicherheiten, Rn. 618 f. S. weiter *RGRK/Pikart,* § 929 Rn. 72 (Erledigung des „Eigentumsvorbehalts" durch Rücktritt); *Müller,* Rn. 2454; *Harry Westermann/Gursky,* § 5 III 4 d (S. 47) („Ähnlichkeit zur Vormerkung"); *Kollhosser,* JZ 1985, S. 372 zu III 2 b aa, S. 376 zu IV 3 a und JA 1984, S. 200 zu E I (JA 1984,

und Anwartschaftsrecht, so fährt man fort, seien mittelbar (mit der dinglichen Einigung als Mittler) miteinander verbunden. Die vollständige Bezahlung des Kaufpreises als Bedingung werde im Kaufvertrag im einzelnen modelliert. Mittelbar gestalte damit auch der Kauf das Anwartschaftsrecht des Vorbehaltskäufers.[121] Weiter wird behauptet, die Bedingung vollständiger Bezahlung des Kaufpreises in der dinglichen Einigung könne nicht als Bedingung faktischer Bezahlung als Kaufpreis interpretiert werden. Ohne Kaufvertrag gebe es auch keinen Kaufpreis.[122]

Eine umfassendere und substantiierte Stellungnahme zur Problematik gibt vom Boden der h. L. als einziger Gernhuber ab. Er meint, das Abstraktionsprinzip mit seiner sorgfältigen Sonderung des schuldbegründenden und des schulderfüllenden Aktes wolle hier nicht eben viel besagen. Zwar bedürfe jede Änderung der dinglichen Einigung einer Paralleländerung des Kaufvertrages, wenn der Inhalt der Einigung der Verpflichtung des Verkäufers kongruent bleiben solle. Verträge, die den Kaufvertrag aufheben oder ändern würden, hätten dagegen unmittelbare Wirkung auch im dinglichen Bereich. Nach Aufhebung des Kaufs sei die Anwartschaft nicht in Abwicklung eines Rückgewährschuldverhältnisses zurückzugewähren; sie entfalle ohne weiteren Akt.

S. 201 zu E III: es sei unstreitig, daß das Anwartschaftsrecht bei Fortfall des Kaufpreisanspruchs automatisch wegfalle); *Erman/Grunewald,* § 455 Rn. 41 („automatischer Rückfall an Verkäufer"); *Michael Reinicke,* JuS 1986, S. 962 f. zu II 3 („schuldrechtliche Schwäche"); *Rinnewitz,* S. 450; *Jauernig,* BGB, § 929 Rn. 6 C c; F b bb, c dd; H b; *Valentin,* S. 17 und S. 18 (das Anwartschaftsrecht stehe und falle mit dem Kausalgeschäft); *Manfred Wolf,* Rn. 514; *Schapp,* S. 136; *Larenz,* SchuldR, § 43 II c (S. 115) („ersatzloser Fortfall"); *Dietrich Reinicke/Tiedtke,* JA 1984, S. 211 („keine Grundlage"). Differenzierter *Ludwig,* NJW 1989, S. 1459 zu II 1 (die Bedingung sei Erfüllung des Kaufpreisanspruchs, auf den sich die Parteien bei der Einigung bezogen hätten).

[121] *Gernhuber,* FS Baur, S. 35 f. Auf den Bedingungsausfall durch Wandelung hebt auch beiläufig BGHZ 75, 221 (226 oben) ab; der BGH argumentiert aber eher mit der Abhängigkeit des Anwartschaftsrechts vom Kaufvertrag. Beiläufig gehen auf die Unmöglichkeit des Bedingungseintritts mangels Kaufpreisforderung ein *Harry Westermann/Gursky,* § 45 III 1 d (S. 334); *Baur/Stürner,* § 59 V 3 b; *Wilhelm,* Rn. 1245; *Krüger,* JuS 1994, S. 907 zu II 3 und *Bülow,* Jura 1986, S. 234 zu IV 1; *Bülow,* Jura 1996, S. 191 li. Sp.; *Dietrich Reinicke/Tiedtke,* Kreditsicherung, S. 226 zu VI. *Eichenhofer,* AcP 185 (1985), S. 179 spricht insoweit von der dinglichen Abhängigkeit von dem die Bedingung setzenden Kausalgeschäft. Auch *Flume,* AcP 161 (1962), S. 388 f. spricht bei Unwirksamwerden des Kaufvertrags vom Bedingungsausfall; er geht aber eigene Wege, weshalb auf ihn sogleich noch gesondert zurückzukommen ist. Gleiches gilt für *Eder,* S. 171 f.

[122] *Gernhuber,* FS Baur, S. 36 Fn. 11 gegen *Flume,* Rechtsgeschäft, § 42 2 und *Stoll,* ZHR 128 (1966), S. 242, der allerdings eine Begründung für seine Ansicht vermissen läßt. I. E. gleich, aber nicht so klar *Schlegelberger/Hefermehl,* Anh. § 382 HGB Rn. 24-26, insbes. Rn. 25 und *Michael Reinicke,* JuS 1986, S. 962 f. zu II 3.

Änderungen des Kaufs würden ohne Eingriff in die dingliche Einigung auch für sie relevant. Eine Einigung unter der aufschiebenden Bedingung vollständiger Bezahlung des Kaufpreises wirke wie ein Blankett, das im Kauf ausgestaltet werde. Vereinbarten die Parteien etwa, so schließt Gernhuber, daß der Kaufpreis gegen entsprechenden Zins gestundet werde, so werde ohne jede Änderung der Bedingung in der dinglichen Einigung doch das Anwartschaftsrecht geändert.[123]

c) Abweichende Ansichten

Gelegentlich finden sich Stellungnahmen, die zwar im Ergebnis dem Abhängigkeitsdogma der h. L. folgen, zumindest aber insoweit differenzieren, als die Unwirksamkeit des Kaufvertrages nicht in jedem Falle einem Eigentumserwerb des Vorbehaltskäufers entgegenstehen dürfe.

Flume vertrat als erster eine Ansicht, die man als vermittelnd bezeichnen könnte: Die bedingte Eigentumsübertragung beim Vorbehaltskauf sei nicht unmittelbar durch die Gültigkeit des Kaufvertrages bedingt. Weil aber die Kaufpreiszahlung die Bedingung der Eigentumsübertragung sei, ergebe sich mittelbar eine eigentümliche Bindung der Eigentumsübertragung auch an den Kaufvertrag. Nicht die Zahlung des Betrages als solche, so Flume weiter, sondern die Zahlung „des Kaufpreises" sei die Bedingung, auf welche die Eigentumsübertragung gestellt sei. Wüßten Vorbehaltsverkäufer und -käufer, daß der Kaufvertrag nichtig sei, so sei die Bedingung ausgefallen, und es komme nur eine erneute Eigentumsübertragung in Frage. So könne in der Annahme der als Kaufpreiszahlung angebotenen Zahlung der erneute Abschluß eines Kaufvertrages und eine erneute Eigentumsübertragung zu sehen sein, wobei deren Gültigkeit sich in diesem Falle nach den Umständen im Zeitpunkt des nunmehr unbedingt erfolgenden Übereignungsgeschäfts richtete.[124] Die Bedin-

[123] *Gernhuber,* FS Baur, S. 41.

[124] – und dieser Fall deshalb hier nicht weiter interessiert –. Diesen Fall behandeln auch *Schlegelberger/Hefermehl,* Anh. § 382 HGB Rn. 25 und *Bülow,* Kreditsicherheiten, Rn. 618, nach denen bei Einigsein der Parteien bei Zahlung der letzten Kaufpreisrate das Eigentum auf den Vorbehaltskäufer übergehe, aber mangels Rechtsgrunds kondizierbar sei. Grund: Die Nichtigkeit des Kaufvertrages berühre die Wirksamkeit der dinglichen Einigung gerade nicht (*Bülow*); der Eigentumsvorbehalt mache den Eigentumsübergang nicht von der Gültigkeit des Kaufvertrages, sondern lediglich von der Zahlung des Kaufpreises abhängig. Keinesfalls solle er den Verkäufer auch für den Fall sichern, daß er wegen Nichtigkeit des Kaufvertrages den Kaufpreis nicht behalten könne. Insoweit unterscheide sich die Veräußerung unter Eigentumsvorbehalt nicht von einer gewöhnlichen Veräußerung (*Hefermehl*). Damit liefern beide aber unerkannt schon einen argumentativen Ansatz für die Gegenansicht.

gung der vollständigen Zahlung des Kaufpreises bedeute nicht, daß die Eigentumsübertragung allgemein durch die Gültigkeit des Kaufvertrages bedingt sei. Zwar könne der Verkäufer die Annahme der Zahlung verweigern, weil der Kaufvertrag nichtig und damit die Bedingung ausgefallen sei. Wenn aber der Verkäufer die Zahlung des Käufers annehme und beide nicht wüßten, daß der Kaufvertrag nichtig sei, so sei es offensichtlich, daß das Eigentum ungeachtet der Nichtigkeit des Kaufvertrages übergehen müsse. Es würde sonst der Grundsatz der Abstraktion der Eigentumsübertragung gegenüber dem Kausalgeschäft durchbrochen, ohne daß dies durch die Eigenart des Vorbehaltskaufs gerechtfertigt wäre.[125] Flume fährt fort: Wisse nur der Verkäufer von der Nichtigkeit des Kaufvertrages, so werde man die emptionis causa erfolgte und vom Verkäufer angenommene Zahlung als Erfüllung der Bedingung für den Eigentumserwerb des Vorbehaltskäufers gelten lassen müssen. Wisse dagegen der Käufer, nicht aber der Verkäufer um die Nichtigkeit des Kaufvertrages, so sollte man – auch in Anbetracht des § 162 Abs. 2 – die Eigentumsübertragung nicht eintreten lassen.[126,127]

Flume geht also mit der h. L. im Ausgangspunkt von einem Bedingungszusammenhang aus, möchte aber in bestimmten Fällen zu einem Eigentumserwerb des Vorbehaltskäufers trotz Unwirksamkeit der Kaufpreisforderung kommen; ausschlaggebend hierbei ist für ihn die Kenntnis der Parteien. Die beiden Aussagen, daß ein Bedingungsausfall zwar bei Rücktritt vorliegt, da der Käufer durch eine Zahlung in Höhe des Kaufpreises den Eintritt der Bedingung nicht mehr bewirken kann, die Eigentumsübertragung aber nicht all-

---

[125] Entgegengesetzter Ansicht bei Unkenntnis der Parteien von der Unwirksamkeit des Kaufvertrages *Schlegelberger/Hefermehl,* Anh. § 382 HGB Rn. 25, der einen Eigentumsübergang nur – um es wiederholend klarzustellen – durch eine erneute Eigentumsübertragung zulassen will, nicht aber aufgrund der bedingten Übereignung.

[126] Explizit gegen Flume und einen Eigentumserwerb des „Scheinkäufers“ bei Überzeugung des Eigentümers von der Existenz eines Kaufvertrags auch *Gernhuber,* FS Baur, S. 36 Fn. 11, da es ohne Kaufvertrag auch keinen Kaufpreis gebe. Gernhuber wirft aber durch die Formulierung „Überzeugung des Eigentümers von der Existenz eines Kaufvertrages“ die Fälle durcheinander, in denen einmal ***beide Parteien*** die Unwirksamkeit des Kaufvertrages nicht kennen und zum andern ***nur der Vorbehaltsverkäufer*** die Unwirksamkeit des Kaufvertrages nicht kennt, die Flume aber unterschiedlich beurteilt.

[127] *Flume,* AcP 161 (1962), S. 388 f. zu II und Rechtsgeschäft, § 42 2. Ihm folgt *Stoll,* ZHR 128 (1966), S. 241 f., der die Frage für eigentlich problematisch hält, in welchem Umfang die Bedingung der vollständigen Kaufpreiszahlung das Übereignungsgeschäft mit dem Kausalgeschäft verknüpfe. Inwieweit aber Stoll mit der Bemerkung, daß das Abstraktionsprinzip hier gar nicht berührt werde und die die Bedingung regelnde Parteivereinbarung wenigstens im Wortlaut nur auf die Zahlung des Kaufpreises, nicht aber schlechthin auf die Gültigkeit des Kaufvertrages abhebe, noch über Flume hinausgeht, läßt sich nicht eindeutig sagen.

gemein durch die Gültigkeit des Kaufvertrages bestimmt ist, da sonst der Abstraktionsgrundsatz ungerechtfertigterweise durchbrochen werde, stehen sich aber unvereinbar gegenüber: Denn ein Bedingungszusammenhang bedeutet gerade eine Durchbrechung des Abstraktionsprinzips. Die an sich überzeugende Aussage, daß eine solche durch die Eigenart des Vorbehaltskaufs nicht gerechtfertigt wäre, läßt sich wohl nicht mit den Parteiinteressen abstützen, um in einigen Fällen einen Bedingungszusammenhang doch zu verneinen[128]. Man meint, bei der Argumentation Flumes zu spüren, daß hier einem als nicht sachgerecht empfundenen Ergebnis der Erfolg verwehrt werden soll. Die Argumentation, die von Fall zu Fall vom Abstraktionsprinzip abweichen will oder nicht, und auch das Unterscheidungskriterium, das über Erwerb oder Nichterwerb des bedingten Eigentums entscheiden soll (nämlich die Kenntnis der Parteien), sind doch zu vage, als daß die Ansicht Flumes überzeugen könnte. Denn entweder liegt ein Bedingungszusammenhang vor oder nicht.

Ganz von dem Erfordernis der Wirksamkeit des Kaufvertrages vermag sich auch Wieling nicht zu trennen, obwohl er sie aus logischen und konstruktiven Erwägungen nicht für notwendig hält. Die Bedingung, so Wieling, werde in der dinglichen Einigung vereinbart und bestehe in der Zahlung bestimmter Geldsummen an den Verkäufer, so daß man auf die Wirksamkeit des Kaufvertrages für den Bedingungseintritt durchaus verzichten könne. Voraussetzung sei aber, daß die Interessenlage dies erfordere.[129] Auch wenn überhaupt kein Kaufvertrag mit Ratenvereinbarung abgeschlossen worden sei, könne sehr wohl allein durch die bedingte Übereignung eine Anwartschaft entstehen; die Anwartschaft sei ebenso wenig kausal vom Grundgeschäft wie die anderen dinglichen Rechte.[130]

Wenn nun der Autor zu konkreten Beispielen kommt, erscheint es, als mache er eine volle Kehrtwendung. Denn trete der Verkäufer vom Kaufvertrag zurück, so argumentiert Wieling, ende nicht nur das schuldrechtliche, sondern auch das dingliche Recht aus der Anwartschaft zum Besitz des Käufers. Die

---

[128] Den Vorschlag Flumes hält daher auch *Marotzke,* AcP 186 (1986), S. 511 Fn. 73 für wenig überzeugend.

[129] *Wieling,* SachenR I, § 17 II 2 a (S. 780).

[130] *Wieling,* SachenR I, § 17 IV 1 b bb (S. 791). Weitergehend stimmt Wieling unter § 17 II 2 a (S. 780) der h. L. insoweit zu, als bei ursprünglicher Unwirksamkeit des Kaufvertrages keine Anwartschaft als absolutes verdinglichtes Recht entstehe. Der „Käufer" erwerbe ein relatives, verdinglichtes Recht, das nicht gegen den Verkäufer wirke. Damit sei keineswegs für eine generelle kausale Verbindung von Kauf und Anwartschaft entschieden, sondern nur der Tatsache Rechnung getragen, daß die Verdinglichung eines obligatorischen Rechts zunächst ein obligatorisches Besitzrecht gegen den Verkäufer voraussetze. Eine andere Frage sei es, ob nach der Entstehung der Anwartschaft diese weiter vom Kaufvertrag abhängig sei.

berechtigten Sicherungsinteressen des Verkäufers verlangten eine solche Verbindung der Anwartschaft mit dem Kaufvertrag, wie sie auch bei ursprünglicher Unwirksamkeit zu bejahen sei. Allerdings erlösche das Anwartschaftsrecht mit dem Rücktritt nicht völlig, sondern verliere nur seine Wirkung gegenüber dem Verkäufer; gegenüber Dritten bleibe es als Recht zum Besitz i. S. von § 1007 bestehen. Das gleiche gelte für Anfechtung, Wandelung oder Aufhebung des Vertrages.[131]

Wieling wirft zwar zutreffenderweise die Frage auf, ob der Eintritt der Bedingung überhaupt einen wirksamen Kaufvertrag voraussetzt. Er zieht diesen Schluß jedoch nicht grundsätzlich, sondern will nur dann auf die Wirksamkeit des Kaufvertrages verzichten, wenn es die Interessenlage erfordert, was regelmäßig nicht der Fall sei. Damit bleibt er aber auf halbem Wege stehen. Er zieht bzgl. der Ergebnisse mit denen der h. L. vom Bedingungszusammenhang praktisch gleich – denn wann eine Ausnahme in der Interessenlage das Bestehenbleiben der Anwartschaft rechtfertigt, wird nicht angesprochen. Man vermißt in der Darstellung eine genaue Herausarbeitung der „berechtigten Sicherungsinteressen" des Vorbehaltsverkäufers, die einen dinglichen Wegfall der Anwartschaft erfordern sollen. Dies wäre für eine umfassendere Auseinandersetzung mit der Auffassung aber erforderlich. Dafür, daß ein dinglicher Wegfall gerade nicht zwingend ist, spricht z. B. ein Vergleich mit der Rechtslage bei unbedingter Übereignung und Sinn und Zweck des Eigentumsvorbehalts. Danach könnte es für die Sicherungsinteressen des Verkäufers von Gesetzes wegen ausreichen, würde er auf die §§ 812 ff. verwiesen. Einen automatischen Wegfall des bedingten Eigentums erfordern die Interessen des Vorbehaltsverkäufers grundsätzlich wohl nicht, zumindest aber nicht im Regelfall. Methodisch überzeugt es überdies nicht ganz, von Fall zu Fall das Abstraktionsprinzip aufgrund einer nicht eindeutig nachgewiesenen Interessenlage auszuhebeln oder nicht.

Auch Eder gelingt es nicht, sich ganz davon zu lösen, daß das Anwartschaftsrecht über die Bedingung von der Wirksamkeit des Kaufvertrages abhängig ist. Denn zum einen ist das Anwartschaftsrecht nach seinem Vorschlag der „statischen Ankoppelung" wenn auch nicht im Bestand, so doch im Ent-

---

[131] *Wieling,* SachenR I, § 17 V b, c (S. 794). Weiterführend geht Wieling unter § 17 II 2 a (S. 780) davon aus, daß die Anwartschaft trotz Bedingungsausfalls bestehen kann und nicht automatisch erlischt. Denn auch der Ersitzungsbesitz solle sich in Eigentum verwandeln. Wenn er das nicht mehr könne, weil der Ersitzungsbesitzer bösgläubig geworden sei, so bleibe das dingliche Recht „Ersitzungsbesitz" dennoch bestehen. Ob Wieling damit aber dem Willen der Parteien gerecht wird, denen es darum geht, im Ergebnis, d. h. nach Bedingungseintritt, das Vollrecht zu übertragen, muß bezweifelt werden.

stehen an die Kaufpreisforderung angekoppelt[132]; und zum andern hält er es wegen des angeblich entgegenstehenden Parteiwillens nicht für möglich, von einer statischen Ankoppelung auszugehen[133]. Als statische Ankoppelung bezeichnet er die mit dem Wortlaut des § 455 vereinbare[134] Auslegung, wonach die Übereignung von der Zahlung des *jeweiligen* Kaufpreises abhängig sei („Zahlung des als Kaufpreis vereinbarten Geldbetrages"); als dynamische diejenige der h. L., wonach jede schuldrechtliche Abänderung der Kaufpreisforderung den Untergang oder die Modifikation des Anwartschaftsrechts bewirke, ohne daß es hierzu eines dinglichen Vollzugsakts bedürfe.[135]

Eder führt aus: Komme es bei der statischen Auffassung, für die u. a. eine erhöhte Verkehrsfähigkeit des Anwartschaftsrechts spreche[136], zu keinem Bedingungseintritt, so sei der Verkäufer zur Rückgewähr der bereits gezahlten Raten Zug um Zug gegen Rückgabe der Vorbehaltssache[137] verpflichtet. Als Eigentümer der Kaufsache habe er einen dinglichen Anspruch auf Herausgabe seines Eigentums (§ 985)[138]. Das Anwartschaftsrecht gehe unter[139]. Somit ergäbe sich im Regelfall zwischen beiden Konstruktionen des Anwartschaftsrechts kein Unterschied.[140] Mangels Bedingungsausfalls bestehe die Möglich-

---

[132] *Eder,* S. 168 oben. Wieso aber das Anwartschaftsrecht in seiner Entstehung an die Kaufpreisforderung nach der „statischen" Auffassung angekoppelt sein soll, wird von Eder nicht erklärt. Ein Grund hierfür ist, zumindest unter konstruktiven Gesichtspunkten, auch nicht erkennbar.

[133] *Eder,* S. 171 Mitte.

[134] *Eder,* S. 168.

[135] *Eder,* S. 164.

[136] *Eder,* S. 171 f.

[137] Besser ist es wohl, von Rückgewähr des Anwartschaftsrechts durch Rückübertragung und Rückgabe der Sache zu sprechen. Denn Rückgabe der „Sache" läßt auf die Rückübertragung des Eigentums schließen, um die es gerade nicht geht.

[138] § 985 geht aber auf die Herausgabe der Sache, also des Besitzes! Außerdem berücksichtigt Eder nicht, daß die dingliche Besitzberechtigung des Käufers aus der Anwartschaft (§ 986), soweit man ihm eine solche zugesteht (die Stimmen sind insoweit geteilt, vgl. Fn. 44 zu Abschnitt A), noch nicht beendet ist, da hierzu die Anwartschaft zurückzuübertragen oder auf anderem Wege aufzuheben wäre.

[139] Auch das ist nach der statischen Auffassung ipso jure grundsätzlich (Ausnahme: Bedingungsausfall) gerade nicht der Fall! Denn wieso sollte die dingliche Berechtigung untergehen, wenn der Kaufvertrag wegfällt, eine Ankoppelung der Anwartschaft an den Kaufvertrag aber nicht besteht? Das Bestehenbleiben der Anwartschaft bei Wegfall des Kaufvertrages stellt gerade den Unterschied zur herkömmlichen Auffassung dar!

[140] *Eder,* S. 169 f. Auch die Schlußfolgerung ist unrichtig; Eder hält seine Konzeption nicht durch und gibt in Wahrheit die Ergebnisse der h. L. wieder. Die Ergebnisse Eders ließen sich von seiner Konzeption her nur bei Annahme eines Bedingungsaus-

keit, die Restforderung[141] zu zahlen und dadurch den Eigentumsübergang zu erreichen.[142] Gegen die Auffassung der statischen Ankoppelung spreche aber, so schließt Eder, daß sie nicht mit der allgemeinen Auffassung von Rechtslehre und Rechtsprechung übereinstimme und daher auch von den Parteien nicht als maßgeblich angesehen werde. Es sei daher nicht möglich, der Einigungserklärung der Vertragsparteien einen solchen Inhalt unterzuschieben. Es bleibe den Parteien aber unbenommen, ein statisches Anwartschaftsrecht zu vereinbaren.[143]

Der Ansatz von Eder ist weitgehend überzeugend. Es wird aber nicht klar, warum die Anwartschaft dann nicht entstehen soll, wenn ein Kaufvertrag von Anfang an fehlt. Insoweit bleibt er der traditionellen Lehre ohne Begründung verhaftet. Aber auch das – letztlich seine ganze Beweisführung kippende – Argument, daß man den Parteien keine der allgemeinen Auffassung von Rechtsprechung und Rechtslehre abweichende Ansicht unterschieben könne, überzeugt nicht. Denn hier wird ein falscher Ausgangspunkt gewählt. Zu unterscheiden sind für die Frage der Anwendbarkeit des § 455 zwei Fälle: Sind die Parteien im einzelnen über die Voraussetzungen für einen Eigentumsübergang übereingekommen, so findet § 455 überhaupt keine Anwendung. Denn § 455 ist eine Auslegungsregel, die nur „im Zweifel“ zur Anwendung kommt. Insoweit ist aber zu wiederholen, daß der Annahme eines Bedingungszusammenhangs durch konkludent erklärten Parteiwillen Grenzen gesetzt sind. Liegt aber ein Zweifelsfall vor, so ist für die gesetzliche Rechtsfolge des § 455 die allgemeine Auffassung von Rechtsprechung und Rechtslehre zum Inhalt der Bedingung nicht maßgeblich, wenn § 455 einen Bedingungszusammenhang nicht anordnet und Rechtsprechung und -lehre insoweit bislang irrten. Es kommt darauf an, wie die Gesetzeslage ist, und nicht darauf, was fälschlicherweise als Gesetzeslage angenommen wird. Und ist nunmal klargestellt, daß aus § 455 kein Bedingungszusammenhang herauszulesen ist, dann liegt auch „im Zweifel“ kein Bedingungszusammenhang vor.

Vielmehr ist entgegen der gerade genannten Auffassung gerade in dem Fall, in dem die Parteien über alle Modalitäten einig werden und so § 455 nicht zum Zuge kommt, die Auffassung von Rechtsprechung und Rechtslehre maßgeblich: Denn die Parteien werden nur das vereinbaren, was sie kennen, bzw.

---

falls halten. Ein Bedingungsausfall könnte hier in der *endgültigen Nichtannahme oder -zahlung der vereinbarten Geldsumme* liegen, s. dazu noch unten 5 a, S. 77 ff.

[141] Besser sollte man hier von Rest*summe* sprechen, da eine Forderung ja gerade nicht besteht.

[142] *Eder*, S. 170.

[143] *Eder*, S. 171.

wird die Rechtsprechung die Vereinbarung nur so interpretieren, wie es ihrer Ansicht nach richtig ist. Eine Parteivereinbarung erlangt nur außerhalb des § 455 Bedeutung und gibt kein Argument gegen die gesetzlich angeordnete Rechtsfolge.

d) Der Bedingungsinhalt nach § 455

Ausgangspunkt für die Beurteilung der Frage, ob das Anwartschaftsrecht in Entstehung und Bestand mit dem ihm zugrundeliegenden Vorbehaltskauf verknüpft ist, muß die gesetzliche Regelung sein. Wenn allein § 455 zur Klärung der Problematik herangezogen wird, übersieht man, daß die Anwartschaft ihre Regelung im wesentlichen in § 161 Abs. 1 S. 1 erfahren hat. Danach ist jede weitere Verfügung in der Schwebezeit z. B. des Vorbehaltsverkäufers, der die Vorbehaltssache bedingt übereignet hat, im Falle des Eintritts der Bedingung insoweit unwirksam, als sie die von der Bedingung abhängige Wirkung vereiteln oder beeinträchtigen würde (z. B. die Rechtsstellung des Vorbehaltskäufers, sprich dessen Anwartschaftsrecht). § 455 ist nur ein Anwendungsfall der bedingten Verfügung, nämlich der bedingten Übereignung beim Vorbehaltskauf; die Vorschrift beruht auf der durch § 161 festgeschriebenen Möglichkeit, daß das Eigentum bedingt übertragen werden kann. Sie ist für die hier interessierende Frage nicht besonders aussagekräftig, da sie in erster Linie eine schuldrechtliche Regelung zur Rücktrittsberechtigung des Verkäufers trifft und deshalb vom Gesetzgeber auch im Schuld- und nicht im Sachenrecht angesiedelt ist.[144] Festzuhalten bleibt zunächst, daß § 161 Abs. 1 S. 1 einen wirksamen schuldrechtlichen Vertrag für das Anwartschaftsrecht nicht anordnet.

Von der Vorstellung der notwendigen Verknüpfung des Anwartschaftsrechts des Vorbehaltskäufers mit dem Kaufvertrag könnte man sich dann freimachen, wäre die Rechtslage bei einem anderen Anwartschaftsrecht im Regelungsbereich des § 161 nicht entsprechend. Für eine Untersuchung bietet sich beispielsweise eine Schenkung mit bedingter Übereignung an. Wenn der Onkel seinem Neffen zur Vorbereitung auf das Assessorexamen den neuesten Palandt schenkt, das endgültige Behaltendürfen seitens des Neffen aber davon abhängig macht, daß er das Examen auch besteht, so liegt eine Übereignung unter

---

[144] So war die Kommission zur Beratung des zweiten Entwurfs zum BGB bei der Verhandlung über einen neuen § 475 a (= § 394 des zweiten Entwurfes = § 455 BGB) im Zweifel, ob überhaupt im Schuldrecht eine sachenrechtliche Regelung getroffen werden sollte. Zudem war die Zulässigkeit einer aufschiebend bedingten Übereignung noch nicht abschließend geklärt und man erwog, die Frage deshalb bis zur Beratung des Sachenrechts auszusetzen, vgl. Protokolle, S. 80 oben und S. 81 = *Mugdan*, S. 781 f.

einer aufschiebenden Bedingung vor; Rechtsgrund des Geschäfts ist eine Schenkung. Durch die bedingte Übereignung ist die Schenkung bereits vollzogen, und es liegt eine Handschenkung gem. § 516 Abs. 1 vor[145]. Der Neffe ist Anwartschaftsberechtigter, weil er ohne Zutun seines Onkels den Bedingungseintritt herbeiführen kann und also eine hinreichend verfestigte Rechtsposition im Sinne der h. L. innehat. Wenn nun das schuldrechtliche Geschäft mit einem Mangel behaftet ist, so erwirbt dennoch der Neffe mit Einigung und Übergabe gem. §§ 929 S.1, 158 Abs. 1 bedingtes und beim Bestehen des Examens unbedingtes Eigentum. In Abweichung zur bedingten Übereignung beim Kaufvertrag kann bei der Schenkung eine Gegenleistung nicht zum Bedingungsinhalt gemacht werden, da die Schenkung ein einseitig verpflichtender Vertrag ist. Der übliche Gedankengang, das der Anwartschaft zugrundeliegende schuldrechtliche Geschäft müsse wirksam sein, um eine für den Bedingungseintritt wirksam vereinbarte Gegenleistung zu haben, verbietet sich bei der Schenkung mangels Gegenleistung damit von vornherein. Der Fall der bedingten Eigentumsübertragung ist nicht der unbedingten gegenüberzustellen[146], sondern einer anderen bedingten. Die dingliche Seite der so gewählten Beispiele ist gleich, was für eine höhere Überzeugungskraft für den Umstand sprechen dürfte, daß der schuldrechtliche Vertrag, und damit auch der Kaufvertrag, auch bei bedingter Übereignung grundsätzlich die dingliche Rechtslage nicht beeinflussen kann. Daß die unwirksame Schenkung dazu führt, daß die bedingte Eigentumsübertragung fehlschlägt, ist gesetzlich nicht bestimmt. Vielmehr ist in den §§ 812 ff. die vom Abstraktionsprinzip her adäquate Rechtsfolge der schuldrechtlichen Rückabwicklung vorgesehen.

Vor diesem Hintergrund ist nun der Regelungsgehalt des § 455 zu untersuchen. Die h. L. geht wie selbstverständlich davon aus, ein Bedingungsausfall liege bei einer Veräußerung aufgrund Vorbehaltskaufs dann vor, wenn dem Anwartschaftsrecht kein wirksamer Vorbehaltskauf zugrundeliegt. Sie wäre nur dann zutreffend, wenn § 455 die Wirksamkeit des Kaufvertrages zum Bedingungsinhalt erhebt. Die Vorschrift regelt zum einen die schuldrechtliche Frage, daß derjenige, der sich bei Verkauf einer beweglichen Sache das Eigentum bis zur Zahlung des Kaufpreises vorbehalte, bei Zahlungsverzug des Käufers im Zweifel zum Rücktritt berechtigt sein soll. Zum andern wird die sachenrechtliche Frage geregelt, daß derjenige, der sich bei Verkauf einer beweglichen Sache das Eigentum bis zur Zahlung des Kaufpreises vorbehalte, im Zweifel das Eigentum unter der aufschiebenden Bedingung vollständiger Zahlung des Kaufpreises übertrage. Es werden in § 455 also sowohl schuld-

---

[145] Vgl. BGH, MDR 1960, S. 1004; *Palandt/Putzo,* § 518 Rn. 13.

[146] Einen Vergleich mit der unbedingten Übereignung zieht aber z. B. *Marotzke,* AcP 186 (1986), S. 511.

als auch sachenrechtliche Fragen geregelt; die Interpretation muß diesem Umstand durch ebensolche Differenzierung bei der Auslegung der schuld- und sachenrechtlichen Fragen Rechnung tragen. Ebenso zu berücksichtigen ist, daß alleiniger Ort der Bedingung die dingliche Einigung ist; der Kaufvertrag ist unbedingt.

Die sachenrechtliche Rechtsfolge („so ist im Zweifel anzunehmen, daß die Übertragung des Eigentums unter der aufschiebenden Bedingung vollständiger *Zahlung des Kaufpreises* erfolgt") knüpft sprachlich an den Tatbestand („Hat sich der Verkäufer einer beweglichen Sache das Eigentum bis zur *Zahlung des Kaufpreises* vorbehalten") an, indem sie ebenfalls die Formulierung „Zahlung des Kaufpreises" verwendet. Dem Gesetzgeber ging es wohl[147] darum, der Parteiabrede „Zahlung des Kaufpreises" (Tatbestand) in der Rechtsfolge durch die Hinzufügung des Wortes „vollständige" genauere Konturen zu geben; daß man hierbei dieselbe Formulierung wie im Tatbestand gebrauchte, sollte nicht verwundern. Genauer allerdings wäre es gewesen, hätte der Gesetzgeber die Wirksamkeit des Kaufvertrages nicht zum Bedingungsinhalt machen wollen, in der Rechtsfolge von der „aufschiebenden Bedingung vollständiger Zahlung des als Kaufpreis vereinbarten Geldbetrages" zu sprechen. Es geht hier nicht darum festzustellen, daß § 455 eine solche Bedingung (nämlich die der vollständigen Zahlung eines Geldbetrages) festschreibe (vielleicht scheute der Gesetzgeber ja einfach die umständlichere Formulierung und bevorzugte die – auch sonst gebräuchliche, vgl. §§ 433 Abs. 2, 452, 454, 462, 472 Abs. 1 – Kurzform „Kaufpreis"); es geht vielmehr darum zu zeigen, daß mit der Formulierung „Zahlung des *Kaufpreises*" jedenfalls nicht darauf geschlossen werden kann, daß das Gesetz im Zweifel die Wirksamkeit der Kaufpreisforderung zum Bedingungsinhalt erhebt. Über diese Frage läßt sich § 455 nichts entnehmen. In diese Richtung geht auch die Überlegung, daß durch einen nichtigen Kaufvertrag niemand Verkäufer werde, es so auch keinen Kaufpreis geben könne und § 455 unmittelbar in diesem Fall gar nicht anwendbar sei[148].

---

[147] Die Auslegungsregel des § 455 sollte „die mangelhaft zum Ausdruck gelangte Absicht der Parteien" grundsätzlich ergänzen, Protokolle, S. 80 oben und S. 81 oben = *Mugdan,* S. 781 Mitte und unten. Von einem Bedingungszusammenhang ist hier nicht zu lesen. Im Gegenteil werden zweimal Formulierungen gebraucht, die den Bedingungsinhalt gerade unabhängig vom Kaufvertrag bestimmen: „Zahlung des *Preises*" (Protokolle, S. 80 letzte Zeile) und „vollständige *Abzahlung*" (Protokolle, S. 81 zweiter Absatz Mitte = *Mugdan,* S. 782). Es ging auch nur darum, den Verkäufer „einem *zahlungs*unfähigen Käufer gegenüber möglichst vor Verlust bewahrt zu sein", Protokolle, S. 81, zweiter Absatz = *Mugdan,* S. 782 (Hervorhebungen vom Verf.). Davon, den Verkäufer vor Leistung auf einen unwirksamen Kaufvertrag zu schützen, ist nicht die Rede!

[148] *Marotzke,* AcP 186 (1986), S. 510 Fn. 71.

Schließlich wird die Aussage des § 455 dann fraglich, wenn man davon ausgeht, daß es sich beim gutgläubigen Erwerb vom Nichtberechtigten nicht um derivativen, also abgeleiteten Erwerb im Sinne einer Übertragung handelt, wie es § 455 voraussetzt, sondern um originären[149], der gerade nicht auf einer Übertragung beruht, da der Veräußerer als Nichtberechtigter naturgemäß nichts übertragen kann.

Da aber die Voraussetzungen für einen konkludent erklärten Bedingungszusammenhang nicht vorliegen und da sich auch § 455 ein Bedingungszusammenhang „im Zweifel" nicht entnehmen läßt, ist die Auffassung von der „Unmöglichkeit des Bedingungseintritts" unzutreffend. Erst recht kann sich aus der fehlenden Kaufpreisforderung mangels Bedingungsausfalls kein „Erlöschen" der Anwartschaft ergeben. Ein Bedingungszusammenhang liegt nicht vor. Auch in dieser – und damit in letzter – Hinsicht ist die Anwartschaft unabhängig von dem ihr zugrundeliegenden Kaufvertrag. Der Vorbehaltskäufer kann somit selbst dann, wenn er die Nichtigkeit des Kaufvertrages kennt, durch Zahlung des (nichtig) vereinbarten Kaufpreises Eigentum erwerben (§§ 929, 158 Abs. 1). Der Vorbehaltseigentümer kann das nur verhindern, indem er entweder die Annahme des Kaufpreises verweigert oder aber von dem Käufer gem. § 812 Abs. 1 S. 1 1. Alt. die Mitwirkung bei der Aufhebung der dinglichen Einigung verlangt (wie er ja nach Bedingungseintritt sogar das Eigentum kondizieren könnte). Dingliche Einigungen sind auch in anderem Zusammenhang (§§ 873, 925) kondizierbar. Entsprechendes gilt bei Anfechtung, Vertragsaufhebung oder Wandelung.[150]

---

[149] Nachweise bei *Staudinger/Wiegand,* vor §§ 932 ff. Rn. 39 f.; zur herrschenden Gegenansicht s. z. B. *Schwab/Prütting,* § 35 VIII.

[150] Ebenso allein *Marotzke,* AcP 186 (1986), S. 510-512.

Kritisch befaßt hat sich mit dieser Auffassung bislang lediglich in einer Einzelfrage *Ludwig,* NJW 1989, S. 1459 zu II 1. Ludwig behandelt die Entscheidung BGHZ 92, 280 (zur Frage der dinglichen Aufhebung des Anwartschaftsrechts ohne Zustimmung des Grundpfandgläubigers) und kommt dabei auf die Möglichkeit des Bedingungseintritts bei einem Ersetzungsgeschäft, bei dem der bisherige Kaufvertrag aufgehoben und durch einen neuen, weitgehend inhaltsgleichen Kaufvertrag ersetzt werde, zu sprechen. Dabei kritisiert er nicht die hier zugrunde gelegte Auffassung an sich, sondern bemängelt nur ihre fehlerhafte Anwendung in concreto. Entgegen *Marotzke,* AcP 186 (1986), S. 516 führe die Aufhebung des Erstkaufs zum Bedingungsausfall, selbst wenn man mit ihm die Zahlung der Kaufsumme als Bedingungsinhalt sehe. Denn die Bedingung beziehe sich nach dem Willen der Parteien auf die Bezahlung des Kaufpreises des *konkreten* Vertrages.

Dies klingt im Ansatz für diese Sonderfrage überzeugend, greift aber die Auffassung im Grundsatz nicht an. Zudem sollte man bedenken, daß die Parteien durch Vereinbarung eines neuen Kaufs auch den Inhalt der Bedingung dahin abändern könnten, daß die Kaufsumme nun dem neuen Vertrag zu entnehmen sei.

Dagegen mag man einwenden, daß der dingliche Erfolg aufgrund des Bedingungseintritts von Gesetzes wegen nicht gewollt sein kann, weil sogleich die Rückabwicklung zu erfolgen habe. Eine Parteiabrede, die auf eine nicht bestandsfähige Veränderung der sachenrechtlichen Zuordnung abziele, widerspreche dem Grundgedanken der §§ 812 ff. und sei deshalb nicht zulässig.[151] Demgegenüber ist aber auch die gesetzliche Wertung des § 161 einzubeziehen, die für eine Verkehrsfähigkeit der Anwartschaft spricht: Der rechtsgeschäftliche Verkehr darf nicht durch die Abreden der Ursprungsparteien belastet werden. Durch die Abwicklung des Geschäfts auf Kondiktionsebene inter partes wird die Umlauffähigkeit des Anwartschaftsrechts und dessen Eignung als Kreditunterlage in wünschenswerter Weise gesteigert. Im übrigen entspricht die Abwicklung nach Bereicherungsrecht dem gesetzlichen Abstraktionsprinzip. Nachteile der Auffassung, daß die Anwartschaft vom Kaufvertrag unabhängig ist, sind über die eingangs dargestellte Argumentation hinaus nicht ersichtlich.

Vielmehr spricht für eine Loslösung der Anwartschaft vom obligatorischen Teil auch, daß diese dadurch im Konkurs des Vorbehaltsverkäufers konkursfest würde. Das Ergebnis, daß der Konkursverwalter gem. 17 KO die Erfüllung ablehnt und so den Vorbehaltskäufer zwingt, noch voll in die Masse leisten zu müssen, um seinerseits nur die Quote zu erhalten, ist untragbar. Man stützt die Konkursfestigkeit der Anwartschaft bislang meist auf eine teleologische Reduktion des § 17 KO, da dieser in erster Linie den Käufer gerade vor diesem Zustand schützen wolle[152]. Legt man die hier gefundene Auffassung zugrunde, so ergibt sich die Konkursfestigkeit der Anwartschaft schon aus § 161 Abs. 1 S. 2. Danach steht die Verfügung des Konkursverwalters während der Schwebezeit der Verfügung des Vorbehaltsverkäufers gleich, was zu einer relativen Unwirksamkeit auch dieser Verfügung dem Anwärter gegenüber führt. Die Anwendbarkeit des § 161 Abs. 1 S. 2 ist nicht fraglich, weil sich hiergegen nicht mehr einwenden läßt, die Vorschrift denke nicht an den Sonderfall, daß die Bedingung der Verfügung sich aus einem nicht konkursfesten Schuldvertrag ergebe[153]. Denn dies ist nicht der Fall.

---

[151] In diesem Sinne wohl auch *Flume,* Rechtsgeschäft, S. 181 f., der zur Wirksamkeit der Eigentumsübertragung durch Traditio entgegen der h. L. einen consensus hinsichtlich des Kausalgeschäfts verlangt. Denn die Einigung über den Eigentumsübergang erfolge in Wirklichkeit durch den Kaufabschluß.

[152] Vgl. *Medicus,* BürgR, Rn. 480 m. w. N. A. A. etwa BGHZ 98, 160 (168 f.) m. w. N., wonach die Ausübung des Wahlrechts des Konkursverwalters nur ausnahmsweise durch Treu und Glauben eingeschränkt wird.

[153] Vgl. *Medicus,* BürgR, Rn. 480 m. w. N.

Auch verlangt der bereits wiederholt erwähnte Schutzzweck des Eigentumsvorbehalts nicht die Wirksamkeit des Kaufvertrages für den Eigentumsübergang. Es sind allein wirtschaftliche Erwägungen, die die Parteien dazu bringen, einen Eigentumsvorbehalt zu vereinbaren. Aus diesen wirtschaftlichen Zwängen heraus läßt sich die Bindung der bedingten Übereignung an einen fehlerfreien Kauf nicht schließen. Der sofortigen Abwicklung des Kaufvertrages durch sofortige Zahlung gegen Übergabe der Ware, wie sie § 320 vorschwebt, steht oftmals der Kaufinteressent entgegen, der die Ware nicht gleich bezahlen kann oder will. In diesen, gerade bei teuren Waren zahlreichen Fällen, kann der Verkäufer seine Ware erst dann zu Geld machen, wenn er bereit ist, sie dem Kunden schon vor vollständiger Zahlung auszuhändigen.[154] Nun wird sich der Käufer aber nicht darauf einlassen, lediglich den Besitz an der Ware zu erhalten und dem Verkäufer das volle Eigentum zu belassen; er möchte eine stärkere Sicherung und wird deshalb dem Anerbieten des Verkäufers, die Übereignung erst nach der Zahlung (also im Sinne des § 320) vorzunehmen, widersprechen. Ihm ist daran gelegen, mit Zahlung der letzten Rate automatisch Eigentum zu erwerben. Allein aus dieser wirtschaftlichen Motivation heraus kommen die Parteien überein, die Übereignung bedingt vorzunehmen.[155] Wieso aber wegen dieser Überlegung der Parteien ein wirksamer Kaufvertrag Voraussetzung für die dingliche Rechtslage sein soll, ist nicht nachvollziehbar. Der Eigentumsvorbehalt soll den Verkäufer vor dem Zahlungsverzug des Käufers schützen; mit der vollständigen Zahlung, die allein unsicher ist, und nicht etwa die rechtliche Wirksamkeit des Vertrages, ist dieser Schutzzweck aber erreicht.[156]

Dem Verkäufer kommt es auch nicht deshalb, weil er den „Kaufpreis" erhalten will, darauf an, daß der Kaufvertrag wirksam ist. Abzustellen ist auf den wirtschaftlichen Zweck, den die Parteien verfolgen. Mit einem Kaufvertrag wird der Austausch Ware gegen Geld bezweckt. So kann der Käufer aber auch dann Geld bezahlen, wenn der Kaufvertrag – erkannt oder unerkannt – nicht in Ordnung ist. An dem Wortlaut „Kaufpreis" sollte man sich insoweit nicht stören. Deshalb läßt sich auch nicht davon sprechen, daß die Wirksamkeit des Kaufvertrages zum Vertragsinhalt des Leistungsgeschäfts geworden sei. Vielmehr ist die Übereignung einer beweglichen Sache (§ 929) ein vom Rechtsgrund unabhängiges und damit abstraktes Rechtsgeschäft. Daß die Übereignung aufschiebend bedingt ist, ändert an ihrer Abstraktheit zunächst nichts. Durch die Bedingung werden vielmehr die Erfüllungsgeschäfte mitein-

---

[154] Vgl. *Marotzke,* JZ 1995, S. 804 zu I.

[155] Vgl. *Marotzke,* JZ 1995, S. 804 zu I.

[156] *Schlegelberger/Hefermehl,* Anh. § 382 HGB Rn. 25.

ander verknüpft: Der Vorbehaltsverkäufer knüpft seine Verfügung (Übereignung der Sache) an die des Käufers (Übereignung des Geldes). Ob die Erfüllung mit oder ohne Rechtsgrund erfolgt, ist den Parteien gleich. Die aufschiebende Bedingung nimmt lediglich den Erfolg der Gegenleistung, nicht deren causa in Bezug.[157]

Das gegenteilige Ergebnis der h. L. wurde möglicherweise dadurch begünstigt, daß man von einer Einheitlichkeit von Kaufvertrag und dinglichem Recht ausging und es so gelegentlich unterließ, den genauen Standort der Bedingung zu lokalisieren. Dieser ist aber nicht der schuldrechtliche Vertrag, sondern die dingliche Einigung: Die Einigung erfolgt unter einer aufschiebenden Bedingung, der Kaufvertrag ist unbedingt. Die Bedingung findet im schuldrechtlichen Geschäft nur darin Ausdruck, daß die Pflicht des Vorbehaltsverkäufers abweichend von § 433 Abs. 1 S. 1 dahin festgelegt wird, daß er nicht zur unbedingten, sondern lediglich zur aufschiebend bedingten Übereignung als Ausgleich dafür, daß er auch noch nicht den gesamten Kaufpreis erhält, verpflichtet sein soll.[158] Die Funktion des Eigentumsvorbehalts erschöpft sich darin, unter Vorleistung der Nutzungsmöglichkeit im übrigen die Zug-um-Zug-Leistung (Eigentumsverschaffung gegen Kaufpreiszahlung) sicherzustellen und über § 158 Abs. 1 zu „automatisieren“[159,160].

Daß möglicherweise wegen der mangelnden Aussichten, den Bedingungseintritt herbeizuführen, bei der Rechtsposition des aufschiebend bedingt Berechtigten bei unwirksamem Kaufvertrag nicht von einem Anwartschafts*recht* gesprochen werden kann, da von einer sicheren Herbeiführung des Vollrechts

---

[157] So im Ansatz für § 455 ausdrücklich nur *Krawielicki,* S. 20. Krawielicki schwenkt aber grundlos i. E. auf die h. L. um, da bei Rücktritt die der Übereignung der Kaufsache beigefügte aufschiebende Bedingung vollständiger Zahlung des Preises nicht eintreten könne. Zur Abhängigkeit zweier Verfügungen voneinander bei Wechselgeschäften vgl. schon oben S. 54, Fn. 112.

[158] *Marotzke,* JZ 1995, S. 804 zu I; *Forkel,* NJW 1980, S. 774 f. zu 1.

[159] *Marotzke,* AcP 186 (1986), S. 511.

[160] Für eine andere Unklarheit in diesem Zusammenhang, nämlich der des Verhältnisses von Bedingung zum Anwartschaftsrecht, sei noch *Bayer,* WM 1987, S. 1544 re. Sp. angeführt: Da die Rückübertragung (also die dingliche Aufhebung, der Verf.) des Anwartschaftsrechts den Kaufvertrag grundsätzlich unberührt lasse, könne der Kaufpreis auch noch nach Erlöschen des Anwartschaftsrechts bezahlt werden. Einen Eigentumserwerb könne die Zahlung aber nicht mehr bewirken, da der Wegfall des Anwartschaftsrechts gleichzeitig den ursprünglich bestehenden Schwebezustand beendet habe (Bedingungsausfall).

Aber nicht der „Bedingungsausfall durch Wegfall des Anwartschaftsrechts“ führt dazu, daß das Eigentum nicht mehr übergehen kann, sondern die Tatsache, daß die dingliche Einigung samt Bedingung aufgehoben wurde und somit der Vorbehaltskäufer überhaupt nicht mehr dinglich berechtigt ist!

nun nicht mehr die Rede sein könne[161], mag zutreffen, ist aber zunächst ohne Belang. Denn es war zu klären, ob die dingliche Berechtigung des Vorbehaltskäufers auch ohne Kaufvertrag existieren kann. Dies ist, wie gesehen, der Fall. Der Begriff des „Anwartschaftsrechts" hat hier möglicherweise nur terminologische Verwirrung gestiftet: So konnte man mangels Kaufvertrags von einem „Anwartschaftsrecht" nicht ausgehen, da es doch im Ergebnis in gewissen Fällen (beispielsweise bei Kenntnis des Käufers von der Unwirksamkeit) nicht angehen konnte, daß der Vorbehaltsverkäufer doch noch sein Eigentum an den zahlenden Vorbehaltskäufer verlöre, Begriffsmerkmal des Anwartschaftsrechts aber die sichere Aussicht der Erlangung des Vollrechts ist. Auch wenn dies im Ergebnis zutreffen mag (weil etwa der Vorbehaltsverkäufer die Zahlung nicht anzunehmen braucht und somit berechtigterweise den Bedingungseintritt vereiteln kann), so ändert dies nichts daran, daß die dingliche Position des Käufers bei unwirksamem Kaufvertrag erst einmal fortdauert, ob man sie als stark und somit als Anwartschaftsrecht, oder nur als schwach und somit nicht als Anwartschaftsrecht, sondern etwa nur als Anwartschaft, bezeichnet. Deswegen hätte man im Titel der vorliegenden Arbeit auch weniger prägnant, aber sachlich zutreffender von der Übertragung nicht „des Anwartschaftsrechts", sondern „des aufschiebend bedingten Eigentums" sprechen können.

5. Ergebnis: Die Auswirkungen der Unwirksamkeit des Kaufvertrages auf die dingliche Rechtsstellung der Beteiligten

Die aufschiebend bedingte Rechtsposition des Vorbehaltskäufers ist in keiner Weise vom Bestehen eines Kaufvertrages unmittelbar abhängig. Weder ist das Anwartschaftsrecht zu einer der Kaufvertragsforderungen akzessorisch, noch ist es in seinem Bestand – sei es durch die Kausalität der Verfügung oder sei es durch einen Bedingungszusammenhang – abhängig von der Wirksamkeit des seiner Bestellung zugrundeliegenden Kaufvertrags, noch besteht eine sonstige Abhängigkeit vom Kaufvertrag. Der „Vorbehaltsverkäufer"[162] kann aber bei fehlerhaftem Vorbehaltskauf die dingliche Berechtigung des Vorbehaltskäufers beenden. Dazu stehen ihm nach allgemeinen Regeln mehrere Möglichkeiten offen.

---

[161] So *Marotzke*, AcP 186 (1986), S. 512 Fn. 79.

[162] Mangels Kaufvertrages gibt es weder Käufer noch Verkäufer; im folgenden wird der Einfachheit halber dennoch weiter von „Vorbehaltskäufer" und „-verkäufer" gesprochen.

a) Die Auswirkungen für Vorbehaltsverkäufer und -käufer

Die Unwirksamkeit des Kaufvertrages kann sich hinsichtlich der dinglichen Rechtsstellung von Vorbehaltsverkäufer und -käufer sowohl auf den Vollrechtserwerb des Vorbehaltskäufers als auch auf dessen derzeitige bedingte Berechtigung auswirken. Der Vorbehaltsverkäufer muß bei unwirksamem Kaufvertrag zum einen verhindern können, daß der Vorbehaltskäufer durch Zahlung den Bedingungseintritt und somit den Eigentumserwerb herbeiführt; denn der Eigentumserwerb des Vorbehaltskäufers hätte sowieso keinen Bestand, da das Eigentum kondizierbar wäre. Möglicherweise stellt die Nichtannahme des Geldbetrages durch den Verkäufer bei unwirksamem Kaufvertrag keine Bedingungsvereitelung i. S. des § 162 Abs. 1 dar[163].

Wird der Eintritt der Bedingung von der Partei, zu deren Nachteil er gereichen würde, wider Treu und Glauben verhindert, so gilt die Bedingung als eingetreten, § 162 Abs. 1. Würde also die Nichtannahme der letzten Ratenzahlung gegen Treu und Glauben verstoßen, so würde im Zeitpunkt der Nichtannahme dennoch das Eigentum auf den Vorbehaltskäufer übergehen. § 162 ist Ausdruck des allgemeinen Rechtsgedankens, daß niemand aus seinem treuwidrigen Verhalten Vorteile ziehen darf.[164] Erforderlich ist eine wirkliche Beeinflussung des Kausalverlaufs. Ein Unterlassen, nämlich die Nichtannahme der Zahlung, genügt dann, wenn eine Rechtspflicht zum Handeln besteht[165]. Eine solche kann aus Kaufvertrag, subsidiär aus § 242, bestehen. Eine Rechtspflicht zum Handeln aus Kaufvertrag liegt aber gerade nicht vor, da ein solcher nicht besteht. Wenn aber die Rechtspflicht zum Handeln sich nicht aus dem speziellen Vertrag ergibt, aus der sie sich bei dessen Wirksamkeit ergeben würde, so kann nicht auf die allgemeine Vorschrift des § 242 dann zurückgegriffen werden, wenn er nicht besteht. Der unwirksame Kaufvertrag verbietet mithin schon aus systematischen Gründen den Rückgriff auf § 242. Aber auch ansonsten könnte ein treuwidriges Verhalten darin nicht gesehen werden, daß jemand an seinem ungerechtfertigten Rechtsverlust die Mitwirkung verweigert.

Man könnte aber auf den Gedanken kommen, daß die Wertung des § 932 hier hereinspielt und die Verweigerung der Zahlungsannahme deshalb als treuwidrig erscheinen läßt, da diese die Vollendung des Rechtserwerbs, den

---

163 So *Marotzke*, AcP 186 (1986), S. 511.

164 *Palandt/Heinrichs*, § 162 Rn. 1.

165 *Palandt/Heinrichs*, § 162 Rn. 2 m. w. N.; bei wirksamem Kaufvertrag liegt dann, wenn der Vorbehaltsverkäufer die angebotene Restzahlung nicht annimmt, ein Fall des § 162 Abs. 1 vor, vgl. BGHZ 75, 221 (228).

§ 932 gerade in die Wege geleitet hat, vereiteln würde. Damit würde man aber übersehen, daß sich die Wertung des § 932 nur auf den erfolgten Rechtserwerb, nämlich den Erwerb des Anwartschaftsrechts, beziehen könnte, nicht aber auf den zukünftigen Rechtserwerb, den Erwerb des Eigentums. Damit ergibt sich auch nicht aus § 932 die Treuwidrigkeit der Zahlungsannahmeverweigerung. Somit besteht schon keine Rechtspflicht des Vorbehaltsverkäufers, bei unwirksamem Kaufvertrag die restlichen Raten anzunehmen. § 162 Abs. 1 ist nicht einschlägig. Der Vorbehaltsverkäufer kann mithin den Bedingungseintritt rechtmäßigerweise verhindern.

Zum andern muß sich der Vorbehaltsverkäufer bei unwirksamem Kauf von der dinglichen Rechtsstellung des Vorbehaltskäufers lösen können. Denn gesteht man dem Anwartschaftsberechtigten mit der im Vordringen begriffenen Meinung, daß mit der Besitzübertragung dem Käufer das im Eigentum enthaltene Recht auf Besitz und Nutzung schon übertragen wird, ein dingliches Recht zum Besitz i. S. des § 986 zu[166], kann der Verkäufer die Sache nach § 985 erst dann zurückfordern, wenn dieses Recht zum Besitz aufgehört hat zu existieren. Die herkömmliche Ansicht, nach der es im Verhältnis zwischen Vorbehaltsverkäufer/Eigentümer und -käufer nicht darauf ankommt, ob das Anwartschaftsrecht ein dingliches Recht zum Besitz gibt, da mit Unwirksamwerden des Kaufvertrags außer dem obligatorischen Besitzrecht auch das aus der Anwartschaft entfalle[167], geht fehl. Denn trotz Wegfalls des obligatorischen Besitzrechts aus dem Kaufvertrag kann sehr wohl ein dingliches Besitzrecht bestehen (Abstraktionsprinzip). Außerdem muß der Verkäufer den Bedingungseintritt sicher ausschließen können.[168] Die Rechtsstellung des Vorbehaltskäufers muß auch deshalb enden, damit der Vorbehaltsverkäufer/Eigentümer bei Verfügungen über die Sache nicht dem § 161 Abs. 1 S. 1 unterworfen ist. Als Instrumente hierzu stehen ihm nach allgemeinen Regeln Kondiktion, Anfechtung und Aufhebung der aufschiebend bedingten dinglichen Einigung zur Verfügung. In Betracht kommen auch Widerruf und Bedingungsausfall zur Beendigung der dinglichen Berechtigung des Vorbehaltskäufers durch einseitigen Akt.

Liegen die Voraussetzungen für einen Rücktritt vor, so kann sich der Vorbehaltsverkäufer möglicherweise gem. § 455 analog gleichfalls von der dingli-

---

[166] Strittig, vgl. Fn. 44 zu Abschnitt A.

[167] Vgl. z. B. *Palandt/Bassenge,* § 929 Rn. 42.

[168] *Marotzke,* AcP 186 (1986), S. 511 Fn. 77 erwähnt zutreffend den Fall, daß die Gefahr für den Eigentümer besteht, daß der Käufer bei Zahlung auf das Bankkonto des Eigentümers/Verkäufers den Bedingungseintritt auch ohne dessen Mitwirkung herbeiführen könnte.

chen Einigung lossagen durch *Widerruf*.[169] Widerruf bedeutet, daß die Rechtsfolgen einer noch nicht endgültig wirksamen Willenserklärung ex tunc beseitigt werden, wie sich etwa aus §§ 109 Abs. 1 S. 1, 130 Abs. 1 S. 2, 178 S. 1; 7 Abs. 1 VerbrKrG; 1 Abs. 1 HausTWG ergibt. In § 109 beispielsweise kann sich der gutgläubige Geschäftsgegner von dem mangels Einwilligung des gesetzlichen Vertreters bei nicht lediglich rechtlichem Vorteil für den Minderjährigen (§ 107) schwebend unwirksamen Geschäft einseitig durch Widerruf seiner Willenserklärung endgültig lösen.

Diese Sachlage unterscheidet sich aber von der eines möglichen Widerrufs des Vorbehaltsverkäufers dadurch, daß die Verfügung nicht aufschiebend bedingt wirksam, sondern schwebend unwirksam ist und somit keine dingliche Berechtigung des Erwerbers vorliegt. Im übrigen wäre, würde man die Konstellation, die § 109 bei einer Übereignung durch den Minderjährigen zugrundeliegt, auf § 455 übertragen, nicht der Vorbehaltsverkäufer, sondern der Vorbehaltskäufer widerrufsberechtigt: Denn nur jener wäre der – wie der Geschäftsgegner in § 109 – Erwerber der nicht voll wirksam übereigneten Sache. Das Widerrufsrecht des § 109 steht ja nicht dem Veräußerer/Minderjährigen, sondern dem Erwerber zu. Entsprechendes gilt für § 178. Die beiden Widerrufsvorschriften behandeln also Fälle, die nicht der Konstellation des § 455 entsprechen. Von der Konstellation eher zu vergleichen ist aber § 130 Abs. 1: Auch hier will derjenige, dessen Willenserklärung, z. B. einem Antrag auf Eigentumsübertragung, zu seinem Rechtsverlust (bei Annahme durch den Erklärungsempfänger) führen würde, von dieser loskommen. Unterschied zu § 455 wäre aber wieder, daß es sich bei § 130 Abs. 1 um den Widerruf einer unwirksamen Willenserklärung handelt, nicht aber um den einer wirksamen, die bereits zu einer dinglichen Berechtigung des Erwerbers geführt hat. Gleiches gilt für § 7 Abs. 1 VerbrKrG und § 1 Abs. 1 HausTWG.

Fraglich ist damit, ob der Unterschied zwischen schwebend unwirksamem und aufschiebend bedingtem Geschäft eine analoge Anwendung der Vorschriften, die einen Widerruf ermöglichen, auf letzteres verbietet. Der Unterschied besteht darin, daß das bedingte Rechtsgeschäft tatbestandlich vollendet und voll gültig ist und nur seine Rechtswirkungen bis zum Eintritt oder Ausfall der Bedingung in der Schwebe sind. Deshalb bemessen sich auch die Gültigkeitsvoraussetzungen nach dem Zeitpunkt der Vornahme des Rechtsgeschäfts und nicht nach dem des Bedingungseintritts.[170] Anders beim schwebend unwirksamen Rechtsgeschäft, das zunächst nicht gültig ist, es aber durch Nachholung

[169] So *Marotzke*, AcP 186 (1986), S. 512.

[170] *Palandt/Heinrichs*, Einf. v. § 158 Rn. 8.

der fehlenden Erfordernisse noch werden kann und dann wirksam wird.[171] Insoweit besteht also in der Konstruktion der große Unterschied, daß einmal ein gültiges und ein anderes Mal ein ungültiges Geschäft vorliegt, oder – unter anderem Aspekt – der Erwerber einmal bereits dinglich berechtigt und das andere Mal noch nicht dinglich berechtigt ist. Angesichts dieses unterschiedlichen dogmatischen und materiell-rechtlichen Befunds darf aber das Interesse des Vorbehaltsverkäufers nicht verkannt werden, nach wirksamer Lösung vom schuldrechtlichen Vertrag alsbald und möglichst einfach wieder in den Besitz seiner Sache zu gelangen. Die juristische Unterscheidung zwischen schuld- und sachenrechtlichem Geschäft würde dem Vorbehaltsverkäufer nicht plausibel zu machen sein, sagte man ihm, daß er zwar durchaus wirksam zurückgetreten sei, die Sache aber erst unter Mitwirkung des Vorbehaltskäufers zurückerlangen könne. Denn die Alternative zu einer einseitigen Aufhebung der Anwartschaft stellte der wenig praktische § 346 S. 1 dar, der auf Rückübertragung der Anwartschaft, mithin auf Abgabe einer Willenserklärung ginge, die der Verkäufer bei Weigerung des Käufers grundsätzlich gerichtlich erst erstreiten müßte und die mit Rechtskraft des Urteils dann als abgegeben fingiert würde, s. § 894 ZPO. Den Vorbehaltsverkäufer auf diesen Weg zu verweisen, hieße aber, dessen Eigentümerinteressen zu sehr den Anwartschaftsinteressen des Erwerbers unterordnen. Es ist daher sachgerecht, dem Verkäufer ein Widerrufsrecht gem. § 455, 2. Halbs. analog zuzubilligen. Auch bei anderen Gestaltungsrechten, etwa Anfechtung bei Fehleridentität, ist es möglich, das dingliche und das schuldrechtliche Rechtsgeschäft unter den gleichen Voraussetzungen zu vernichten. Damit ist der Verkäufer bei Zahlungsverzug des Käufers zum Rücktritt vom Kaufvertrag und zum rückwirkenden Widerruf seiner Willenserklärung berechtigt, die zur Anwartschaft des Erwerbers geführt hat. Seinen Rücktritt wird man in der Regel dann auch als Widerruf auslegen können.[172]

---

[171] *Palandt/Heinrichs,* Überbl. v. § 104 Rn. 31.

[172] Entsprechendes wird man auch für das Schadensersatzverlangen nach § 326 Abs. 1 S. 2 annehmen können (ein Rücktritt ist ja über die leichteren Voraussetzungen des § 455 möglich und wird somit bei § 326 Abs. 1 S. 2 praktisch nicht relevant): Mit fruchtlosem Ablauf der Nachfrist gem. § 326 Abs. 1 S. 1 erlischt der Erfüllungsanspruch des Gläubigers; das vertragliche Austauschverhältnis verwandelt sich in ein Abwicklungsverhältnis, vgl. *Palandt/Heinrichs,* § 326 Rn. 24 m. w. N. Die Interessenlage des Vorbehaltsverkäufers ist hier im Vergleich zu § 455 hinsichtlich der dinglichen Rechtslage gleich. So wird man also auch hier von einem Widerrufsrecht des Verkäufers nach Beendigung des Kaufs durch Fristablauf analog § 326 Abs. 1 S. 1 ausgehen können. Mit dem Schadensersatzverlangen gem. § 326 Abs. 1 S. 2 wird der Verkäufer zugleich auch den Widerruf erklären.

Ein automatischer Rückfall der dinglichen Berechtigung des Vorbehaltskäufers kommt bei einer *auflösenden Bedingung* in Betracht. Daß der Rücktritt die auflösende Bedingung für die dingliche Berechtigung des Vorbehaltskäufers darstellt und damit die Eigentumsübertragung doppelt, nämlich aufschiebend bis zur Zahlung und auflösend bis zum Rücktritt, bedingt ist, ist zwar konstruktiv möglich. Bei nicht ausdrücklicher Vereinbarung der Parteien wird man deren Willen eine solche Vertragsgestaltung aber nicht unterstellen können[173].

Bei *Anfechtung* des Kaufvertrages kann der Vorbehaltsverkäufer nur nach den Grundsätzen der Fehleridentität zugleich das Übereignungsgeschäft vernichten und danach die Sache vindizieren statt kondizieren. Fehleridentität liegt vor, wenn die Tatsachen, die das Grundgeschäft ungültig machen, zugleich die Unwirksamkeit des Erfüllungsgeschäfts begründen. Bei Irrtum ist u. U. auch das Erfüllungsgeschäft anfechtbar, nämlich dann, wenn beide Geschäfte in einem Willensakt zusammenfallen. Bei Anfechtung wegen arglistiger Täuschung erstreckt sich das Anfechtungsrecht regelmäßig auf das Erfüllungsgeschäft.[174] Außerdem können das Grund- und das Erfüllungsgeschäft nach dem Willen der Parteien ein einheitliches Rechtsgeschäft bilden, so daß die Vernichtung des kausalen die Vernichtung des abstrakten gem. § 139 zur Folge haben kann. Dafür müssen aber besondere Umstände vorliegen; ein wirtschaftlicher Zusammenhang allein reicht hierfür nicht aus.[175] Bei Nichtvorliegen dieser Voraussetzungen muß der Vorbehaltsverkäufer im Grundsatz kondizieren.

Bei von Anfang an *unwirksamem Vorbehaltskauf* wird es dann, wenn die Parteien in Unkenntnis der Unwirksamkeit des Kaufvertrages sind, am ehesten zum Bedingungseintritt kommen. Denn der Käufer wird seine Zahlungen fortführen und der Verkäufer diese regelmäßig auch annehmen; dem Bedingungseintritt steht die Unwirksamkeit des Kaufvertrages wie gesehen nicht entgegen. Wissen die Parteien um die Unwirksamkeit des Kaufvertrages, so kann der Verkäufer den Bedingungseintritt durch Verweigerung der Zahlungsannahme rechtmäßigerweise verhindern; die bereits empfangenen Leistungen (Eigentum und Besitz des Verkäufers am vom Käufer bereits gezahlten Geld – das bedingte Eigentum und der Besitz des Käufers an der Vorbehaltssache) können kondiziert werden.

Die Parteien können das gesamte Schuldverhältnis, ohne daß das Gesetz dies besonders ausspricht, durch vertragliche Abrede (contrarius consensus)

---

[173] Anders die reichsgerichtliche Rspr., vgl. etwa RGZ 54, 341.

[174] *Palandt/Heinrichs,* Überbl. v. § 104 Rn. 23 m. w. N.

[175] *Palandt/Heinrichs,* § 142 Rn. 3 und § 139 Rn. 8 m. w. N.

aufheben. Ob die *Aufhebung* ex tunc oder ex nunc wirkt, ist Frage der Auslegung. Bei einer Aufhebung ex tunc sind die beiderseitigen Leistungen entsprechend §§ 346 ff. oder gem. §§ 812 ff. zurückzugewähren.[176] Wollen die Parteien auch das Erfüllungsgeschäft im Sinne einer Rückübertragung des bedingten Eigentums aufheben, so hat dies zur Vermeidung einer Umgehung der Vorschriften über die Übertragung des Anwartschaftsrechts (§§ 929 ff. analog) unter Übergabe der Sache oder unter Vereinbarung eines Besitzkonstituts (§ 930 analog) zu erfolgen.

Ein automatischer Rückfall des bedingten Eigentums kommt bei *Bedingungsausfall* in Betracht. Ein Bedingungsausfall könnte durch das Verhalten der Parteien in Bezug auf die Zahlung eintreten; ein Bedingungsausfall durch das Unwirksamwerden des Kaufvertrages kommt allerdings nicht in Betracht. Sofern dem Rechtsgeschäft eine unmögliche Bedingung beigefügt ist, d. h. auf ein künftiges Ereignis abgestellt wird, welches objektiv nicht eintreten kann, hat dies bei einer aufschiebenden Bedingung die Unwirksamkeit des Rechtsgeschäfts zur Folge. Ausgefallen ist die Bedingung, wenn feststeht, daß sie nicht mehr eintreten kann, oder wenn der Zeitraum verstrichen ist, innerhalb dessen der Bedingungseintritt zu erwarten war. Der Bedingungsausfall beseitigt den Schwebezustand; das aufschiebend bedingte Rechtsgeschäft wird endgültig wirkungslos, das auflösend bedingte bleibt dauernd wirksam.[177] An einer ausdrücklichen Regelung hierzu fehlt es im BGB. Ein Rückgriff auf § 306 wird in der Regel daran scheitern, daß die vereinbarten Leistungen möglich sind. Gleichwohl ist die Vereinbarung unwirksam, wenn die vereinbarten Rechtsfolgen nicht in Kraft treten können.[178]

Verweigert der Vorbehaltskäufer bei Kenntnis der Unwirksamkeit des Kaufvertrages – gleich, auf welchen Gründen diese beruhen sollte – endgültig die Zahlung des als Kaufpreis vereinbarten Geldbetrages, oder verweigert der Verkäufer in dieser Kenntnis endgültig deren Annahme, dann wird es zu einem Bedingungseintritt grundsätzlich nicht mehr kommen. Ein Bedingungseintritt durch Zahlungsannahme scheidet regelmäßig[179] genauso aus wie ein solcher aufgrund der Fiktion des § 162, da eine treuwidrige Vereitelung des Bedingungseintritts durch die Verweigerung der Zahlungsannahme bei unwirksamem Kaufvertrag nicht vorliegt. Insoweit ließe sich deshalb von einem Bedingungsausfall sprechen. Dann läge zwar keine Unmöglichkeit in dem Sinne

---

176 Die Frage ist str., vgl. *Palandt/Heinrichs,* § 305 Rn. 7 m. w. N.

177 *Palandt/Heinrichs,* § 158 Rn. 3 m. w. N.

178 *Staudinger/Bork,* Vorbem. zu §§ 158 ff. Rn. 30 m. w. N.

179 Ausnahme ist die Zahlung eines Dritten, wenn der Vorbehaltskäufer die Zahlung endgültig verweigert hat.

vor, daß der Umstand denknotwendig nicht mehr eintreten könnte. Man wird diese strengen Anforderungen an Bedingungen, die Zahlungsverpflichtungen zum Inhalt haben, aber nicht stellen können, denn objektive Unmöglichkeit kann bei Zahlungsverpflichtungen aufgrund deren Charakter einer Wertverschaffungsschuld[180] ohnehin nicht eintreten. Scheint ein Bedingungseintritt wegen des Parteiverhaltens ausgeschlossen, so ist die Bedingung ausgefallen und die bedingte Eigentumsübertragung unwirksam. Insoweit läßt sich von Bedingungsausfall durch nachträgliche subjektive Unmöglichkeit sprechen.[181] Es ist unserem Recht auch nicht unbekannt, daß jemand durch einseitigen Akt eines andern sein Recht an einer Sache verliert: Denn wer durch Verarbeitung oder Umbildung eines oder mehrerer Stoffe eine neue Sache herstellt, erwirbt das Eigentum an der neuen Sache, sofern nicht der Wert der Verarbeitung oder der Umbildung erheblich geringer ist als der Wert des Stoffes, § 950 Abs. 1 S. 1. Damit besteht im Endeffekt doch eine gewisse Abhängigkeit des bedingten Eigentums vom Kaufvertrag. Denn bei dessen Bestehen wäre dem Käufer der eben beschriebene Weg wegen § 162 verwehrt. Diese Abhängigkeit ergibt sich aber nicht aus einer undifferenzierten Gemengelage von Kaufvertrag und dinglichem Recht, sondern aus dessen Bedingtheit. Von einem spezifischen „Anwartschaftsproblem“ kann deshalb nicht gesprochen werden. Der Verkäufer hat somit eine weitere Möglichkeit, einseitig die Anwartschaft des Vorbehaltskäufers zu vernichten und sogleich vindizieren zu können.

b) Die Auswirkungen für den Anwartschaftszweiterwerber

Bei Unwirksamkeit des Vorbehaltskaufs ist hinsichtlich der dinglichen Berechtigung des Anwartschaftszweiterwerbers folgendes zu beachten: Die Nichtannahme der Zahlung wäre dann treuwidrig und würde eine Bedingungsvereitelung i. S. des § 162 Abs. 1 darstellen, wenn der Vorbehaltsverkäufer zur Annahme der Zahlung des Zweiterwerbers verpflichtet wäre. Ihn verbindet mit dem Zweiterwerber aber kein Vertrag, denn sein, des Verkäufers, Vertragspartner ist der Vorbehaltskäufer, weshalb sich für ihn, den Verkäufer, keine vertragliche Rechtspflicht zum Handeln ergeben kann. In diesem Zusammenhang ist aber § 267 zu beachten. Nach der gesetzlichen Regelung könnte der Vorbehaltsverkäufer die Zahlung des Zweiterwerbers nur dann ablehnen, wenn sein Schuldner, der Vorbehaltskäufer, der Zahlung durch den

---

[180] *Palandt/Heinrichs*, § 245 Rn. 6 m. w. N.

[181] Auch das Gesetz stellt – freilich in anderem Zusammenhang – die subjektive der objektiven Unmöglichkeit gleich, vgl. § 275 Abs. 2.

Dritten widerspricht[182]. Widerspricht dieser nicht, müßte also normalerweise die Bedingung eintreten können. Da aber ein unwirksamer Vorbehaltskauf vorliegt, kann § 267 seinem Wortlaut nach gar keine Anwendung finden: Denn es gibt weder „Gläubiger" (§ 267 Abs. 2), „Schuldner" (§ 267 Abs. 1) noch „Leistung" (§ 267 Abs. 1 S. 1, Abs. 2). Mangels Kaufvertrages besteht die vom Gesetz vorausgesetzte Interessenlage nicht, nach der das Interesse des Gläubigers, daß nur sein Schuldner zahle, vernachlässigt werden kann. Daß man verpflichtet ist, Zahlungen eines Dritten anzunehmen, mit dem man in keinerlei vertraglicher Verbindung steht und welche überdies zum eigenen Rechtsverlust führen würden, ergibt sich auch nicht aus § 242. Der Verkäufer kann mithin auch hier die Zahlungsannahme rechtmäßig verweigern.

Tritt der Vorbehaltsverkäufer wirksam zurück, bleibt davon zunächst natürlich das bedingte Eigentum des Zweiterwerbers unberührt. Auch der Bedingungseintritt bleibt möglich, da die Möglichkeit der Zahlung des als Kaufpreis vereinbarten Geldbetrages nichts mit der Wirksamkeit des Kaufvertrages zu tun hat. Das Interesse des Vorbehaltsverkäufers, wieder in den Besitz seiner Sache zu gelangen, muß aber auch ohne die Mitwirkung seines Vertragspartners, des Vorbehaltskäufers, verwirklicht werden können. Grundsätzlich könnte jener nicht aufgrund vertraglicher Ansprüche gegen den Zweiterwerber vorgehen, da solche nicht bestehen. Der Weg über § 985 wäre wegen § 986 versperrt. Auch ein direkter Bereicherungsanspruch aus § 812 Abs. 1 S. 1 2. Alt. schiede aus, da diesem die vorrangig abzuwickelnde Leistungsbeziehung zwischen Vorbehaltskäufer und Zweiterwerber (vgl. § 812 Abs. 1 S. 1) entgegenstünde[183]. Der direkte Anspruch des § 816 Abs. 1 S. 2 kommt ebenfalls nicht zum Zug, da die (unentgeltliche) Verfügung eines Nichtberechtigten nicht vorliegt. Denn der Verfügende war Anwartschaftsberechtigter.[184] Dem berechtigten Interesse des Vorbehaltsverkäufers, gegen den Besitzer seiner Sache einen direkten Schutz zu haben, genügt aber die Möglichkeit des Bedingungsausfalls: Auf die oben bezeichnete Weise kann er den Bedingungsausfall herbeiführen, so das dingliche Recht des Zweiterwerbers zum Besitz beenden und damit die Sache nach § 985 herausverlangen.[185] Es ist nicht notwendig,

---

[182] Vgl. *Serick,* Eigentumsvorbehalt, § 12 II 5; *Schlegelberger/Hefermehl,* Anh. § 382 HGB, Rn. 53.

[183] Vgl. dazu *Palandt/Thomas,* § 812 Rn. 2 m. w. N.

[184] Anders nach dem rückwirkenden Widerruf, s. unten 6, S. 82 f.

[185] Auch nach *Wieling,* SachenR I, § 17 IV 1 b bb, kann der Vorbehaltsverkäufer, falls der Erwerber nicht zahlt, die Sache als Eigentümer zurückverlangen. Wieling gesteht dem gutgläubigen Erwerber in diesem Fall gegen den Eigentümer wohl kein Besitzrecht zu, weshalb § 986 dem Herausgabeverlangen nicht entgegensteht. Nach der hier vertretenen Auffassung wird dies durch einen Bedingungsausfall erreicht.

jede Variante im einzelnen auf die Auswirkungen eines unwirksamen Kaufvertrages für die Anwartschaft des Zweiterwerbers durchzugehen. Bei allen ist gleich: Der Vorbehaltsverkäufer kann sich nur dann direkt an den Zweiterwerber halten, wenn er durch endgültige Verweigerung der Zahlungsannahme einen Bedingungsausfall herbeigeführt hat, der das bedingte Eigentum des Zweiterwerbers und somit dessen Recht zum Besitz beendet. Durch die Unwirksamkeit des schuldrechtlichen Vertrages zwischen Vorbehaltsverkäufer und -käufer wird die sachenrechtliche Stellung des Zweiterwerbers unmittelbar nicht berührt.

c) Das Einwirkungsverbot der Parteien auf den Vorbehaltskauf nach Übereignung der Anwartschaft auf einen Dritten

Abschließend wird noch auf die – oben implizit schon behandelte – Frage eingegangen, ob die Parteien des Vorbehaltskaufs auch noch nach Weiterverfügung über die Anwartschaft durch den Vorbehaltskäufer den Kaufvertrag aufheben können. Da man bislang die schuld- und die sachenrechtlichen Fragen nicht sauber auseinandergehalten hat und in einer Einwirkung auf den Kaufvertrag fälschlicherweise zugleich eine Einwirkung auf die dingliche Position des Zweiterwerbers sah, kam man zu einer differenzierenden Antwort.

Werde der im Kaufvertrag vereinbarte Eigentumsvorbehalt nachträglich in der Weise ausgedehnt, daß der Einigung über den Eigentumsübergang anstelle der Bedingung der vollständigen Zahlung des Kaufpreises die Bedingung der Tilgung weiterer Forderungen aus der Geschäftsverbindung zwischen Vorbehaltsverkäufer und -käufer beigefügt werde, so führt laut BGH ein solches Rechtsgeschäft unmittelbar zu einer inhaltlichen Änderung des Anwartschaftsrechts. Zu einer solchen Änderung sei der Vorbehaltskäufer nach Übertragung des Rechts auf einen Dritten infolge fehlender Rechtszuständigkeit (§ 185) nicht mehr befugt. Dem Vorbehaltsverkäufer fehle die Rechtszuständigkeit jedenfalls soweit, als in dem Rechtsgeschäft eine das Anwartschaftsrecht beeinträchtigende Verfügung liege, die sich nicht aus der Abwicklung des ursprünglichen, schuldrechtlichen Vertrages ergebe.[186] Ob die Zustimmung des Zweiterwerbers bei einer willkürlichen, völligen Aufhebung des Schuldverhältnisses erforderlich sei, wird vom BGH ausdrücklich nicht entschieden. Es spreche aber viel dafür, eine unberechtigte Verfügung des Käufers (§ 185) jedenfalls dann nicht anzunehmen, wenn die Vertragsaufhebung le-

---

[186] BGHZ 75, 221 (226 f.).

diglich aus dem Kaufvertrag erwachsene Rechte, wie etwa Anfechtung, Rücktritt oder Wandelung, ersetzen solle.[187]

Nach der hier entwickelten Meinung der Unabhängigkeit des Anwartschaftsrechts vom Kaufvertrag ist der Ansicht heftig zu widersprechen, die Vertragsaufhebung unter Mitwirkung des Vorbehaltskäufers sei die Verfügung eines Nichtberechtigten gem. § 185. Selbstverständlich können die Kaufvertragsparteien ihren Kaufvertrag ohne die Zustimmung eines Dritten ändern; denn diese Änderung bewirkt keine Inhaltsänderung oder einen Eingriff in die Anwartschaft des Dritten. Diese ist von jener vielmehr in der Wirksamkeit getrennt. In der Einwirkung auf einen Kaufvertrag kann eine Verfügung im Sinne des § 185 nicht gesehen werden. Die Parteien des Vorbehaltskaufs können durch die Vertragsaufhebung das bedingte Eigentum des Zweiterwerbers nicht zu Fall bringen. Der Kaufvertrag zwischen diesem und dem Vorbehaltsverkäufer, um es wiederholt zu sagen, ist für das bedingte Eigentum des Zweiterwerbers ohne direkten Belang. So können die Kaufvertragsparteien unbeschadet der Rechte des Zweiterwerbers auch jede andere Einwirkung auf den Kaufvertrag vornehmen, ihn insbesondere auch willkürlich aufheben[188]. Ob bei einer

---

[187] BGHZ 75, 221 (229). Zum Meinungsstand i. d. Lit. s. o. und vgl. *Eder*, S. 125 ff. und 131 ff., zu Nachweisen s. insbes. S. 128 Fn. 28. Die Lit. ist grundsätzlich der einschränkenden differenzierenden Lösung des BGH gefolgt, wenn auch mit Unterschieden i. e.; vgl. dazu beispielsweise *Loewenheim*, JuS 1981, S. 723 ff. (Differenzierung nach der Möglichkeit zur Stellung einer Ersatzsicherung). Ganz eigene Wege beschritt – noch vor der Entscheidung des BGH – wiederum *Flume*, AcP 161 (1962), S. 393 f.: Trotz der Verknüpfung der Bedingung mit dem Kaufvertrag sei der Erwerber grundsätzlich dagegen gesichert, daß der Vorbehaltskäufer den Kaufvertrag mit dem -verkäufer aufhebe, kraft Anfechtung oder durch Rücktritt beseitige. Wie bei der Zession einer Forderung habe auch der Vorbehaltskäufer die Herrschaft über das Schuldverhältnis, soweit dadurch die abgetretene Rechtsstellung beeinträchtigt werde, nur noch mit Zustimmung des Zweiterwerbers (Zessionars). Für eine völlig freie Veränderung des Kaufvertrages durch die Parteien des Vorbehaltskaufs zu Lasten des Zweiterwerbers dagegen ist *Raiser*, S. 31.

[188] Anderer Ansicht *Marotzke*, AcP 186 (1986), S. 513: Man werde davon ausgehen können, daß die einverständliche Aufhebung der gegenseitigen Vertragsansprüche von Vorbehaltsverkäufer und -käufer insgesamt nach § 139 unwirksam sei, wenn der letztere durch seine zwischenzeitliche Weiterverfügung das Recht verloren habe, die *ihm* aus dem Vorbehaltskauf erwachsenen Rechte aufzuheben (Hervorhebung von Marotzke). Ob diese Voraussetzung im Einzelfall erfüllt sei, hänge von einer Auslegungs- und von einer Formfrage ab (s. dazu S. 513-516).

Obwohl Marotzke seinen Überlegungen die Auffassung von der Unbeachtlichkeit eines wirksamen Kaufvertrages für den Eigentumserwerb des Zweiterwerbers zugrundelegt, kommt er zu dem – zumindest auf den ersten Blick – erstaunlichen Ergebnis, daß der Kaufvertrag durch Vorbehaltsverkäufer und -käufer mit Rücksicht auf den Zweiterwerber doch nicht frei aufhebbar sei. Dies beruht darauf, daß er die Möglichkeit des Vorbehaltsverkäufers in Betracht zieht, den Eigentumserwerb des Zweiterwerbers zu verhindern (a. a. O., S. 513). Davor will er den Zweiterwerber ungerechtfertigsolchen Vorgehensweise der Vorbehaltsverkäufer aber rechtmäßigerweise die Annahme der Zahlungen des Zweiterwerbers verweigern darf und es so zum Erlöschen der Anwartschaft kommt, ist eine andere, die dingliche Rechtsstellung der Beteiligten berührende Frage. Eine in Schädigungsabsicht oder in sonst grob anstößiger Weise zu Lasten des Zweiterwerbers vorgenommene Vertragsaufhebung kann nämlich dazu führen, die Annahmeverweigerung als treuwidrig anzusehen, so daß die Rechtsfolge des § 162 Abs. 1 eintritt und die einseitige Vernichtung der Anwartschaft durch den Eigentümer ausscheidet. Insoweit kann dem BGH im Ergebnis also gefolgt werden.

Die Anwendung des § 185 kommt nur bei Erweiterung des Eigentumsvorbehalts, also der Änderung des Bedingungsinhalts, der dinglichen Seite, entsprechend der Ansicht des BGH in Betracht. Auswirkungen könnte eine solche auf die Anwartschaft des Zweiterwerbers nicht haben. Denn durch die Übertragung der Anwartschaft hat der Vorbehaltskäufer/Ersterwerber seine dingliche Rechtsstellung verloren, so daß mit ihm keine Änderung der dinglichen Vereinbarung mehr getroffen werden kann. Bzgl. dieser dinglichen Einigung könnten nur Vorbehaltsverkäufer und Zweiterwerber, der in die dingliche Rechtsstellung des Ersterwerbers durch den Anwartschaftserwerb eingerückt ist, nicht aber der Vorbehaltsverkäufer und der -käufer als Dritter verfügen.

6. Zusammenfassende Anwendung des Ergebnisses auf die Problematik des gutgläubigen Erwerbs

Ist ein Vorbehaltskaufvertrag vorhanden (Erwerb vom Nichtanwärter[189], Erwerb vom Scheinanwärter bei bestehendem Vorbehaltskauf[190] und Erwerb vom den Ratenstand falsch angebenden Anwärter[191]), so fördert das die Möglichkeit des gutgläubigen Erwerbs nicht; ist keiner vorhanden (Erwerb vom Scheinanwärter bei nicht bestehendem Vorbehaltskauf[192]), so schadet das nicht. Für den gutgläubigen Erwerb der Anwartschaft des Vorbehaltskäufers

---

terweise schützen. Denn Marotzke verkennt, daß er dem Zweiterwerber mehr als seine Anwartschaft, seine jetzige Rechtsposition, nämlich den Eigentumserwerb, also eine künftige Rechtsposition, sicherte. Die Aufhebung des Kaufvertrages würde nur dazu führen, daß der Zweiterwerber seine angestrebte Rechtsstellung (die des Eigentümers) möglicherweise (nur bei Verweigerung der Zahlungsannahme) nicht erlangen würde; ein Eingriff in seine derzeitige Rechtsstellung als Anwärter läge aber nicht vor. Seine Zustimmung ist also nicht erforderlich.

[189] Beispiel s. S. 33, Fn. 24.

[190] Beispiel s. S. 30, Fn. 5.

[191] Beispiel s. S. 30, Fn. 3.

[192] Beispiel s. S. 30, Fn. 2.

lassen sich aus dem Vorliegen oder aus dem Nichtvorliegen einer Kaufpreisforderung keinerlei Rückschlüsse ziehen. Die Möglichkeit des gutgläubigen Erwerbs bemißt sich völlig unabhängig vom Bestehen oder Nichtbestehen einer Kaufpreisforderung. So stehen Abstraktionsprinzip und gutgläubiger Erwerb auch nicht beziehungsfrei nebeneinander, bezweckt doch ersteres, der Rechtssicherheit und Rechtsklarheit durch gesteigerten Verkehrsschutz zu dienen.[193] Die mangelnde aufschiebend bedingte Berechtigung des Veräußerers vermag der Erwerber grundsätzlich durch seinen guten Glauben zu überwinden.[194] Die Argumentation, daß die Anwartschaft mangels Kaufvertrags nicht vorhanden sei, setzt an einem verkehrten Ansatz an, nämlich dem Verhältnis zwischen Vorbehaltsverkäufer/Eigentümer und Nichtberechtigtem. Der Schwerpunkt liegt aber zwischen Nichtberechtigtem und Erwerber, denn nur in dieses Verhältnis kann dieser Einblick bekommen.[195] Durch die bedingte Übereignung kann auch ohne wirksamen Vorbehaltskauf eine Anwartschaft entstehen; die Anwartschaft ist ebensowenig kausal vom Grundgeschäft abhängig wie die anderen dinglichen Rechte. Es entspricht unserer Rechtsordnung, daß dingliche Rechte vom Nichtberechtigten erworben werden können, wenn der Erwerber gutgläubig und die Sache nicht abhandengekommen ist.[196] Er erwirbt bedingtes Eigentum und kann grundsätzlich durch Zahlung der noch ausstehenden Raten den Eigentumserwerb herbeiführen. Wie hoch die noch ausstehenden Raten sind, wird im Rahmen der Gutgläubigkeit des Erwerbers zu erörtern sein. Die Wirksamkeit des Kaufvertrages wirkt sich nur auf die Beständigkeit der gutgläubig erworbenen Anwartschaft aus, und zwar dahingehend, ob § 162 Abs. 1 einschlägig ist oder nicht; nur wenn der Eigentümer vertraglich zur Zahlungsannahme verpflichtet ist oder sie sonst aus Treu und Glauben nicht verweigern darf, steht dem Eigentumserwerb des Zweiter-

---

[193] Vgl. *Baur/Stürner*, § 5 IV 1; *Harry Westermann/Gursky*, § 4 III.

[194] Im Ergebnis ebenso *Berger*, S. 149, der aber die konstruktive Schwierigkeit des Fehlens eines Kaufvertrages dadurch beheben will, daß man Kauf und Bedingung als bestehend behandelt; s. a. *Nauenberg*, S. 33 („Schutz des guten Glaubens auch bzgl. Beschaffenheit der Bedingung").

[195] Zutreffend *Berger*, S. 155 f. Und weiter: Der Erwerb begründe sich auf Besitz; die Kaufpreisforderung, der schuldrechtliche Aspekt, sei hier nicht miteinzubeziehen (S. 156 f.). Der Vorbehaltskauf habe mit der dinglichen Einigung nichts zu tun, weder berge er ein Merkmal des zu erwartenden Vollrechts, noch sei er Wirksamkeitsvoraussetzung für das Eigentum. Wenn die Forderung das entscheidende Moment beim Eigentumsvorbehalt wäre, müßten auch für die Anwartschaft die §§ 398 ff. zur Anwendung kommen, nicht die Vorschriften der Eigentumsübertragung (S. 157 f.).

[196] *Wieling*, SachenR I, § 17 IV 1 b bb, der aber dennoch konstruktive Bedenken hegt, diese aber durch die Intereressengerechtheit des Ergebnisses ausgeräumt sieht. Der Eigentümer könne froh sein, daß der Besitzer nicht als Eigentümer aufgetreten sei, erhalte er doch vom Erwerber die angeblichen Raten ausgezahlt.

werbers nichts im Wege[197]. Nur insoweit findet die Differenzierung der h. L. nach dem Bestehen eines Vorbehaltskaufs ihre Berechtigung.

Veräußert der Scheinwärter, der die Sache vom Eigentümer geliehen hat, an den redlichen Zweiterwerber sein vermeintliches Anwartschaftsrecht, so findet gutgläubiger Erwerb – vorbehaltlich der sonstigen noch im Laufe der Arbeit zu prüfenden Voraussetzungen, aber im Hinblick auf das Vorliegen eines Vorbehaltskaufs – statt. Die Abwicklung erfolgt folgendermaßen: Der Eigentümer kann sich wegen Schadensersatzes an den Veräußerer, seinen Leihvertragspartner, nach §§ 280 Abs. 1, 604 Abs. 1 halten, weil dieser es sich schuldhaft unmöglich gemacht hat, die Sache wieder zurückgeben zu können. Entsprechende Anspruchsgrundlagen sind bei Verwahrung und Miete die §§ 280 Abs. 1, 696 und 280 Abs. 1, 556 Abs. 1[198]. Vertragliche Anspruchsgrundlagen wird es bei dieser Fallkonstellation regelmäßig geben, da der gutgläubige Erwerb wegen § 935 Abs. 1 S. 1 es erfordert, daß die Sache dem Eigentümer nicht abhanden gekommen ist. Schadensersatzansprüche kommen auch aus dem Eigentümer-Besitzer-Verhältnis gem. §§ 989, 990 in Betracht, wenn man die Vorschriften auf das Anwartschaftsrecht analog anwenden und den sich zum Eigenbesitzer aufschwingenden Fremdbesitzer (wieder in Bezug auf das Anwartschaftsrecht und somit in Analogie) dem bösgläubig werdenden Besitzer gem. § 990 Abs. 1 S. 2 gleichstellen will[199]. Darüber hinaus sind die §§ 687 Abs. 2, 681 S. 2, 667 einschlägig. Schadensersatz wegen unerlaubter Handlung kommt wegen §§ 992, 993 Abs. 1 S. 1. Hs. aber nicht in Betracht. Dagegen steht es dem Eigentümer zu, gem. § 816 Abs. 1 S. 1 die Herausgabe des durch die Verfügung Erlangten zu verlangen, was unter Umständen einen Betrag ergibt, der den Schadensersatzbetrag übersteigt[200]. Direkt an den Zweiterwerber kann sich der Eigentümer nur im Ausnahmefall des § 816 Abs. 1 S. 2 halten oder bei Bedingungsausfall gem. § 985. Der Zweiterwerber kann gegen seinen Vertragspartner, den Scheinanwärter, die Rechte aus § 463 S. 1 geltend machen, sieht man das Fehlen eines Vorbehaltskaufs als Fehlen

---

[197] – so daß man hier, wenn man so will, von einem gutgläubig erworbenen „Anwartschaftsrecht“ sprechen kann –

[198] Da nur die Zahlung des Mietzinses gem. § 535 S. 2 Hauptleistungspflicht des Mieters ist, kommt § 325 Abs. 1 nicht in Betracht.

[199] So in einem Ausnahmefall BGHZ 31, 129; anders aber die wohl h. L., vgl. *Palandt/Bassenge*, Rn. 9 vor § 987 m. w. N.

[200] So, wenn man der Ansicht ist, auch das Erlangte herausverlangen zu können, das einen durch die Verfügung erzielten Gewinn darstellt, str., vgl. *Palandt/Thomas*, § 816 Rn. 24 m. w. N. Die Höhe des zu leistenden Schadensersatzes wird man an dem Betrag auszurichten haben, zu dem die Anwartschaft erworben wurde. Die „ausstehenden Raten“ (es besteht ja kein Vorbehaltskauf) kann er vom Zweiterwerber in Empfang nehmen.

einer zugesicherten Eigenschaft der verkauften Anwartschaft an.[201] Des weiteren ist eine Rückzahlung nach Anfechtung (§ 123 Abs. 1) über §§ 812, 818 Abs. 2 möglich.

Widerruft der Vorbehaltsverkäufer die dingliche Einigung gem. § 455, 2. Hs. analog, so hat das unmittelbar für die Rechtsstellung des Zweiterwerbers keine Folgen: Denn der Vorbehaltsverkäufer kann nur die Einigung mit seinem Vertragspartner, dem Vorbehaltskäufer, widerrufen; von dieser ist die Einigung des Vorbehaltskäufers mit dem Zweiterwerber auf Übertragung der Anwartschaft zu unterscheiden, auf die der Verkäufer keinen Einfluß hat. Durch den Widerruf wird der Vorbehaltskäufer aber ex tunc zum Nichtberechtigten. Dies wirkt sich auf den Erwerb des Zweiterwerbers und somit mittelbar auf seine Berechtigung aus. Der Zweiterwerber hätte nur dann bedingtes Eigentum erworben, wenn er im Zeitpunkt der Einigung mit dem Vorbehaltskäufer gutgläubig gewesen wäre, d. h. nicht oder nicht grob fahrlässig nicht wußte, daß zur Zeit seines Erwerbs die Voraussetzungen des Widerrufs nach § 455, 2. Hs. analog vorlagen[202], § 932 Abs. 2, 142 Abs. 2 analog. Der Rechtsgedanke des § 142 Abs. 2, wonach bei rückwirkendem Wegfall der Berechtigung des Veräußerers der gute Glaube sich auf die Tatsachen, die den Wegfall der Berechtigung begründen, beziehen müssen[203], wird sich entsprechend für den rückwirkenden Wegfall der Berechtigung wegen Widerrufs heranziehen lassen. Es handelt sich hier um den Erwerb vom Scheinanwärter bei nicht bestehendem Vorbehaltskauf[204] mit der im Gegensatz zur h. L. erforderlichen Maßgabe, daß der Vorbehaltsverkäufer nicht nur – schuldrechtlich – zurücktritt, sondern auch – sachenrechtlich – widerruft. Der Erwerber wird zunächst immer dann gutgläubig sein, wenn die Voraussetzungen für einen Widerruf, nämlich Zahlungsverzug seines Vertragspartners, des Vorbehaltskäufers, gegenüber dessen Vertragspartner, dem Vorbehaltsverkäufer, erst nach dem Zweiterwerb entstehen. Aber auch dann, wenn die Voraussetzungen des § 455, 2. Hs. bereits bei Anwartschaftsübertragung vorlagen, müssen diese dem Er-

---

[201] Rechte aus § 325 Abs. 1 im Hinblick auf den nicht eintretenden Eigentumserwerb des Zweiterwerbers wegen einer Zahlungsannahmeverweigerung des Eigentümers kommen mangels Unmöglichkeit nicht in Betracht. Hauptleistungspflicht bei der Übertragung einer Anwartschaft wird regelmäßig in Abweichung zu § 433 Abs. 1 S. 1 die Übertragung der Anwartschaft, und nicht die des Eigentums an der Sache sein. Denn der Anwärter ist selbst nicht Eigentümer, weshalb er sich nicht zur Verschaffung des Eigentums verpflichten wird.

[202] Ähnlich für die Rechtslage bei Anfechtung nach Weiterveräußerung, wonach Gutgläubigkeit des Erwerbers dann vorliegt, wenn er die Voraussetzungen des Anfechtungsgrundes nicht kannte, *Palandt/Bassenge,* § 932 Rn. 8 m. w. N.

[203] Vgl. *Palandt/Heinrichs,* § 142 Rn. 4 zur Anfechtbarkeit.

[204] Beispiel s. S. 30, Fn. 2.

werber nicht automatisch bekannt und kann er gutgläubig sein. Dem redlichen Erwerb stehen wegen der Möglichkeit des Bedingungseintritts keine konstruktiven Bedenken entgegen. Der gutgläubige Zweiterwerber erwirbt das aufschiebend bedingte Eigentum. Lösen kann sich der Vorbehaltsverkäufer vom bedingten Eigentum des Zweiterwerbers nur dann unmittelbar, wenn er dessen dingliche Besitzberechtigung aus der Anwartschaft (§ 986) durch Bedingungsausfall zerstört; dann kann er aus § 985 vorgehen.

Genauso verhält es sich in den sonstigen Varianten: Erreicht der Vorbehaltsverkäufer rückwirkend die einseitige Aufhebung der Anwartschaft des Vorbehaltskäufers, wie etwa außer durch Widerruf durch Anfechtung, so steht dem Zweiterwerb nichts entgegen, wenn der Erwerber die Tatsachen nicht kannte oder fahrlässig nicht kannte, die die einseitige Aufhebbarkeit der Anwartschaft begründeten. Erfolgt eine Aufhebung der Anwartschaft gem. § 346 S. 1 oder § 812 Abs. 1 S. 1 1. Alt. durch Vorbehaltsverkäufer und -käufer, so geht diese ins Leere, wenn bereits der Zweiterwerber die Anwartschaft erworben hat.

Nach erfolgtem Widerruf kommen für den Vorbehaltsverkäufer gegen seinen Abnehmer zunächst keine vertraglichen Ansprüche in Betracht. Denn ein Kaufvertrag liegt nicht (mehr) vor. Schadensersatzansprüche sind gem. §§ 347 S. 1, 989, 990 Abs. 1 S. 2, 142 Abs. 2 analog möglich, wenn der Anwärter bei Verfügung von den Rücktrittsvoraussetzungen positive Kenntnis hatte. Der Bereicherungsausgleich vollzieht sich nach § 816 Abs. 1 S. 1. Auch hier kann sich der Eigentümer grundsätzlich nicht direkt an den gutgläubigen Erwerber halten. Die Besonderheit zu oben bzgl. eines Anspruchs des Zweiterwerbers gegen den Scheinanwärter besteht im (anfänglichen) Vorliegen eines Vorbehaltskaufs zwischen den Ursprungsparteien: Verursacht der Vorbehaltskäufer nach Übertragung der Anwartschaft einen Bedingungsausfall dadurch, daß er durch seinen Verzug die Möglichkeiten des Rücktritts/Widerrufs schafft, kommen Schadensersatzansprüche des Zweiterwerbers gegen ihn, etwa aus § 160 Abs. 1 (schuldhafte Beeinträchtigung des durch die Bedingung abhängigen Rechts in der Schwebezeit) oder § 823 Abs. 1 (Verletzung der Anwartschaft des Zweiterwerbers als Verletzung eines sonstigen Rechts) in Betracht.[205]

[205] Auch in den übrigen Fallkonstellationen wirkt sich das Vorliegen eines Vorbehaltskaufs nur auf die Abwicklung aus. Beim Erwerb vom über den Ratenstand täuschenden Anwärter (Beispiel s. S. 30, Fn. 3) beispielsweise ist der Anwärter zugleich wirksam Käufer: Der Vorbehaltsverkäufer kann die Zahlung des gutgläubigen Erwerbers gem. § 267 Abs. 1 behalten, während er die Differenz zwischen den noch ausstehenden und den bereits von Vorbehaltskäufer und Erwerber gezahlten Raten (im Beispiel nach Zahlung des Erwerbers also 400,-- DM) von seinem Käufer über den unver-

Den Differenzierungen der h. L. nach verschiedenen Fallkonstellationen auf der Primärebene ist nicht zu folgen, da diese keine unterschiedlichen Ergebnisse hervorbringen: In allen Fallkonstellationen ist grundsätzlich gutgläubiger Erwerb möglich. Damit erledigt sich die Unterscheidung der h. L., wonach der gutgläubige Erwerber nur dann das Anwartschaftsrecht erhalten sollte, wenn der Vorbehaltsverkäufer mit dem -käufer einen Kaufvertrag abgeschlossen hatte (Erwerb vom Scheinanwärter bei bestehendem Vorbehaltskauf[206]) und man also den Rechtserwerb eines Dritten ernsthaft von den kaufvertraglichen Beziehungen zweier anderer abhängig machen wollte. Der Erwerb vom Scheinanwärter bei nicht bestehendem Vorbehaltskauf[207] entpuppt sich dabei der Problematik nur dann als zugehörig, wenn man neben der Einwirkung auf den Kaufvertrag, die das Anwartschaftsrecht unberührt läßt, auch eine sachenrechtliche (z. B. Widerruf) annimmt, da es sich ansonsten um einen Erwerb vom Berechtigten handelt. Ebenfalls nicht hierher gehört die Variante, daß es vor der Veräußerung durch den Anwartschaftsberechtigten zum Bedingungseintritt kommt (etwa durch unerkannte Zahlung eines Dritten), da hier durch Auslegung unter Heranziehung des hypothetischen Parteiwillens davon ausgegangen werden kann, daß die Parteien das Vollrecht übertragen wollen und somit ebenfalls ein Erwerb vom Berechtigten vorliegt. Dies folgt aus dem Grundgedanken des Satzes, daß die wahre und nicht die vorgestellte Sachlage entscheidet[208] und aus der Überlegung, daß für die Übertragung des Vollrechts und des Anwartschaftsrechts die gleichen Vorschriften gelten[209].

ändert bestehenden Kaufpreisanspruch hinaus etwa aus § 823 Abs. 1 (Verletzung seines Eigentums) oder aus § 816 Abs. 1 S. 1, da der Anwärter insoweit als Nichtberechtigter verfügt hat, verlangen kann. Solange der Kaufvertrag besteht, kann der Vorbehaltsverkäufer die Anwartschaft grundsätzlich nicht zerstören; solange gezahlt wird, hat er daran aber auch kein Interesse. Kommt sein Käufer in Verzug, kann er zurücktreten, widerrufen, die Bedingung ausfallen lassen und vom Erwerber vindizieren.

[206] Beispiel s. S. 30, Fn. 5.

[207] Beispiel s. S. 30, Fn. 2.

[208] *Schnorr v. Carolsfeld*, KritVSchr 66 (1939), S. 184 Fn. 33 c.

[209] *Serick*, Eigentumsvorbehalt, S. 257. Ebenso *Hager*, S. 317 Fn. 479 a. E. (dem Erwerber komme es zugute, wenn die Forderung vollständig erfüllt sei; denn der Anspruch als solcher bleibe Rechtsgrund für das Behaltendürfen). Gegen die von *Palandt/Bassenge*, § 929 Rn. 45 vorgeschlagene Umdeutung spricht, daß das Ersatzgeschäft (Übertragung des Eigentums) in seinen Wirkungen nicht weiterreichen darf als das unwirksame (Übertragung des Anwartschaftsrechts), vgl. *Palandt/Heinrichs*, § 140 Rn. 6 m. w. N.

MünchKomm/H. P. Westermann, § 455 Rn. 70 Mitte (bejahte man einen gutgläubigen Erwerb vom Nichtanwärter, so müßte dies *sogar dann* [Hervorhebung vom Verf.] gelten, wenn die angebliche Anwartschaft zur Zeit der Veräußerung bereits durch Bedingungseintritt zum Vollrecht erstarkt gewesen sei) und *Medicus*, BürgR, Rn. 475 (gutgläubiger Erwerb sei mangels Kaufpreisforderung, durch deren Erfüllung die An-

Ob die Bedingung eintreten kann, ist lediglich eine Frage der dinglichen Einigung, denn hier ist der Standort der Bedingung. Ist der Kaufvertrag unwirksam, ist man aber über die Zahlung des als Kaufpreis vereinbarten Geldbetrages übereingekommen, ist der Bedingungseintritt möglich. Liegt auch keine Bedingung vor (wie im Fall des Erwerbs vom Scheinanwärter bei nicht bestehendem Vorbehaltskauf[210]), dann vermag der gute Glaube des Erwerbers über diesen Umstand hinwegzuhelfen, denn er hätte ja sogar gutgläubig Eigentum erwerben können. Daraus erhellt auch die Möglichkeit des gutgläubigen Zweiterwerbs bei lediglich dinglichem Mangel (Erwerb vom Scheinanwärter bei bestehendem Vorbehaltskauf[211]): Es ergibt sich hier nämlich bei Unwirksamkeit der dinglichen Einigung kein Unterschied zum Erwerb vom Scheinanwärter bei nicht bestehendem Vorbehaltskauf[212], da es auf die Forderung nicht ankommt. Das Fehlen der Bedingung (die dingliche Einigung mitsamt der Bedingung ist ja unwirksam) kann aber gutgläubig überwunden werden. Die h. L., die argumentiert, beim Erwerb vom Scheinanwärter bei bestehendem Vorbehaltskauf[213] sei der Bedingungseintritt möglich, geht fehl, da mangels dinglicher Einigung überhaupt keine Bedingung vorliegt.[214]

II. Das Eigentum als Verfügungsgegenstand

Die Anwartschaftslehre ist auch auf Ablehnung gestoßen. Hält man ein vom Eigentum unterschiedliches Recht nicht für gegeben, über das der Anwär-

---

wartschaft noch zum Vollrecht werden könnte, unmöglich), gehen unzutreffenderweise in diesem Sonderfall vom Anwartschaftsrecht als Verfügungsgegenstand aus.

[210] Beispiel s. S. 30, Fn. 2.

[211] Beispiel s. S. 30, Fn. 5.

[212] Beispiel s. S. 30, Fn. 2.

[213] Beispiel s. S. 30, Fn. 5.

[214] Zutreffend, obwohl vom Boden der Abhängigkeitslehre aus *Krüger,* JuS 1994, S. 907 Fn. 17: „Schlägt die dingliche Einigung fehl, fehlt es an einer Bedingung. Irgendein von anderen Personen abgeschlossener Kaufvertrag ändert daran nichts." Der Erwerb vom Scheinanwärter bei bestehendem Vorbehaltskauf müßte mithin von der h. L. wie der Erwerb vom Scheinanwärter bei nicht bestehendem Vorbehaltskauf behandelt werden. Ferner kritisch vom Boden der Abhängigkeitslehre zur Möglichkeit des gutgläubigen Erwerbs vom Scheinanwärter bei bestehendem Vorbehaltskauf auch *Flume,* AcP 161 (1962), S. 396 (es könne nicht darauf ankommen, daß wenigstens eine unwirksame Übereignung erfolgt sei; konsequenterweise müßte man also den gutgläubigen Erwerb zulassen, wenn nur überhaupt ein Kaufvertrag abgeschlossen worden sei) und ihm folgend *Eder,* S. 19; *Sponer,* S. 92 (es bestehe keine Chance für den gutgläubigen Erwerber, wie das Anwartschaftsrecht bei ihm einmal zum Vollrecht solle erstarken können).

ter verfügen könne, so bleibt als Verfügungsgegenstand das Eigentum. Sieht man den Anwärter aufgrund der ihm schon vor Bedingungseintritt zustehenden Befugnisse als Eigentümer an, so verfügt er über sein derzeitiges Eigentum.[215] Andernfalls ist Verfügungsgegenstand das künftige eigene, aber derzeit dem Vorbehaltsverkäufer zustehende fremde Eigentum.

1. Die Verfügung über das fremde Eigentum

a) Kupisch[216]*: Vorausverfügung über das künftige Eigentum als Berechtigter*

Das, so Kupisch, was man Übertragung des Anwartschaftsrechts nenne, sei dogmatisch adäquat als Verfügung über das künftige eigene Recht zu konzipieren (Vorausverfügung)[217]. Kupisch führt aus: Der Vorbehaltskäufer könne auf zweierlei Weise über die ihm unter aufschiebender Bedingung übereignete Sache verfügen: erstens als Nichtberechtigter über das Eigentum des Vorbehaltsverkäufers, zweitens als Berechtigter über sein künftiges Eigentum.[218] Das Anwartschaftsrecht erweise sich als überflüssige Konstruktion.[219] Es gehe allein um die Überzeugung, daß der Käufer, der bereits unter Eigentumsvorbehalt erworben habe, bessere Kreditsicherung soll anbieten können als der Käufer, bei dem das nicht der Fall sei. Diese Überzeugung könne aber mit der Figur der Vorausverfügung verknüpft und ihre Durchsetzung dadurch gesichert werden, daß der Vorausverfügung des Vorbehaltskäufers bindende Wirkung zuerkannt werde mit der Folge, daß nachträglicher Wegfall des Verfügungswillens oder der Verfügungsbefugnis unbeachtlich sei.[220]

Kupisch fährt fort, daß es weder einen Durchgangs-, noch einen Direkterwerb gebe. Die in diesem Zusammenhang oftmals bemühte „juristische Sekunde" sei nach richtiger Auffassung nicht unabweisbar. Die Verwirklichung des Erwerbstatbestandes (Vorbehaltskäufer erhält Eigentum vom Vorbehaltsverkäufer) plus Verwirklichung des Übertragungstatbestandes (Vorbehaltskäufer veräußert an den Dritten) ergebe die Rechtsfolge: Eigentumserwerb des Dritten. Der Verfügende sei somit zu keinem Moment Subjekt des Rechts ge-

---

[215] Dazu unten 2, S. 113 ff.

[216] In: JZ 1976, S. 417 ff. und JZ 1977, S. 486 ff.

[217] *Kupisch,* JZ 1976, S. 422 zu II 2 und S. 427 zu VI; JZ 1977, S. 487 zu I 1 und S. 494 zu IV.

[218] *Kupisch,* JZ 1976, S. 425 zu III 2 b.

[219] *Kupisch,* JZ 1976, S. 422 zu II 2.

[220] *Kupisch,* JZ 1976, S. 424 zu III 2 a. In der nach h. L. fehlenden Bindung des Vorausverfügenden liegt die Unsicherheit der Rechtsstellung des Erwerbers.

wesen, über welches er verfügt habe. Aber sein durch seine eigene Verfügung vereitelter Rechtserwerb sei logische Voraussetzung dafür, daß das Recht im Moment der Konvaleszenz auf den Erwerber übergehe. Er könne deshalb im logischen Sinn als Durchgangsperson des Rechts bezeichnet werden, nicht aber im zeitlichen Sinn.[221] Der Begriff des Direkterwerbs sei nur zwangsläufig als Gegenbegriff zum Durchgangserwerb entstanden. Beide Begriffe hätten keinen juristischen Aussagewert.[222]

Da der Veräußerer seine Nichtberechtigung offenlege und eine Vorausverfügung über sein künftiges Eigentum treffe, hält Kupisch einen gutgläubigen Erwerb nicht für möglich. Hier kenne der Partner die Nichtberechtigung von Anfang an, d. h. er könne nur unter der Voraussetzung eines Rechtserwerbs des Veräußerers mit dem Eigentumserwerb rechnen.[223] An dieser Stelle werde noch einmal besonders deutlich, welch eine unglückselige Rolle die Lehre vom Anwartschaftsrecht spiele. Sie stelle nämlich ernsthaft zur Diskussion, ob die bedingte Berechtigung eines Dritten, die der Veräußerer als eigene vortäusche, zu einem Eigentumserwerb des Geschäftspartners führen könne, wenn in der Person des Dritten die Voraussetzungen für den Rechtserwerb gegeben seien. Es handele sich hier um einen Akt begriffsjuristischer Selbsttäuschung.[224] Der Zessionar könne an Rechten nicht mehr erwerben, als in der Person des Zedenten entstehen könne.[225] Fehle es an den Voraussetzungen für einen Eigentumserwerb des Zedenten, dann könne auch der Zessionar kein Eigentum erwerben.[226] Kupisch schließt, daß es nach bürgerlichem Recht einen Schutz des Gutgläubigen, künftiges Eigentum zu erwerben, so wenig gebe wie einen Schutz des guten Glaubens an die Verfügungsbefugnis. Treffend habe Flume vom guten Glauben an das Gerede des Zedenten gesprochen.[227]

Überzeugend legt Kupisch Begründungsdefizite der Rechtsprechung offen. Anstatt bei der Klärung der Frage, ob mit Zahlung der letzten Kaufpreisrate das Sicherungseigentum unbelastet oder mit einem Pfändungspfandrecht erworben wird, die Würdigung der Interessenlage von Sicherungsnehmer und Pfändungsgläubiger in den Mittelpunkt der Entscheidung zu rücken, stütze

---

[221] *Kupisch,* JZ 1976, S. 419 zu I 4 m. w. N. Ähnlich zur Frage der logischen Sekunde *Marotzke,* AcP 191 (1991), S. 177 ff. Zweifelnd an der methodischen Rechtfertigung des Durchgangserwerbs unter Betonung der Maßgeblichkeit der Interessengerechtheit einer Lösung auch *Nicolai,* JZ 1996, S. 222 li. Sp.

[222] *Kupisch,* JZ 1976, S. 422 zu II 3.

[223] *Kupisch,* JZ 1976, S. 427 zu V 2.

[224] *Kupisch,* JZ 1976, S. 427 zu V 2; JZ 1977, S. 494 zu IV.

[225] *Kupisch,* JZ 1977, S. 487 zu I 1.

[226] *Kupisch,* JZ 1977, S. 494 zu IV.

[227] *Kupisch,* JZ 1977, S. 494 f. zu IV.

sich BGHZ 20, 88 ff. in erster Linie auf die gedankliche Hilfskonstruktion des Direkterwerbs.[228] Kupisch ist zutreffend der Ansicht, die im Ergebnis richtige Entscheidung hätte auf dem Grundsatz fußen sollen, daß sich der Rang von Befriedigungsrechten nach der Priorität richtet.[229] Entsprechend sei die Frage, ob dem Hypothekar Rechte am Zubehör zustehen, das unter Eigentumsvorbehalt angeschafft und später zur Kreditsicherung verwendet worden war, zu entscheiden: Da die teilweise Verwirklichung des Tatbestands der Hypothekenhaftung (Bestellung der Hypothek) vor der teilweisen Verwirklichung des Tatbestands der Sicherungsübereignung liege, erwerbe der Sicherungsnehmer mit der Hypothek belastetes Eigentum[230]. Die Verwirklichung des vollen Erwerbstatbestandes in der Person des Vorbehaltskäufers sei notwendige und hinreichende Voraussetzung für den Eigentumserwerb des Sicherungsnehmers wie für die Berechtigung anderer Sicherungsgläubiger (Pfändungsgläubiger, Hypothekar), soweit deren Rechtsstellung nach dem Wertungsmaßstab des Prioritätsgrundsatzes Vorrang vor dem Sicherungseigentum genieße.[231] Kritik an dieser Auffassung könnte aber insoweit laut werden, als der bindend Vorausverfügende als Berechtigter angesehen wird, obwohl ihm die Sache noch nicht gehört.

Kupisch lehnt den gutgläubigen Erwerb in allen Fallkonstellationen ab. Dies scheint konsequent, da Bezugspunkt des guten Glaubens nach ihm das „künftige Eigentum“ ist, hinsichtlich dessen der Erwerber aber, da der Veräußerer sein mangelndes Eigentum offengelegt hat, bösgläubig ist. Bei der Verfügung über das vermeintliche künftige Eigentum vertraut der Erwerber über die derzeitige Berechtigung des Veräußerers hinaus auf dessen Eigentumserwerb durch Bedingungseintritt, also auf eine Rechtsposition, die der Veräußerer derzeit nach eigenem Bekunden noch gar nicht innehat. Deshalb erscheint es durchaus gerechtfertigt, den Erwerber hier am Gutglaubensschutz in direkter Anwendung der §§ 932 ff. nicht teilnehmen zu lassen. Ob eine analoge Anwendung der Vorschriften in Betracht kommt, erörtert Kupisch aber nicht.[232]

Kupisch geht davon aus, daß der Vorbehaltskäufer in zweierlei Weise über die Sache verfügen kann, nämlich erstens als Nichtberechtigter über das Eigentum des Vorbehaltsverkäufers und zweitens als Berechtigter über sein

---

[228] *Kupisch,* JZ 1976, S. 419-421 zu II 1; s. dort auch zur Kritik an BGHZ 35, 85 ff.

[229] *Kupisch,* JZ 1976, S. 420 li. Sp. und S. 422 zu II 2.

[230] *Kupisch,* JZ 1976, S. 422 sub II 2 zu BGHZ 35, 85 ff.

[231] *Kupisch,* JZ 1976, S. 422 zu II 3.

[232] Siehe abschließend dazu unten g, S. 108 ff.

künftiges Eigentum (Vorausverfügung)[233]. Kupisch nimmt also an, daß es zum selben Zeitpunkt möglich ist, entweder über etwas zu verfügen, was einem später gehören wird (als Berechtigter über sein künftiges Eigentum) oder über etwas, was einem derzeit nicht gehört (als Nichtberechtigter über das Eigentum des Vorbehaltsverkäufers). Dennoch will Kupisch die Verfügung über das künftige Eigentum nicht der Geltung des § 185 unterstellen, vielmehr sieht er den Verfügenden als Berechtigten an[234]. Das ist aber widersprüchlich: Entweder ist jemand Berechtigter; aber dann gehört ihm die Sache im Zeitpunkt der Verfügung auch. Oder aber die Sache gehört ihm nicht; dann ist er Nichtberechtigter. So liegt es hier: Derjenige, der über sein künftiges Eigentum verfügt, ist im Zeitpunkt der Verfügung Nichtberechtigter. Ihn als Berechtigten über etwas Zukünftiges anzusehen, ist ein unzulässiger Kunstgriff. Deshalb trifft die Kritik zu, die davon spricht, daß lediglich der Begriff des „Anwartschaftsrechts" durch den des „künftigen Eigentums" ersetzt werde. Ein vor Bedingungseintritt neben dem Eigentum des Vorbehaltsverkäufers stehendes künftiges Eigentum ist in sich selbst widersprüchlich. Die Prämisse, daß das gegenwärtige Eigentum des Vorbehaltsverkäufers und das „künftige Eigentum" des Vorbehaltskäufers nebeneinander bestehen können, trifft nicht zu.[235]

Die Konstruktion der Verfügung über das künftige Eigentum widerspricht auch § 185 Abs. 2, der bei Erwerb der Sache lediglich eine nachträgliche Wirksamkeit der Verfügung vorsieht. Auch im Fall der Einwilligung des Berechtigten kann von einer Verfügung des Nichtberechtigten über sein künftiges Eigentum nicht gesprochen werden. Worüber der Nichtberechtigte verfügt, ist trotz der ex tunc-Wirkung im ersten Fall des § 185 Abs. 2 ein fremdes Recht; die Wirksamkeit der Verfügung bedeutet nur, daß der Dritte, zu dessen Gunsten der Nichtberechtigte verfügt hat, ex tunc wirksam erwirbt.[236]

Auch ein Vergleich mit der h. L. zur Vorausverfügung im Rahmen der §§ 929, 930 durch antezipiertes Besitzkonstitut[237], würde wegen deren An-

---

[233] *Kupisch*, JZ 1976, S. 425 zu III 2 b.

[234] *Kupisch*, JZ 1976, S. 424 f. zu III 2 b.

[235] *Wittmann*, ZRT 1978, S. 54; *Rinnewitz*, S. 354 f. Gegen Kupisch in diesem Sinne neuerdings auch *Hennrichs*, DB 1993, S. 1709 Fn. 26: Kupisch verharre in der von ihm selbst als unzutreffend erachteten Kategorie des „Anwartschaftsrechts", da er eine vom Eigentum zu unterscheidende eigene „Rechtsposition" annehme – nämlich das künftige eigene Eigentum –, über die der „Rechtsinhaber" als Berechtigter verfügen können solle.

[236] *Wittmann*, ZRT 1978, S. 54; *Rinnewitz*, S. 355 f.

[237] Vgl. *Palandt/Bassenge*, § 930 Rn. 9 f.; *Schwab/Prütting*, § 34 VI m. w. N. Str. ist insoweit, ob der Verfügungswille beim Erwerb der Sache durch den Veräußerer noch vorliegen muß, mit Recht bejahend BGHZ 7, 111 (115).

dersartigkeit zur Stützung der These Kupischs nicht weiter helfen. Denn der für die h. L. maßgebliche Zeitpunkt, in dem alle Verfügungsvoraussetzungen auf Seiten des Veräußerers vorliegen müssen, ist dessen Erwerb. Hierin liegt gerade der wesentliche Unterschied der Auffassung Kupischs zur h. L., da nach ihm ein Wegfall des Verfügungswillens oder der Verfügungsbefugnis nach der (insoweit „bindenden") Vorausverfügung die Verwirklichung des Tatbestands für den Eigentumserwerb nicht hindern soll. Der auch von der Anwartschaftslehre getragenen Überzeugung, der Vorbehaltskäufer solle bessere Sicherung anbieten können als ein sonstiger Käufer, könne ohne das begriffliche Vehikel der „Anwartschaft" durch die Bindung zum Zeitpunkt der Verfügung Rechnung getragen werden.[238]

Auch läßt sich nicht die Rechtslage bei der Abtretung zukünftiger Forderungen für die Auffassung der Verfügung über das künftige Eigentum als Berechtigter ins Feld führen. Zwar wird auch hier der Verfügende nicht als Nichtberechtigter angesehen, wenn die Rechtsgrundlage der Forderung bei Abtretung schon und bei Entstehung der Forderung noch vorhanden ist[239]; der Verfügende hat eine Anwartschaft auf Forderungserwerb und die §§ 399 ff. finden entsprechende Anwendung[240]. Es geht hier aber um die Übertragung eines Rechts, das noch nicht entstanden ist, während das Eigentum an der unter Eigentumsvorbehalt verkauften Sache bis zum Bedingungseintritt dem Verkäufer zusteht. Bei der Rechtslage der Abtretung künftiger Forderungen kann daher ein Widerspruch zum Prinzip des tertium non datur nicht auftreten.[241]

Die von Kupisch aufgezeigten Begründungsdefizite der Rechtsprechung sind darüber hinaus kein spezifisches Anwartschaftsproblem, wenn man die Anwartschaft nicht als verselbständigtes Recht gegenüber dem Eigentum ansieht, sondern als Kurzbezeichnung und Zusammenfassung der Vorwirkungen der Rechtsposition des Vorbehaltskäufers. Die bei der konkreten Problemlösung zu berücksichtigenden Wertungen hindert das begriffliche Arbeitsmittel „Anwartschaftsrecht" nicht, weshalb es durchaus als wertungsadäquat bezeichnet werden kann.[242]

Schließlich spricht auch § 161 Abs. 1 S. 1 gegen die Zulässigkeit der Verfügung über das künftige Eigentum als Berechtigter. Gem. § 161 Abs. 1 S. 1 verbleibt nach der aufschiebend bedingten Verfügung die Rechtsinhaberschaft

[238] Vgl. *Kupisch,* JZ 1976, S. 424 zu III 2 a.

[239] H. M. (Direkterwerb), vgl. nur *Palandt/Heinrichs,* § 398 Rn. 12 m. w. N.

[240] BGHZ 66, 385; NJW 1969, S. 276.

[241] *Wittmann,* ZRT 1978, S. 55, der Kupisch sogar mangelnde Logik vorwirft.

[242] Vgl. *Wittmann,* ZRT 1978, S. 53, 55, 56.

beim Veräußerer/Vorbehaltsverkäufer, der in seiner Verfügungsbefugnis beschränkt wird. Die Vorschrift ordnet aber nicht an, daß die Verfügungsbefugnis über das Eigentum auf den Erwerber/Vorbehaltskäufer übergehe. Dies läßt sich ihr auch nicht e contrario entnehmen. § 161 Abs. 1 S. 1 bestimmt vielmehr, daß dem Erwerber/Vorbehaltskäufer in der Schwebezeit das ihm zustehende Recht nicht mehr genommen werden kann. Aus diesem Umstand läßt sich dann im Sinne der Anwartschaftslehre schließen, daß der Vorbehaltskäufer diese gegenwärtige Position auch nutzen, insbesondere darüber eigenständig als Berechtigter soll verfügen können.[243]

b) Stoll[244]: Vorausverfügung über die Sache, die mit Rechtserwerb des Verfügenden wirksam werde

Stoll ist im wesentlichen der gleichen dogmatischen Auffassung wie Kupisch. Auch nach ihm sind Verfügungen über das Anwartschaftsrecht in Wahrheit Vorausverfügungen über die Sache für den Fall, daß der Verfügende Eigentümer der Sache werde[245]. Stoll fährt fort: Ein „Durchgangserwerb" des Veräußerers finde im Falle des § 161 nicht statt. Vorausverfügungen über bewegliche Sachen seien immer dann möglich, wenn sich die Erwerbsaussicht des Verfügenden zu einer Anwartschaft i. S. des § 161 verdichtet habe. Von einer Vorausverfügung solle nur dann gesprochen werden, wenn die Verfügungswirkung allein noch davon abhänge, daß der Erwerbstatbestand in der Person des Verfügenden erfüllt werde. Sie verschaffe in dem Zeitpunkt, in dem in der Person des Verfügenden alle Voraussetzungen für den Erwerb des Rechts gegeben seien, dem Erwerber automatisch und unmittelbar das übertragene Recht.[246]

Stoll äußert sich zum gutgläubigen Zweiterwerb bei Doppelmangel (Erwerb vom Scheinanwärter bei nicht bestehendem Vorbehaltskauf[247]): Trotz des Fehlens des schuldrechtlichen Hintergrundes der angeblichen Anwartschaft findet § 932 laut Stoll Anwendung. Er führt aus: Die Voraussetzung der zu Gunsten des Zweiterwerbers getroffenen Verfügung – der Eigentumserwerb

---

[243] Siehe abschließend dazu unten S. 112 f.

[244] In: ZHR 128 (1966), S. 239 ff.

[245] *Stoll,* ZHR 128 (1966), S. 247 zu IV 2.

[246] *Stoll,* ZHR 128 (1966), S. 247 f. zu IV 2. Kritisiert wird von *Kupisch,* JZ 1976, S. 423 f. zu III 1, daß Stoll a. a. O. methodisch anfechtbar an einem „Direkterwerb" festhalte und der hierfür herangezogene Vergleich mit der Vorausabtretung diese Wertungsfrage nicht entscheiden könne.

[247] Beispiel s. S. 30, Fn. 2.

des Veräußerers – müsse aber eintreten. Dies sei regelmäßig nicht der Fall. Den Nichteintritt müsse der Erwerber ebenso gegen sich gelten lassen, wie wenn er vom Berechtigten erworben hätte. Ausnahmsweise aber (z. B. der Veräußerer beerbe den Eigentümer) werde jene Voraussetzung erfüllt und die Verfügung konvalesziere gem. § 185 Abs. 2 S. 1. Der Erwerber werde Eigentümer, selbst wenn der Veräußerer das Eigentum jetzt behalten wolle oder er nunmehr geschäftsunfähig sei.[248]

Nach Stoll ist es für die Anwendbarkeit des § 932 Voraussetzung, daß die Verfügung konvalesziert. Die nichteintretende Konvaleszenz müsse der Erwerber ebenso gegen sich gelten lassen, wie wenn er vom Berechtigten erworben hätte. Dann handelt es sich aber nicht mehr um Erwerb vom Nichtberechtigten nach § 932, sondern um ex-nunc-Erwerb vom Berechtigten nach § 185; für § 932 ist insoweit kein Raum. Stoll unterscheidet in nicht nachvollziehbarer Weise zwischen Erwerb vom Nichtberechtigten nach § 185, der sich zusätzlich nach § 932 richten soll, und Erwerb vom „Berechtigten" nach § 185. Die „Berechtigung" kann sich nach Stolls Auffassung jedoch nur auf das Eigentum (und nicht etwa auf das Anwartschaftsrecht) beziehen; so aber wird die Konzeption widersprüchlich. Zudem soll § 932 hier zugunsten des Gutgläubigen offenbar lediglich bewirken, daß der Veräußerer an seine Verfügung gebunden und ein nachträglicher Wegfall des Verfügungswillens (im Gegensatz zum Normalfall, s. o.) unschädlich ist. Dies ist aber nicht die Rechtsfolge des § 932: § 932 bewirkt vielmehr den gutgläubigen Erwerb vom Nichtberechtigten. Somit ist diese Ansicht zum gutgläubigen Erwerb vom Boden der Vorausverfügung abzulehnen.

c) Lempenau[249]: Vorausverfügung über das Vollrecht, die die Anwartschaft sukzessive umfasse

Die Auffassung Lempenaus, nach der es sich bei der „Anwartschaftsübertragung" in Wirklichkeit um eine Übertragung des künftigen Vollrechts handelt, die alle Anwartschaften, gleich welcher Entwicklungsstufe, automatisch erfasse[250], ähnelt den soeben genannten Auffassungen. Eine Differenzierung zwischen sofort wirksamer Anwartschaftsverfügung und erst beim Erwerb des Rechts wirksamer Vorausverfügung des künftigen Vollrechts sei überflüssig, so führt Lempenau weiter aus, da die Vorwirkungen des künftigen Rechts sofort

[248] *Stoll,* ZHR 128 (1966), S. 249 zu IV 2 b.

[249] In: Durchgangserwerb oder Direkterwerb bei Übertragung künftiger Rechte, 1968.

[250] *Lempenau,* S. 32 f.; 39 ff.; 49 ff.

und unmittelbar von der Vorausverfügung ipso jure erfaßt würden. Die Verfügung über das künftige Recht übertrage die Vorwirkungen auf den Erwerber, bevor das Recht entstehe. Die Vorausübertragung eines Rechts müsse die Vorwirkungen desselben umfassen.[251] Nichts anderes aber als eine solche Vorwirkung sei die Anwartschaft, nämlich kein subjektives Recht, sondern ein künftiges Recht mit spezifischen Vorwirkungen.[252] Die Vorausverfügung entfalte nicht auf einmal ihre volle Wirksamkeit, sondern sukzessiv, bedingt durch den Eintritt der an die Teilverwirklichung des Tatbestandes geknüpften Zwischenrechtsfolgen.[253]

Lempenau befaßt sich mit dem gutgläubigen Erwerb vom Nichtanwärter[254] und vom Scheinanwärter bei bestehendem Vorbehaltskauf[255]. Entgegen der h. L. möchte Lempenau den gutgläubigen Erwerb lediglich beim Erwerb vom Nichtanwärter, und auch nur dann, wenn der Nichtanwärter zunächst als Berechtigter die Anwartschaft gem. §§ 929, 930 übertragen hatte, bejahen. Es sei zwar nicht einzusehen, weshalb das Vertrauen auf den „sachenrechtlichen Teil der Anwartschaft" nicht geschützt werden solle;[256] dies setze aber voraus, daß eine bedingte Übereignung der Sache bereits stattgefunden habe, denn nur dann könne die Bedingung, auf deren Eintritt der Vorauserwerber vertraue, in Wirklichkeit eintreten. Außerdem müsse die bedingte Übereignung an den Veräußerer erfolgt oder die Anwartschaft auf ihn übertragen worden sein, da der Erwerber auf den künftigen Bedingungseintritt beim Veräußerer vertraue, von dem die Wirkung der Vorausübereignung abhänge. Lempenau schließt, die h. L. lasse den gutgläubigen Anwartschaftserwerb nur deshalb in weiterem Umfang zu, weil sie die Anwartschaft als eigenes Recht betrachte, für das der Rechtsschein des Besitzes in demselben Maße sprechen solle wie für das Eigentum. In Wirklichkeit spreche er bei der Vorausübereignung nur dafür, daß der Veräußerer Eigentümer werde, sobald in seiner Person sämtliche Erwerbsvoraussetzungen erfüllt seien.[257]

Mit den Erfordernissen der Möglichkeit des Bedingungseintritts und der zumindest zeitweiligen Anwartschaftsberechtigung des Veräußerers zieht Lempenau die Grenzen für einen gutgläubigen Erwerb, der gerade die Nicht-

---

[251] *Lempenau,* S. 32.

[252] *Lempenau,* S. 38.

[253] *Lempenau,* S. 41.

[254] Beispiel s. S. 33, Fn. 24.

[255] Beispiel s. S. 30, Fn. 5.

[256] *Lempenau,* S. 56 zitiert hier in Fn. 67 *Harry Westermann,* SachenR, 5. Aufl., § 45 III 1.

[257] *Lempenau,* S. 56 f.

berechtigung des Veräußerers zu überwinden vermag, zu eng. Ferner bezieht sich nach Lempenau der gute Glaube des Vorauserwerbers darauf, daß die Bedingung beim Veräußerer eintreten könne, mithin auf dessen Durchgangserwerb; der Besitz müßte damit das künftige Eigentum publizieren. Überzeugender ist es aber, davon auszugehen, der Besitz spreche für die derzeitige Berechtigung des Anwärters.

Dies leitet dazu über, eine Qualifizierung der Verfügung nach der Ansicht Lempenaus vorzunehmen: Im Grunde verfügt der Veräußerer als Nichtberechtigter, denn der Hauptgegenstand der Verfügung, das Eigentum, steht ihm noch nicht zu. Andererseits aber verfügt der Veräußerer auch als Berechtigter, denn die „spezifischen Vorwirkungen" des künftigen Eigentums, die Anwartschaft, stehen ihm gerade zu. Dies erscheint widersprüchlich.[258] Zutreffend ist vielmehr, den Anwärter im Sinne des § 161 als vollberechtigt Verfügenden anzusehen, um eine solche Gemengelage zu vermeiden. Die Schwäche der Auffassung zeigt sich aber in erster Linie darin, für den gutgläubigen Erwerb fast alle Voraussetzungen des Erwerbs vom Berechtigten zu verlangen.

d) Marotzke[259]: Verfügung über fremdes Eigentum als Nichtberechtigter

Auch Marotzke vertritt die Auffassung, die Anwartschaft sei kein vom „Vollrecht" verschiedenes Verfügungsobjekt und führe zu begrifflichen Irrwegen.[260] Marotzke führt aus: Nach dem BGB, das den Begriff des Anwartschaftsrechts nicht kenne, handele es sich bei Verfügungen des Vorbehaltskäufers um nichts anderes – und hierin liegt ein Unterschied zu den bisher genannten Auffassungen – als um Verfügungen eines Nichtberechtigten über das Eigentum des Vorbehaltsverkäufers.[261] Aus § 185 Abs. 2 S. 2 folge, daß mehrere Verfügungen eines Nichtberechtigten für den Fall, daß der Verfügende den Gegenstand nachträglich erwerbe, im Verhältnis zueinander dieselben Wirkungen erzeugten wie gleichlautende Verfügungen eines anfänglich Berechtigten.[262] Jede vermögensmindernde Disposition des Anwärters über den

---

[258] Vgl. *Rinnewitz*, S. 356 f. m. w. N. Außerdem gehe die Vollrechtsverfügung weiter, als es die Interessen der Beteiligten erfordern: Daß der Veräußerer gleichzeitig über ein ihm nicht zustehendes Recht verfüge, sei nicht erforderlich (S. 357).

[259] In: Das Anwartschaftsrecht ein Beispiel sinnvoller Rechtsfortbildung?, 1977.

[260] *Marotzke*, Anwartschaftsrecht, § 2 (S. 18 ff.) und S. 120.

[261] *Marotzke*, Anwartschaftsrecht, S. 25 f.; s. a. S. 127.

[262] *Marotzke*, Anwartschaftsrecht, § 2 I (S. 18 ff.) und § 2 IV 1 (S. 44). § 185 Abs. 2 S. 2 regelt die Konkurrenz nicht miteinander in Einklang stehender Verfügungen über denselben Gegenstand, die mangels Verfügungsbefugnis des Verfügenden zunächst keine Wirksamkeit erlangen. Wird der Mangel später behoben, so hat die zeitlich frü-

durch seine Anwartschaft verkörperten Wert enthalte rechtlich eine Verfügung über das „Vollrecht“ und richte sich nach den für jene geltenden Vorschriften.[263] Eine Verfügung des Anwärters über das „Vollrecht“ betreffe auch seine Anwartschaft als den wirtschaftlichen Wert seiner Position. Besonderheiten könnten nur hinsichtlich der schuldrechtlichen Komponente der Anwartschaft auftreten.[264]

Die Diskussion leide darunter, so fährt Marotzke fort, daß der Bezugspunkt der Gutgläubigkeit noch nicht klar herausgearbeitet worden sei.[265] Den gutgläubigen Erwerb vom Nichtanwärter[266] möchte Marotzke wie die h. L. bejahen, den gutgläubigen Erwerb vom Scheinanwärter bei nicht bestehendem Vorbehaltskauf[267] – weitergehend als die h. L. – dann bejahen, wenn der Erwerber noch bei Bedingungseintritt redlich ist[268]. Beim Erwerb vom Nichtanwärter stehe ganz der Besitz als Rechtsscheinträger im Vordergrund und sei das maßgebliche Argument für die Bejahung eines gutgläubigen Erwerbes. Die Vermutung des § 1006 spreche nur deshalb für das Eigentum des Besitzers, weil der Erwerb des Eigentums grundsätzlich (Ausnahme: Erwerb nach § 931, falls der Veräußerer keinen mittelbaren Besitz habe) mit dem Erwerb des mittelbaren oder unmittelbaren Besitzes verknüpft sei. Die Rechtsscheinstatbestände knüpften also an die Formen der Erwerbstatbestände an. Auch eine bedingte Übereignung sei aber ein Erwerbstatbestand, der den Publizitätsansprüchen der §§ 929 ff. genügen müsse. Folglich spreche § 1006 auch dafür, daß der Besitzer die Sache unter einer aufschiebenden Bedingung erworben habe.[269] Marotzke schließt, daß derjenige, der sich von einem „Scheinanwärter“ eine Anwartschaft übertragen lassen wolle, also auf denselben Rechtsscheintatbestand vertrauen dürfe wie jemand, der sich von einem Scheineigentümer eine Sache aufschiebend bedingt übereignen lasse. Der Erwerber müsse grund-

---

here Verfügung Vorrang vor der später vorgenommenen. Ob dies nur bei zwei sich völlig ausschließenden Verfügungen (z. B. zwei Übereignungen), oder bei jeder Art von Kollision gilt, ist umstritten (s. zur weitergehenden Ansicht *Marotzke,* Anwartschaftsrecht, S. 19 ff. m. w. N.). Ferner fraglich ist, ob § 185 Abs. 2 S. 2 auch auf Verfügungen in der Zwangsvollstreckung Anwendung finden kann, da § 185 lediglich rechtsgeschäftliche Verfügungen im Auge hat. Überwiegend wird er dann analog angewendet (eingehend zum Ganzen m. zahlr. N. *Rimmelspacher,* Rn. 236 ff.). Weitere gesetzliche Regelungen zum Prioritätsprinzip finden sich etwa in den §§ 879; 804 III ZPO.

[263] *Marotzke,* Anwartschaftsrecht, § 2 II (S. 23 ff.) und § 2 IV 4 (S.44).

[264] *Marotzke,* Anwartschaftsrecht, § 2 III 4 (S. 38 ff.) und § 2 IV 5 (S. 44).

[265] *Marotzke,* Anwartschaftsrecht, S. 123.

[266] Beispiel s. S. 33, Fn. 24.

[267] Beispiel s. S. 30, Fn. 2.

[268] *Marotzke,* Anwartschaftsrecht, S. 129 zu (1) und (2).

[269] *Marotzke,* Anwartschaftsrecht, S. 124.

sätzlich nur im Zeitpunkte des Besitzerwerbes gutgläubig sein[270], würde er danach bösgläubig, sei für ihn bzgl. des Bedingungseintritts die objektive Sachlage maßgebend.[271]

Die Bemerkungen zum Rechtsschein des Besitzes haben dem Autor Kritik eingebracht[272]. Es ist in der Tat zumindest fraglich, ob der gute Glaube an eine künftige Rechtslage als schützenswert angesehen werden kann. Denn die §§ 932 ff. betonen den Besitzwechsel als Zeitpunkt für den erforderlichen guten Glauben. Nach Marotzke aber ist das Vertrauen auf die Behauptung des Verfügenden, er werde mit Zahlung Eigentümer, schützenswert, da er durch den Besitz legitimiert sei. Der Besitz soll das Vertrauen in die Rechtsstellung rechtfertigen, die zur Zeit des Besitzes besteht.[273] Es erscheint als nicht folgerichtig, wenn Marotzke sich durch Überdehnung des Rechtsscheintatbestandes Besitz, der auch das künftige (Durchgangs-) Eigentum publizieren soll, der Rechtsscheinsauffassung der Anwartschaftslehre annähert, damit aber die eigene Grundkonzeption (Verfügung eines Nichtberechtigten, nach der der Besitz das jetzige Eigentum ausweisen müßte) aufgibt. Diese Inkonsequenz zeigt sich schon darin, daß er sich mit dem ersten Kritiker des Besitzes als Rechtsscheinträger für das Anwartschaftsrecht, Flume, auseinandersetzt[274], was von Marotzkes Standpunkt an sich gar nicht einzusehen ist. Im Ergebnis mag dieser Umstand aber auch zeigen, daß in der Sache die Unterschiede zwischen Prioritätsprinzip und Anwartschaftslehre zumindest überwindbar sind.

Um zu demonstrieren, wie die Lehre von der Anwartschaft den Blick auf die Kernfrage eines Falles verstellen könne, bildet Marotzke folgenden Fall: Die Parteien eines unerkannt nichtigen Eigentumsvorbehaltskaufs wickeln diesen ab und der nunmehr vermeintliche Eigentümer (der ehemalige Vorbehaltskäufer) veräußert die Sache an einen redlichen Zweiterwerber weiter. Hier bestünde kein Zweifel, daß der Zweiterwerber redlich Eigentümer werden würde; anders aber würde die Anwartschaftslehre entscheiden, wenn der Zweiterwerber erst nach Verfügung des Vorbehaltskäufers die ausstehende Rate an den Eigentümer gezahlt hätte. Denn dann hätte ja der Zweiterwerber ein Anwartschaftsrecht nicht erwerben können.[275] Marotzke billigt hierbei die „übrigens gar nicht falsche" Prämisse der h. L., wonach mangels schuldrecht-

---

[270] *Marotzke,* Anwartschaftsrecht, S. 125 f.

[271] *Marotzke,* Anwartschaftsrecht, S. 124.

[272] *Rinnewitz,* S. 433 f.; *Krüger,* JuS 1994, S. 906 Fn. 14 (zu dessen Kritik s. unten S. 123 f. zu Fn. 9).

[273] *Rinnewitz,* S. 433 f.

[274] *Marotzke,* Anwartschaftsrecht, S. 124 f.

[275] Vgl. *Marotzke,* Anwartschaftsrecht, S. 126 f.

licher Forderung ein Bedingungseintritt unmöglich sei. Scheinbar logisch ließe sich dann das Argument anführen, daß mangels Anwartschaftsrechtserwerbs ein Erwerb des Vollrechts ausgeschlossen sei. Nach der Anwartschaftslehre käme ein Schutz des guten Glaubens an den Durchgangserwerb des verfügenden Vorbehaltskäufers nicht in Betracht, da der Zweiterwerber seinen eigenen Erwerbsakt kenne und so ein Durchgangserwerb des Vorbehaltskäufers vereitelt würde.[276]

Dementgegen will Marotzke hier den guten Glauben an den Durchgangserwerb gem. § 932 analog schützen, wenn der Zweiterwerber sowohl zur Zeit des Besitzerwerbes als auch bei Zahlung der letzten Kaufpreisrate an den Eigentümer gutgläubig ist. Denn der Zweiterwerber stelle sich einen Sachverhalt vor, der es ihm rechtlich ermögliche, die Verfügung des nichtberechtigten Vorbehaltskäufers nach §§ 455, 158 Abs. 1, 185 Abs. 2 S. 1 Fall 2 durch Herbeiführen des Bedingungseintritts wirksam werden zu lassen. Marotzke ist der Auffassung, ihm sei vor der letzten Ratenzahlung ohne grobe Fahrlässigkeit unbekannt, daß die Sache nicht wenigstens im juristisch-logischen Sinne dem Veräußerer (dem Vorbehaltskäufer) gehöre; er sei mithin gutgläubig. § 932 werde analog angewandt, weil der Zeitpunkt der Gutgläubigkeit nicht bei Übergabe, wie es § 932 eigentlich verlange, vorliege, sondern erst bei Bedingungseintritt.[277]

Die Ausführungen Marotzkes sind im Ergebnis überzeugend. Sie gewichten angemessen den Verkehrsschutz und klammern sich zumindest im Ergebnis nicht an die unbewiesene Prämisse der Anwartschaftslehre der Abhängigkeit des Anwartschaftsrechts von der Kaufpreisforderung. Es wird aber nicht klar, wieso er, ausgehend von seiner dogmatischen Grundkonzeption der Verfügung über fremdes Eigentum, doch immer wieder auf die Notwendigkeit des Bedingungseintritts zu sprechen kommt. Das Erfordernis eines Bedingungseintritts läßt sich doch nur dann begründen, wenn man wie etwa die Lehre von der Vorausverfügung als Verfügungsgegenstand die Berechtigung des Anwärters annimmt, und nicht das Eigentum des Vorbehaltsverkäufers. Denn letzteres ist nicht – durch die Zahlung aufschiebend – bedingt.

Bedenken an der Tauglichkeit von Vergleichen der bedingten mit der unbedingten Übereignung wurden bereits angemeldet. Das von Marotzke eingangs gewählte Beispiel ist aber deshalb gelungen, weil der Vorbehaltskäufer erst nach dem vermeintlichen Bedingungseintritt (kein wirksamer Vorbehaltskauf!) über das Eigentum verfügt. Es erscheint durchaus möglich, daß die h. L. die Abhängigkeit der Anwartschaft vom Kaufvertrag nach vermeintli-

---

[276] *Marotzke,* Anwartschaftsrecht, S. 127.

[277] *Marotzke,* Anwartschaftsrecht, S. 127 f.

chem Bedingungseintritt und Weiterveräußerung des Vollrechts lockert, so daß ein gutgläubiger Erwerb möglich ist; ganz zweifelsfrei ist dies entgegen der Auffassung Marotzkes aber nicht. Die Lösung des Beispielsfalls liegt aber gar nicht darin begründet, ob nun der Anwartschaftslehre oder der Lehre von der Verfügung eines Nichtberechtigten zu folgen ist; die Lösung liegt vielmehr in der fehlenden Abhängigkeit der Anwartschaft vom Kaufvertrag. Denn legt man die Unabhängigkeit der Anwartschaft vom Kaufvertrag zugrunde, kommt man unproblematisch zum offenbar allseits gebilligten Erwerb des Geschäftspartners des Vorbehaltskäufers, und zwar vom Berechtigten, da durch die letzte Zahlung der Vorbehaltskäufer – trotz unwirksamen Vorbehaltskaufs – Eigentümer geworden ist. Die Wahl des Verfügungsgegenstands oder des Bezugspunkts des guten Glaubens hingegen vermag diese Frage nicht überzeugend zu klären.

Zu Unrecht wirft die Kritik Marotzke vor, der Dritterwerber sei hier bösgläubig, da er bei dem für den redlichen Erwerb entscheidenden Akt des Besitzwechsels von der Nichtberechtigung des Veräußerers Kenntnis habe. Die Kritik behauptet, er vertraue vielmehr erst nach Besitzwechsel bei Kaufpreiszahlung auf das Durchgangseigentum des Veräußerers, weshalb hier ein gutgläubiger Erwerb ausscheide.[278] Denn dieser Schwierigkeit geht Marotzke dadurch aus dem Weg, daß er § 932 analog anwendet: Es wäre sinnlose Förmelei, den Erwerb des Zweiterwerbers davon abhängig zu machen, daß dieser sich bei Bedingungseintritt nochmals mit dem Veräußerer einige und so die Voraussetzungen der §§ 929 S.2, 932 erfülle.[279]

Schließlich wird kritisiert, daß beim Erwerb vom Scheinanwärter bei nicht bestehendem Vorbehaltskauf[280] das Durchgangseigentum des Veräußerers nur vordergründig der Bezugspunkt des guten Glaubens sei. Bei genauerer Analyse handele es sich hier um Gewährung von Gutglaubensschutz hinsichtlich des Bestands einer Forderung. Der Dritte wisse, daß der Veräußerer nur (Durchgangseigentum) erwerben könne, wenn die Bedingung eintrete; dies sei aber nur möglich, wenn die Kaufpreisforderung auch bestehe. Das Vorliegen einer solchen Verbindlichkeit sei Voraussetzung für den guten Glauben an den Bedingungseintritt.[281]

Dem ist zu widersprechen. Denn auch eine genauere Analyse macht nicht die abstrakte Verfügung über das Vollrecht Eigentum von einer Kaufpreisforderung abhängig. Die Kritik argumentiert aus der Sicht der – in diesem Punkt

---

[278] *Rinnewitz,* S. 455.

[279] *Marotzke,* Anwartschaftsrecht, S. 128.

[280] Beispiel s. S. 30, Fn. 2.

[281] *Rinnewitz,* S. 454 f.

ohnehin irrigen – Anwartschaftslehre, die Marotzke aber gerade nicht vertritt. Die Verfügung eines Nichtberechtigten wird unabhängig von einer Kaufpreisforderung wirksam. Die Kritik geht also insoweit fehl.

Abschließend untersucht Marotzke noch folgenden Sachverhalt: Der Vorbehaltskäufer schließt einen wirksamen Kaufvertrag, die aufschiebend bedingte Übereignung schlägt aber fehl (insoweit Erwerb vom Scheinanwärter bei bestehendem Vorbehaltskauf[282]). Nach Erfüllung des Kaufvertrages, von der die Parteien nichts wissen, verfügt der Vorbehaltskäufer zugunsten des redlichen Zweiterwerbers (insoweit die Variante, daß es vor Veräußerung zum Bedingungseintritt kommt).[283] Nach Marotzke erhält dieser gem. § 932 analog das Eigentum. Denn die Erfüllung des Kaufpreisanspruchs sei die Bedingung, die den Eigentumsverlust des Vorbehaltsverkäufers/Eigentümers auslösen würde, wenn die Übereignung an den Vorbehaltskäufer nicht fehlgeschlagen wäre. Aus § 932 ergebe sich, daß das dingliche Bestandsinteresse des Eigentümers gegenüber dem Erwerbsinteresse des Zweiterwerbers zurücktreten müsse; ein dinglich geschütztes Interesse des Vorbehaltskäufers bestehe nicht, da dieser nie Eigentümer der Sache gewesen sei. Die Anwartschaftslehre hingegen käme dazu, daß der Zweiterwerber nichts erhielte, da keine Kaufpreisforderung mehr bestehe, mit deren Erfüllung die ohnehin nie bestehende Anwartschaft noch zum „Vollrecht" erstarken könne.[284]

Auch hier münden die zutreffenden sachlichen Erwägungen in ein überzeugendes Ergebnis. Von einer Verfügung über die Anwartschaft ist aber selbst nach der Anwartschaftslehre nicht auszugehen, da man in solchen Fällen den Gedanken zugrundelegt, daß es für die Auslegung unter Berücksichtigung des hypothetischen Parteiwillens auf die wahre und nicht die vorgestellte Sachlage ankommt. Danach hätten die Parteien den Bedingungseintritt in ihren Willen einbezogen, so daß deshalb hier von einer Übertragung des Eigentums auszugehen ist, die mangels Berechtigung des Veräußerers zu einer unmittelbaren Anwendung des § 932 führt.[285]

Abschließend ist an der dogmatischen Konzeption Marotzkes zu kritisieren, daß die weite Interpretation des Prioritätsprinzips, wonach nicht nur begrifflich sich ausschließende, sondern auch sich in ihrer Wirkung beeinträchtigen-

---

[282] Beispiel s. S. 30, Fn. 5.

[283] Das Bsp. ist unnötig kompliziert, wenn man wegen des Bestehens der Kaufpreisforderung den Bedingungseintritt für möglich hält. Denn dann kommt es auf die fehlgeschlagene bedingte dingliche Einigung für die besprochene Problematik nicht an. Damit hätte der erste Teil des Beispiels weggelassen werden können.

[284] *Marotzke,* Anwartschaftsrecht, S. 129 f.

[285] Vgl. oben S. 87 und Fn. 208 f.

de Verfügungen unter § 185 Abs. 2 S. 2 fallen, wohl nicht der gesetzlichen Interessenentscheidung gerecht wird. Denn das Gesetz hat beispielsweise die Rechtsstellung des Pfändungspfandgläubigers an einer dem Schuldner nicht gehörenden Sache rechtlich nicht gesichert. Derartige Pfändungen sind schutzlos, da sie der Interventionsklage (§ 771 ZPO) ausgesetzt sind. Erst bei einer Verfügung über einen gegenwärtigen Vermögenswert erscheint es sachgerecht, diese mit Wirkung für den anschließenden Vollerwerb unangreifbar zu machen.[286] Dies und die fragwürdige Bewertung des Besitzes als Rechtsscheinsträger für eine künftige Rechtsposition zwingen letztlich dazu, auch diese Ansicht abzulehnen. Im übrigen ist fraglich, ob man der Rechtsstellung des Anwärters gerecht wird, wenn man ihn als nichtberechtigt über das Eigentum des Vorbehaltsverkäufers Verfügenden ansieht. Damit erscheint § 161 nicht ausreichend Rechnung getragen, der dem Vorbehaltskäufer eine eigene Rechtsposition zugesteht, in deren Hinsicht er auch als Berechtigter verfügen wollen wird.

e) Egert[287]: Aufschiebend bedingte Verfügung über ein fremdes Recht für den Fall des eigenen Erwerbs

Nach Egert stellt die Verfügung über die Anwartschaft des bedingt Berechtigten lediglich einen Unterfall der Verfügung über fremde Rechte dar. Egert argumentiert, die Feinheit der gesetzlichen Regelung mache die Frage nach der Möglichkeit einer gesonderten Verfügung über Anwartschaften gegenstandslos. Man veräußere eine Sache entweder als Berechtigter (Eigentümer) oder als Nichtberechtigter (Nichteigentümer): tertium non datur. Die Anwartschaft auf das Eigentum übertragen heiße, dessen Übergang für den Fall des Erwerbs des Übertragenden vereinbaren.[288] Eine solche „Verfügung für den Fall des Rechtserwerbs" setze das Vorhandensein einer Anwartschaft nicht voraus. Die h. L. vernachlässige die Parteiinteressen, wenn sie der Verfügung des Nichtberechtigten durch eine Beschränkung des Prioritätsprinzips (§ 185 Abs. 2 S. 2) den (vollen) Schutz gegen Zwischenverfügungen nehme; sie gelange zu bedenklichen, artifiziellen Unterscheidungen.[289]

Egert führt weiter aus: Wenngleich die „Verfügung für den Fall des Rechtserwerbs" inhaltlich nur auf künftige Wirkungen gerichtet sei, handele es sich

---

[286] *Forkel,* Grundfragen, S. 72; *Flume,* Rechtsgeschäft, § 58; *Gerhard Reinicke,* MDR 1959, S. 615; *Rinnewitz,* S. 353 m. w. N.

[287] In: Die Rechtsbedingung im System des bürgerlichen Rechts, 1974.

[288] *Egert,* S. 115 f.

[289] *Egert,* S. 116.

doch nicht um die Verfügung eines „Berechtigten", denn „Nichtberechtigter" im technischen Sinne des § 185 sei einfach jeder, dem zur Zeit der Verfügung die Dispositionsbefugnis fehle[290]. Erkenne man die Vorrangwirkung der bedingten Verfügung an, so entbehre die Konstruktion eines unmittelbaren Rechtsübergangs bei Übertragung des Anwartschaftsrechts überhaupt jeder praktischen Bedeutung.[291]

Egert befaßt sich mit dem Erwerb vom Nichtanwärter[292] und vom Scheinanwärter bei bestehendem Vorbehaltskauf[293]. Beidemal wird die Möglichkeit des redlichen Erwerbs bejaht. Bei Bedingungseintritt beim Erwerb vom Nichtanwärter, der zuvor seine Anwartschaft gem. §§ 929, 930 an die Bank B übertragen hat, erwerbe der redliche Zweiterwerber, und nicht etwa die Bank B.[294] Denn das Prioritätsprinzip werde durch die Vorschriften über den redlichen Erwerb, § 161 Abs. 3, modifiziert: Der bedingt Berechtigte dürfe nicht besser gestellt werden als der Vollberechtigte. Auch der unbedingt Erwerbende laufe gegebenenfalls die Gefahr eines Rechtsverlustes wegen redlichen Erwerbs.[295]

Beim Erwerb vom Scheinanwärter bei bestehendem Vorbehaltskauf behandelt Egert das Beispiel, bei dem der Erwerber bösgläubig ist[296]. Er führt aus: Durch Kaufpreiszahlung des Vorbehaltskäufers an den Vorbehaltsverkäufer werde der redliche Zweiterwerber Eigentümer, wenn er in bezug auf das Eigentum des *Vorbehaltsverkäufers*[297] gutgläubig sei. Der gute Glaube des Zweiterwerbers dürfte im Zeitpunkt seines Vertragsschlusses mit dem Vorbehaltskäufer genügen, da der Verfügungsakt des Vorbehaltsverkäufers schon bei der Weiterveräußerung des Vorbehaltskäufers vorgelegen und nur noch die

---

[290] *Egert,* S. 117.

[291] *Egert,* S. 118 m. w. N.

[292] Beispiel s. S. 33, Fn. 24.

[293] Beispiel s. S. 30, Fn. 5.

[294] *Egert,* S. 91.

[295] *Egert,* S. 89 f. Ferner, so Egert, folge die Berücksichtigung der Gutglaubensvorschriften aber noch daraus, daß Konvaleszenz die Rückführung eines regelwidrigen Schwebezustandes auf den Regelfall bedeute. Wäre bei sofortiger Wirksamkeit der Rechte die Priorität durch das Eingreifen der Gutglaubensvorschriften durchbrochen, hätte also nicht der erste Erwerber das Recht, sondern – kraft seines guten Glaubens – ein zweiter Erwerber das Recht erworben, dann könne dies bei anfänglichem Wirksamkeitsmangel nicht anders sein, da andernfalls die Heilungswirkungen über die im Normalfall erzielbaren Rechtswirkungen hinausgreifen würden, die Konvaleszenz also nicht normale Verhältnisse wiederherstellen, sondern Regelwidrigkeiten schaffen würde (S. 90).

[296] Beispiel s. S. 30, Fn. 5.

[297] Hervorhebung vom Verf.

Bedingung geschwebt habe.[298] Egert schließt, daß maßgebender Zeitpunkt des guten Glaubens der Geschäftsabschluß sei, nicht erst der Bedingungseintritt. Denn das in den §§ 161 Abs. 1, 185 Abs. 2 S. 2 und 1209 und allen Rückwirkungsanordnungen formulierte Prioritätsprinzip bedeute nicht nur Unschädlichkeit der zwischenzeitlichen Verfügungen und Verfügungsbeschränkungen des Veräußerers, sondern überhaupt, was die Entstehungsvoraussetzungen des Rechts anlange, dessen Datierung auf den Zeitpunkt der Begründung (der Tatbestandsverwirklichung), nicht der Entstehung (des Bedingungseintritts).[299]

Es verwundert zunächst, daß Egert für die Frage des gutgläubigen Erwerbs vom Scheinanwärter eine Fallkonstellation wählt, bei der ein Vorbehaltskauf besteht; nach seinem dogmatischen Verständnis kann es darauf aber nicht ankommen. Er geht dann auch gar nicht auf die Besonderheit des Bestehens einer Kaufpreisforderung ein.

Zweifel an der Lösung Egerts bestehen darin, daß er als Bezugspunkt des guten Glaubens das Eigentum des Vorbehaltsverkäufers zum Zeitpunkt des Geschäftsabschlusses sieht. Der Autor hält den gutgläubigen Erwerb vom Scheinanwärter bei bestehendem Vorbehaltskauf[300] für möglich, wenn der Zweiterwerber gutgläubig bzgl. des Eigentums nicht etwa seines Vertragspartners, des Vorbehaltskäufers, sondern des *Vorbehaltsverkäufers* ist, mit dem er in keinerlei vertraglicher Beziehung steht[301]. Gem. § 932 Abs. 2 aber kommt es für die Gutgläubigkeit des Erwerbers darauf an, daß er nicht oder nicht infolge grober Fahrlässigkeit nicht weiß, daß die Sache dem Veräußerer nicht gehört. Veräußerer ist aber der Vertragspartner, also der Vorbehaltskäufer. Nur der gute Glaube an dessen Eigentum wird geschützt, nicht aber der gute Glaube an die Berechtigung einer dritten Person (des Vorbehaltsverkäufers). Damit hat Egert den Bezugspunkt des guten Glaubens falsch gewählt.

Außerdem sei fraglich, so eine Stimme in der Literatur[302] unter Zugrundelegen des Abhängigkeitsdogmas, wieso ein gutgläubiger Erwerb leichter mög-

---

[298] *Egert,* S. 105 f.

[299] *Egert,* S. 102 f. Und weiter: Die Nichtanordnung der Rückwirkung in §§ 161 I und 185 II 2 beruhe offenbar nicht auf der Absicht, die Geschäftswirkung hier nur in geringerem Maße gegen zwischenzeitliche nachteilige Veränderungen in der Rechtssphäre des Verfügenden zu schützen, sondern auf dem Umstand, daß die gewillkürte Bedingung regelmäßig eine Befristung in sich begreife (condicioni inest dies) und daß die Konvaleszenz durch Rechtserwerb und Beerbung keine Vergangenheitswirkungen zeitigen dürfe. Unter diesen Gesichtspunkten sei auch der zwischenzeitliche Fortfall des guten Glaubens des Erwerbers zu sehen.

[300] Beispiel s. S. 30, Fn. 5.

[301] *Egert,* S. 105 unten.

[302] *Marotzke,* Anwartschaftsrecht, S. 128 Fn. 28.

lich sein solle als der Erwerb vom Berechtigten: Denn nach Egert werde zwar der gute Glaube an das Eigentum des Erstverfügenden (des Vorbehaltsverkäufers) geschützt, dessen Verfügung könne aber in bestimmten Fällen als Verfügung eines Berechtigten nicht wirksam werden, z. B. dann nicht, wenn der Scheinanwärter seine angebliche Anwartschaft veräußert, der Vorbehaltsverkäufer aber schon vom Kauf zurückgetreten war.

Die Gutgläubigkeit des Erwerbers im Moment des Vertragsschlusses[303] ergibt sich entgegen der Behauptung Egerts auch nicht unter anderen Gesichtspunkten: Da als Bezugspunkt das vermeintliche Anwartschaftsrecht des Verfügenden wegen Egerts Konzeption nicht in Betracht kommt, blieben damit nur der Vorschlag Marotzkes, den guten Glauben auf das Durchgangseigentum zu beziehen (was aber bedenklich ist, s. o.), wobei der redliche Zweiterwerber aber noch bei Bedingungseintritt gutgläubig sein müßte; oder der – von der Konzeption her überzeugendste – Vorschlag Kupischs, den Zweiterwerber als bösgläubig anzusehen, da er nun mal vom fehlenden Eigentum des Veräußerers wisse. Allerdings der von Egert vorgeschlagene Mittelweg ist angesichts der konstruktiven Defizite, obgleich ansprechende Ergebnisse gefunden werden, nicht gangbar.

In Hinsicht auf die dogmatische Ausgangssituation geht Egert davon aus, daß die h. L. fälschlicherweise bei Weiterverfügungen des bedingt Berechtigten zwischen der Verfügung über das zu erwerbende Recht und der Verfügung über die Anwartschaft auf dieses Recht unterscheide, denn in Wirklichkeit bezeichnete man mit diesen Begriffen nur verschiedene Seiten ein und desselben juristischen Vorgangs. Das eine Mal bezeichne man damit seine rechtliche Konstruktion und das andere Mal seine wirtschaftliche Funktion. Zu Unrecht glaube daher die h. L. an eine Gesetzeslücke.[304] Die Konstruktion der aufschiebenden Bedingung ist aber insoweit nicht überzeugend, als sie davon ausgeht, der (scheinbar) bedingt Berechtigte wolle mehr übertragen als er gegenwärtig hat. Er will nicht das Vollrecht bedingt, sondern das bedingte Recht, das er derzeit schon innehat, unbedingt übertragen. Geht man von einer bedingten Vollrechtsübertragung aus, so wird man dem Parteiwillen nicht gerecht.[305]

---

303 – ungeachtet des Umstands, daß wohl richtiger auf die Übergabe als den maßgeblichen Publizitätsakt abzustellen wäre –

304 *Egert,* S. 114.

305 Vgl. *Rinnewitz,* S. 357 f. m. w. N.

f) Eichenhofer[306]*: Die Pendenztheorie*

Eichenhofer wiederbelebt die unter der Herrschaft des Gemeinen Rechts vertretene Pendenztheorie. Nach ihr verfügt der unter einer aufschiebenden Bedingung Berechtigte als Nichtberechtigter über die Sache, wobei sich die Wirksamkeit der Verfügung nach § 185 Abs. 2 S. 1 Fall 2 beurteilt. Die Verfügung des Vorbehaltskäufers über das Eigentum konvalesziert rückwirkend, wenn der Kaufpreisrest bezahlt ist. Rechtsgeschäftliche Bedingungen wirken auf den Zeitpunkt des die Bedingung setzenden Geschäfts zurück.[307]

Eichenhofer meint, § 159 stehe dem nicht entgegen; denn § 161 unterscheide sich nur geringfügig davon, daß die Bedingung zurückwirke. Die Pendenzlehre finde mithin in § 161 eine gesetzliche Grundlage.[308] Die Anwartschaftslehre ihrerseits verstoße gegen den Numerus clausus der Sachenrechte.[309] Wegen ihrer größeren Einfachheit enthalte die Pendenztheorie auch geringere Fehlerquellen, denn man benötige nur eine Denkoperation statt zweier.[310] Beide Lehren seien zwar gleich universal[311], der Pendenzlehre sei aber in höherem Ausmaße eine systembildende Kraft zu bescheinigen[312]. Schließlich könne die Anwartschaftslehre nicht erklären, was der Anwärter eigentlich gehabt habe, wenn die Bedingung ausfalle.[313]

Eichenhofer behandelt den Erwerb vom Nichtanwärter[314] und vom Scheinanwärter bei nicht bestehendem Vorbehaltskauf[315]. Er kommt zu den gleichen Ergebnissen wie die Anwartschaftslehre, indem er im ersten Fall den gutgläubigen Erwerb bejaht, im zweiten hingegen verneint. Eichenhofer argumentiert: Bei Eintritt der Bedingung gelte die dem Vorbehaltsverkäufer an den Vorbehaltskäufer pendente condicione vollzogene Übereignung rückwirkend als wirksam. Habe sich dieser zwischenzeitlich seines unmittelbaren Besitzes an einen Dritten begeben, und habe dieser Verfügungen gegenüber einem redlichen Erwerber getroffen, so gelte dieser gem. § 932 als Eigentümer, wenn er im Zeitpunkt des Erwerbes die fehlende Verfügungsberechtigung des Veräuße-

---

306 In: AcP 185 (1985), S. 162 ff.

307 *Eichenhofer,* AcP 185 (1985), S. 170 f.

308 *Eichenhofer,* AcP 185 (1985), S. 193.

309 *Eichenhofer,* AcP 185 (1985), S. 195.

310 *Eichenhofer,* AcP 185 (1985), S. 196.

311 *Eichenhofer,* AcP 185 (1985), S. 198.

312 *Eichenhofer,* AcP 185 (1985), S. 200.

313 *Eichenhofer,* AcP 185 (1985), S. 201.

314 Beispiel s. S. 33, Fn. 24.

315 Beispiel s. S. 30, Fn. 2.

rers nicht gekannt habe oder darüber nicht[316] grob fahrlässig im Unklaren gewesen sei. Der Erwerber werde mithin so behandelt, als ob ihm Eigentum übertragen worden wäre.[317]

Beim Erwerb vom Scheinanwärter bei nicht bestehendem Vorbehaltskauf[318] scheitere ein gutgläubiger Erwerb aber daran, so Eichenhofer weiter, daß kein Bedingungsumstand rechtsgeschäftlich gesetzt worden sei und somit die Voraussetzung für die Rückwirkung einer Bedingung fehle. Hieran zeige sich die dingliche Abhängigkeit von dem die Bedingung setzenden Kausalgeschäft.[319]

Auch wenn die Pendenzlehre zu akzeptablen Ergebnissen kommt, ist sie doch de lege lata nicht vertretbar. Die Kritik an der Anwartschaftslehre kann vom Standpunkt einer nicht mit dem Gesetz zu vereinbarenden Lehre nicht überzeugen. Die Pendenzlehre verstößt gegen § 159, der eindeutig festlegt, daß mit dem Bedingungseintritt keine Rückwirkung der Rechtsänderung verbunden ist. Lediglich Verpflichtungen, die die Wirkungen des Bedingungseintritts zurückbeziehen, sind gem. § 159 möglich.[320] Daß § 159 der Pendenzlehre nicht entgegen stehe, da sich § 161 nur geringfügig von einer dinglichen Rückwirkung der Bedingung unterscheide und deshalb die Pendenzlehre in § 161 eine gesetzliche Grundlage finde[321], ist falsch. Denn §§ 159, 161 stellen nun einmal, wie Eichenhofer selbst zugibt, gerade den Unterschied zur Pendenztheorie dar. Sollte dieser auch geringfügig sein, so änderte das nichts an der Unhaltbarkeit der Pendenzlehre nach geltendem Recht.[322]

g) Abschließende Stellungnahme

Auch mit der Lehre von der Vorausverfügung über das künftige Eigentum unter Berücksichtigung des für die Wertungsentscheidungen maßgeblichen Prioritätsprinzips lassen sich im wesentlichen die gleichen, dem Vorbehalts-

---

[316] Das Wörtchen „nicht" vergißt Eichenhofer offenbar, AcP 185 (1985), S. 178.

[317] *Eichenhofer,* AcP 185 (1985), S. 178.

[318] Beispiel s. S. 30, Fn. 2.

[319] *Eichenhofer,* AcP 185 (1985), S. 179.

[320] BGHZ 10, 72; *Palandt/Heinrichs,* § 159 Rn. 1; *Staudinger/Bork,* § 158 Rn. 3, 20 f.

[321] *Eichenhofer,* AcP 185 (1985), S. 193.

[322] Ebenso *Staudinger/Bork,* § 158 Rn. 3.

käufer günstigen Ergebnisse erreichen[323]. Die übrigen Ansichten vermögen wegen ihrer dogmatischen Konzeption und den bisweilen artifiziell wirkenden Unterscheidungen beim gutgläubigen Erwerb nicht zu überzeugen. Abgesehen davon, daß die Anwartschaftslehre mit der Annahme, der Anwärter verfüge über seine gegenwärtige Rechtsposition, § 161 Abs. 1 S. 1 besser gerecht wird, ist die Vorausverfügung über das künftige Eigentum nach Ansicht der Kritik der Anwartschaftslehre in zwei weiteren Bereichen unterlegen. Zunächst gebe es *keinen konkursfesten Erwerb des Dritten im Konkurs des verfügenden Vorbehaltskäufers.* Gegen die bindende Vorausverfügung wird geltend gemacht, das künftige Eigentum gehöre noch nicht zum haftenden Vermögen des verfügenden Vorbehaltskäufers, sondern zu dem des Vorbehaltsverkäufers, von dem der Verfügende das Eigentum erst in Zukunft erwerben wolle. Die Rechtslage sei keine andere als bei der Vorausverfügung über künftige Forderungen. § 15 KO hindere den Eigentumserwerb des Dritten, der voraussetze, daß zunächst der Nichtberechtigte das Eigentum erwerbe (§ 185 Abs. 2). Mit dem Eigentumserwerb des nichtberechtigt Verfügenden falle das Eigentum aber in dessen Konkursmasse. Da aber die Rechtsfolge eine andere sei, wenn dem künftigen Gemeinschuldner im Zeitpunkt seiner Verfügung schon die Sache aufschiebend bedingt übereignet gewesen sei, müsse die Rechtsstellung desjenigen, der aufschiebend bedingtes Eigentum erworben habe, eine andere sein als die des Nichtberechtigten, der über künftiges Eigentum verfüge, das ihm noch nicht einmal bedingt übertragen worden sei. Die Kritik schließt, daß der Vorbehaltskäufer, dem die Sache bedingt übereignet sei, über eine aus § 161 abzuleitende gegenwärtige haftungsrechtliche Zuordnung verfüge, während der Nichteigentümer, der noch kein Anwartschaftsrecht habe, über eine künftige Haftungsordnung disponiere.[324] Die Anwartschaftslehre führe somit zu einem konkursfesten Erwerb des Dritten.

Ob dies aber der Lehre von der Vorausverfügung den Boden entzieht, ist fraglich: Denn man setzt sich dem Vorwurf aus, normative Entscheidungen aus Deduktionen von Begriffen herzuleiten, wenn man eine gewisse Rechtsfolge postuliert und daran als scheinbar konsequente Folge ein logisches Ergebnis anknüpft („Da aber die Rechtsfolge eine andere ist ... muß die Rechtsstellung ... eine andere sein ...“[325]). Außerdem ist nicht gesagt, daß nicht die

---

[323] Vgl. *Rimmelspacher,* Rn. 266, der aber zu Unrecht die Lehre von der Vorausverfügung über das künftige Eigentum (Kupisch) mit der Verfügung eines Nichtberechtigten (Marotzke), bei der es keine Bindungswirkung im Sinne Kupischs gibt, gleichsetzt (Rn. 228).

[324] *Jaeger/Henckel,* § 15 KO Rn. 63; s. a. *Rinnewitz,* S. 350 f. m. w. N. und *Rimmelspacher,* Rn. 268.

[325] *Jaeger/Henckel,* § 15 KO Rn. 63 Mitte.

Lehre von der Vorausverfügung zu einem gleichen Ergebnis käme, etwa indem sie der Überzeugung, der Vorbehaltskäufer solle eine starke Sicherung anbieten können[326], dadurch zum Durchbruch verhülfe, § 15 KO im vorliegenden Fall zugunsten des Dritten, der vom Vorbehaltskäufer dessen künftiges Eigentum erworben hat, teleologisch zu reduzieren. Dadurch würde die Norm nicht angewandt, obwohl sie ihrem Wortlaut nach zuträfe.[327] Denn, so ließe sich argumentieren, die Benachteiligung des Dritten entspreche nicht Sinn und Zweck des § 15 KO, da dieser nicht beabsichtige, die Konkursgläubiger dem Abnehmer des anerkanntermaßen durch § 161 Abs. 1 stark gesicherten Vorbehaltskäufers gegenüber zu bevorzugen.

Der andere Kritikpunkt an der Lehre von der Vorausverfügung setzt bei der *nicht heilbaren Pfändung eines schuldnerfremden Rechts* an. Hier zeige sich die beschränkte Tragweite des § 185 Abs. 2 S. 2, denn die Pfändung sei völlig wirkungslos und auch nicht durch einen nachfolgenden Erwerb heilbar.[328] Denn, so wird kritisiert, die Pfändung z. B. einer Forderung setze einen Anspruch des Vollstreckungsschuldners gegen den Drittschuldner voraus, dessen Erfüllung diesem verboten werden könne.[329] Bei Konkurrenz mit einer zeitlich später liegenden Verfügung werde nur diese Verfügung, nicht jene Pfändung wirksam. Anders aber im Hinblick auf § 161: Bei bedingter Übertragung des Anspruchs sei der Veräußerer nicht mehr allein, sondern nur gemeinsam mit dem Erwerber empfangszuständig.[330] Das sei aber gerade die Situation, an die § 829 ZPO anknüpfe: Dem Erwerber könne verboten werden, an der Einziehung mitzuwirken, dem Drittschuldner könne untersagt werden, an (Zedent und) Zessionar zu leisten. Hier sei also ein Drittschuldner als Adressat des Arrestatoriums vorhanden. Mithin liege ein taugliches Objekt der Pfändung vor.[331]

Aber auch diese Kritik überzeugt nicht. Denn sie krankt schon daran, daß sie an zwei Punkten auf sehr wackligen Füßen steht: Zum einen ist es nicht allgemein anerkannt, daß die Pfändung in ein schuldnerfremdes Recht nicht heilbar ist; zum andern wird die gemeinsame Empfangszuständigkeit von Zedent und Zessionar bei bedingter Übertragung des Anspruchs bestritten.[332] Es wird insoweit auch zu sehr mit konstruktiven Überlegungen argumentiert. Auf

---

[326] Z. B. *Kupisch,* JZ 1976, S. 424 zu III 2 a.

[327] *Palandt/Heinrichs,* Einl. vor § 1 Rn. 41.

[328] *Rimmelspacher,* Rn. 267 m. w. N. auch zur Gegenansicht in Fn. 29.

[329] BGHZ 56, 339 (350 f.).

[330] *Rimmelspacher,* Rn. 267 m. w. N. auch zur Gegenansicht in Fn. 31.

[331] *Rimmelspacher,* Rn. 267; *Rinnewitz,* S. 349 f.

[332] Nachweise s. bei *Rimmelspacher,* S. 67 in Fn. 29 und 31.

die Bewertung der Interessen scheint es nicht anzukommen. Die obigen Schlußfolgerungen lassen einen eindeutigen Vorteil der Anwartschaftslehre nicht erkennen. Für sie spricht nur die dogmatische Überlegenheit, dem Anwärter ein eigenes, verfügbares Recht zuzugestehen. Die Lehre von der Vorausverfügung ist in diesem Punkt im Nachteil, kann aber auch als gesetzeskonform angesehen werden, da das Anwartschaftsrecht aus § 161 durch Auslegung gefolgert wird und nicht ausdrücklich angeordnet ist.

Vom Boden der Anwartschaftslehre muß man aber der Gefahr begegnen, aus dem Anwartschaftsrecht selbst Rechtsfolgen ableiten zu wollen. Man argumentiert z. B. rein begrifflich, wenn man sagt, die konkursrechtliche Beurteilung, ob § 15 KO Anwendung finde oder nicht, hänge davon ab, ob der Vorbehaltskäufer sein Anwartschaftsrecht übertrage (dann Ausschluß des § 15 KO) oder über sein künftiges Eigentum verfüge. Im letzteren Fall würde § 15 KO den Eigentumsübergang bei Zahlung der letzten Rate verhindern. Um dieses Ergebnis aber zu vermeiden, sollte man, wenn der Vorbehaltskäufer nicht sein Anwartschaftsrecht, sondern sein künftiges Eigentum übertragen habe, in dieser Übertragung zugleich die des Anwartschaftsrechts sehen, so daß der Erwerber in jedem Fall Eigentum mit Bedingungseintritt ungehindert von § 15 KO erwerbe[333].

Mit dieser letzten Überlegung wird die Begrifflichkeit auf die Spitze getrieben. Um das gewünschte und von der Wertung her allgemein, also sowohl von der Anwartschaftslehre als auch von der Theorie der Vorausverfügung, anerkannte Ergebnis zu erhalten, ist es sicherlich nicht erforderlich, jedenfalls – und wenn auch „nur" das Vollrecht übertragen wurde – das Anwartschaftsrecht als das im Endeffekt übertragene Recht anzusehen. Vielmehr bestehen nur im dogmatischen Ausgangspunkt, nicht aber in der Sache zwischen der Anwartschaftslehre und der Lehre von der Vorausverfügung grundsätzliche Unterschiede. Die Differenzen in den Einzelfragen lassen sich deshalb auch nicht dadurch lösen, daß man der einen oder anderen Theorie anhängt, wie sich am gerade angeführten Beispiel zeigt: Denn man geht hier wie dort davon aus, daß der Vorbehaltskäufer eine verkehrsfähige Position hat und starke Sicherung soll anbieten können. Diese Wertung setzt man in den Einzelfragen um. Unterschiede können sich bei diesem Umsetzungsprozeß sowohl innerhalb der Anwartschaftslehre als auch innerhalb der Lehre von der Vorausverfügung ergeben, ohne daß sich beide Lehren als gegensätzlich gegenüberstünden. Nur darf man das Anwartschaftsrecht weder als ein vom Eigentum verselbständigtes Recht ansehen – sondern lediglich als Denkfigur für das bedingte Eigentum –, noch aus dieser Denkfigur aus sich tragfähige Argumente her-

---

[333] *Jaeger/Henckel,* § 15 KO Rn. 63 oben und unten.

leiten wollen.[334] Die Übertragbarkeit der Anwartschaft, die den neuen Inhaber in den Stand setzen soll, das Vollrecht direkt vom Eigentümer zu erwerben, kann nur mit der Einschränkung gelten, daß der Anwärter seinerseits nur über das Recht verfügt, das er bei Bedingungseintritt haben wird.[335]

Vom Standpunkt der Vorausverfügung über das künftige Eigentum ist für den gutgläubigen Erwerb zu berücksichtigen, daß der Besitz wegen seiner mangelnden Eignung, etwas Zukünftiges zu publizieren, nur Rechtsscheinträger des derzeitigen Eigentums sein kann. Denn wegen der Verneinung des Anwartschaftsrechts als selbständig verkehrsfähigem Recht gibt es keine andere Position des Veräußerers, für die er sonst sprechen könnte. Dieser Rechtsschein ist aber dann nutzlos, wenn ihm der Veräußerer mit der Aussage, er sei nur aufschiebend bedingt Eigentümer, widerspricht. Korrespondierend zum Rechtsschein kann auch nur das Eigentum des Veräußerers Bezugspunkt des guten Glaubens sein. Als Zeitpunkt des guten Glaubens kommt in direkter Anwendung der §§ 929, 932 nur die Übergabe der Sache in Betracht; bei dieser ist der Erwerber aber bösgläubig, da der veräußernde (angebliche) Eigentumsvorbehaltskäufer seine mangelnde Eigentümerstellung dem Erwerber offenlegt. Der Erwerb ist dann nur bei Konvaleszenz vom Berechtigten möglich. So ist der einzig dogmatisch saubere Weg bei direkter Anwendung der §§ 932 ff. der, den Kupisch aufgezeigt hat, indem er jeden gutgläubigen Erwerb verneint.

Damit ist aber noch nicht gegen einen gutgläubigen Erwerb vom Boden der Vorausverfügung entschieden; denn eine analoge Anwendung der Vorschriften ist noch nicht in Betracht gezogen worden. Die der Vorausverfügung anhängenden Ansichten fanden ihre Ergebnisse durchweg nur aufgrund einer direkten Anwendung der §§ 932 ff. Eine analoge Anwendung sprach man nicht an, vielleicht um so besser die konzeptionellen Unterschiede zur nicht zutreffenden Anwartschaftslehre unter Beweis stellen zu können, die schließlich mit einer Analogie arbeiten muß. Aufgrund des § 161 Abs. 1 könnte man für das bedingte Eigentum aber durchaus auch ausgehend von einer Vorausverfügung eine Regelungslücke im Bereich der §§ 932 ff. annehmen; von einer Bösgläubigkeit des Erwerbers, der über das mangelnde Eigentum des Veräußerers wisse, müßte man dann nicht mehr ausgehen, da sich nunmehr der gute Glaube nur auf die bedingte Berechtigung bezöge. Die Schließung dieser Lücke durch eine analoge Anwendung der genannten Vorschriften hängt davon ab, ob man

[334] Ebenso etwa *MünchKomm/H. P. Westermann*, § 455 Rn. 44; *Stoll*, ZHR 128 (1966), S. 246; *Georgiades*, S. 98 ff.; *Flume*, Rechtsgeschäft, § 42 4 a; *Medicus*, BürgR, Rn. 456; *Wittmann*, ZRT 1978, S. 53, 56.

[335] *Stoll*, ZHR 128 (1966), S. 247.

die Vorausverfügung des Nichtberechtigten über bedingtes Eigentum als dem Regelfall der §§ 932 ff. rechtsähnlich ansehen will. Die Lösung der Sachproblematik darf nicht dadurch präjudiziert werden, welchen Verfügungsgegenstand man zugrundelegt, wenn sowohl bei der Anwartschaftslehre als auch bei der Lehre von der Vorausverfügung von gesetzeskonformen Auffassungen ausgegangen werden kann. Es ist vielmehr die Frage zu beantworten, ob der gute Glaube an das bedingte Eigentum schutzwürdig ist und ob dieses aufgrund des Besitzes auch vermutet wird, oder ob ein solcher Gutglaubensschutz nicht mit der gesetzlichen Konzeption vereinbar ist.[336]

Es geht hier also genau um dieselben Sachfragen, wie sie auch im Rahmen der Anwartschaftslehre und im weiteren Verlauf der Arbeit diskutiert werden. Einziger wesentlicher Unterschied ist nach herkömmlicher Auffassung, daß die Lehre von der Vorausverfügung nicht auf die Frage nach der Erforderlichkeit des Vorbehaltskaufs, der hier naturgemäß keine Rolle spielen kann, einzugehen hat. Dies spricht aber zugleich für die Richtigkeit der hier entwickelten Unabhängigkeit des bedingten Eigentums von einem Kaufvertrag auch aus Sicht der Anwartschaftslehre. Auch darin, daß sowohl nach der Lehre von der Vorausverfügung als auch nach der Anwartschaftslehre nur eine analoge Anwendung der Vorschriften über den Erwerb vom Nichtberechtigten zur Möglichkeit des gutgläubigen Erwerbs führen kann, wird deutlich, daß unter Zugrundelegen der obigen Auffassung zur Anwartschaftslehre als bloßes Denkmodell sachlich keine Unterschiede zur Lehre von der Vorausverfügung bestehen. Sollte sich im weiteren Verlauf der Darstellung zeigen, daß eine Analogie zu den Vorschriften über den gutgläubigen Erwerb möglich ist, steht diesem Ergebnis die Lehre von der Vorausverfügung nicht entgegen. Das Ergebnis gilt vielmehr dann auch für sie.

2. Die Verfügung über das eigene Eigentum

Unter dem Gesichtspunkt der Berechtigung des Verfügenden ist die Ansicht, nach der die „Anwartschaft" Eigentum sei, der von einer Verfügung über das Eigentum des Vorbehaltsverkäufers ausgehenden Ansicht (Marotzke) diametral entgegengesetzt: Verfügte nach der letztgenannten Auffassung der Vorbehaltskäufer als Nichtberechtigter und verfügt er nach der Anwartschaftslehre immerhin schon als Berechtigter über seine Anwartschaft, so verfügt er nun als Berechtigter über das ihm jetzt schon zustehende – wenn auch nicht unbeschränkte – Eigentum. Dies ist nicht nur ein großer Unterschied in der dog-

[336] *Krüger*, JuS 1994, S. 906 zu II 2.

matischen Ausgangsposition, sondern führt auch zu großen Unterschieden in den Ergebnissen.

a) Ulrich Hübner[337]*, Berger*[338, 339]*: Die „Anwartschaft" als pfandrechtsbelastetes Eigentum*

Nach Ulrich Hübner ist die Rechtsposition des Vorbehaltskäufers pfandrechtsbelastetes Eigentum[340]. Ulrich Hübner ist der Ansicht, im Zweifel sei gem. § 455 von den Parteien die Bestellung eines besitzlosen Pfandrechts gewollt. Denn die Institution des Eigentumsvorbehalts habe sich faktisch dahinentwickelt; er sei auch juristisch als besitzloses Pfandrecht konstruierbar. Der Vorbehaltsverkäufer habe an der Sache nur ein Sicherungsinteresse, seine Nutzungs- und Verfügungsbefugnisse seien zugunsten des Käufers eingeschränkt. Die Mehrheit der Attribute des Eigentums kämen dem Käufer zu. Daher liege es nahe, diesem die Eigentümerstellung zuzuordnen und dem Verkäufer zur Sicherung der Kaufpreisforderung ein Pfandrecht einzuräumen.[341] Außerhalb des Zivilrechts im engeren Sinne sei der Pfandrechtscharakter bereits weitgehend anerkannt. Steuerbilanz- (§ 39 AO 1977), handelsbilanz- und versicherungsrechtlich werde das Vorbehaltseigentum dem Vorbehaltskäufer zugerechnet.[342] Die Vorstellung, der Vorbehaltskäufer sei pfandrechtsbelasteter Eigentümer, sei die Verwirklichung des vom Gesetz gewollten Sicherungsrechts unter Korrektur der Konstruktion, die dem Gesetzgeber vorgeschwebt, die sich aber als schwer haltbar erwiesen habe. Jedenfalls aber stelle diese Auffassung ein Denkmodell dar.[343]

---

337 In: NJW 1980, S. 729 ff.

338 In: Eigentumsvorbehalt und Anwartschaftsrecht – Besitzloses Pfandrecht und Eigentum, 1984.

339 Beide zurückgehend auf *Blomeyer*, Studien, insbes. S. 165, 220 und passim; AcP 153 (1954), insbes. S. 246 und passim und AcP 162 (1963), insbes. S. 195 und passim. Blomeyer selbst behandelt nur den gutgläubigen Ersterwerb.

340 *Hübner*, NJW 1980, S. 730 zu II 2 und passim.

341 *Hübner*, NJW 1980, S. 730 zu II 2. Ebenso *Berger*, S. 182 und S. 184.

342 Siehe i. e. *Hübner*, NJW 1980, S. 731 zu III m. w. N.

343 *Hübner*, NJW 1980, S. 735 zu VI. Berger legt weitergehend dar, daß die Lehre von der Anwartschaft Begriffsjurisprudenz (S. 175) und das Eigentum nicht teilbar sei (S. 177). Der Anspruch aus § 985 könne nur dem Eigentümer zustehen (S. 178); durch Normierung der §§ 158 und 161 habe der Gesetzgeber unerkannt den Erwerber zum Eigentümer gemacht, möglicherweise ungewollt (S. 180 f.). Aus historischer Sicht sei anzumerken, daß sowohl das römische, germanische als auch das Recht der Rezeption das, was heute als Anwartschaftsrecht bezeichnet werde, als Vollrecht behandelten (S. 163). Wenn man auf dem Standpunkt stünde, daß das BGB auf die Kodifizierung

Der gutgläubige Erwerb wird sowohl für den Erwerb vom Nichtanwärter[344] als auch vom Scheinanwärter bei nicht bestehendem Vorbehaltskauf[345] bejaht. Beim Erwerb vom Nichtanwärter, so wird ausgeführt, erwerbe der redliche Zweiterwerber in jedem Fall Eigentum, das mit dem Pfandrecht des wahren Vorbehaltsverkäufers belastet sei. Auf einen wirksamen Kaufvertrag komme es nicht an. Der Nichtanwärter sei durch den Besitz ausgewiesen und hätte Eigentum übertragen können. Der Vorbehaltsverkäufer sei weiterhin Pfandgläubiger.[346] Weiter wird angeführt: Sehe man die Anwartschaft als belastetes Eigentum an, so erwerbe der Gutgläubige, selbst wenn die Anwartschaft frei erfunden sei. Von der Legitimation des Veräußerers und der Struktur der §§ 932 ff. her erscheine diese Lösung vorzugswürdig. Der Nichtberechtigte sei im Besitz der Sache und geriere sich als verfügungsberechtigter Eigentümer. Der Zweiterwerber erhalte dann unbelastetes Eigentum. Da der Nichtberechtigte aber nur belastetes Eigentum übertragen habe, habe der gutgläubige Erwerber teilweise objektiv unentgeltlich erworben. Daraus ergebe sich ein Kondiktionsanspruch des ehemaligen Eigentümers gegen den redlichen Zweiterwerber gem. § 816 Abs. 1 S. 2 in Höhe der „Pfandrechtsbelastung", der u. U. – nämlich dann, wenn der Verfügende eine sehr hohe Restkaufpreisforderung vorgeschwindelt habe – auf Herausgabe der Sache gehen könne. Der Erwerber sei prinzipiell nicht viel weniger schutzwürdig als der Erwerber des Eigentums.[347]

Die Lösungen vermögen in Argumentation und Ergebnis zu überzeugen. Insbesondere wird beim Erwerb vom Scheinanwärter bei nicht bestehendem Vorbehaltskauf[348] der gutgläubige Erwerb zu Recht grundsätzlich bejaht, denn der Erwerber scheint hier im Vergleich zu den anderen Fallkonstellationen gleich schutzwürdig. Auf das etwaige Erfordernis einer schuldrechtlichen Forderung kann es hier wegen der abstrakten Übertragung des Eigentums von vorneherein nicht ankommen, weshalb die Ansicht auch unter diesem Gesichtspunkt überzeugt. Auch ist nach dieser Ansicht die Frage, ob der Besitz als Rechtsscheinträger fungieren kann, unproblematisch zu bejahen, da es ja

---

fiduziarischer Rechtsgeschäfte verzichtet habe, bestehe das Faustpfandprinzip nur für das spezielle Pfand (S. 189).

344 Beispiel s. S. 33, Fn. 24.

345 Beispiel s. S. 30, Fn. 2.

346 *Hübner*, NJW 1980, S. 732 r. Sp. zu IV 3. Ebenso *Berger*, S. 145 f., nach dem für dieses Ergebnis auch die Rechtssicherheit spricht.

347 *Hübner*, NJW 1980, S. 732 f. zu IV 3; ebenso *Berger*, S. 146 f., der für diese Lösung die wissenschaftliche Ehrlichkeit und dogmatische Konsequenz ins Feld führt (S. 147).

348 Beispiel s. S. 30, Fn. 2.

um die Übertragung des Eigentums geht und so die §§ 929 ff., 932 ff. direkte Anwendung finden. Ob dem Eigentümer aber ein Anspruch aus § 816 Abs. 1 S. 2 zustehen soll, ist fraglich. Da der Erwerber nur an ein belastetes Recht geglaubt hat, scheint es ebensogut vertretbar, ihm auch nur ein solches zuzugestehen. Ein „objektiv teilweise unentgeltlicher Erwerb" läge dann nicht vor. Denn beim gutgläubigen Erwerb kommt es gerade auf die subjektive Seite an, nämlich die Vorstellung und den guten Glauben des Erwerbers. Dagegen spricht auch nicht die Behauptung, daß nichts anderes gelte, wenn ein Nichteigentümer eine Sache veräußere und wahrheitswidrig eine Belastung (Pfandrecht, Nießbrauch) behaupte[349]. Denn hier liegt schon eine andere Konstellation vor, da die Belastung nicht bei einem Dritten, dem Pfandgläubiger oder dem Nießbraucher, bestehen soll, sondern beim Eigentümer, zu dessen Lasten der gutgläubige Erwerb schließlich geht.

Wenn die Ansicht dennoch abzulehnen ist, dann liegt das an ihrer mangelnden Gesetzesverträglichkeit. Denn sie widerspricht § 455 und dem Faustpfandprinzip der §§ 1205 f. Nach Außerkrafttreten des AbzG spricht allerdings § 5 AbzG, wonach der Vorbehaltsverkäufer „seine" Sache wieder an sich nahm und damit zurücktrat, nicht mehr gegen diese Konzeption. Der nun geltende parallele § 13 Abs. 3 S. 1 VerbrKrG spricht neutral von „der" gelieferten Sache, das Eigentum des Vorbehaltsverkäufers wird mithin nicht mehr vorausgesetzt.

Der Gesetzgeber hat sich durch die §§ 1205 f. eindeutig gegen das besitzlose Pfandrecht entschieden. Die hier auftauchenden besitzrechtlichen Fragen bleiben nach der Lehre vom pfandrechtsbelasteten Eigentum ohne Antwort.[350] Und § 455 spricht eindeutig davon, daß der Vorbehaltsverkäufer sich das *Eigentum* vorbehalte und nicht davon, daß er Pfandgläubiger werde. Ulrich Hübner versucht, die Klippe des § 455 mit dem Argument zu umschiffen, daß die Parteien im Zweifel eben die Bestellung eines besitzlosen Pfandrechts wollten; der Parteiwille weiche insoweit heute üblicherweise von der Vermutung des § 455 ab[351]. Daran ist aber zu bemängeln, daß es nicht darum gehen kann, die Regelvermutung des § 455 abzuändern; denn das wäre eine unzulässige Auslegung, da sie den Wortlaut der Norm überschritte: Was die Parteien im Zweifel wollen, hat § 455 eindeutig festgelegt. Ulrich Hübner kann es wohl nur darum gehen, festzustellen, daß überhaupt *kein Zweifel* vorliegt. Denn da die Parteien ein besitzloses Pfandrecht wollten, würde es gar nicht erst zur Anwendung des § 455 kommen.

---

[349] *Hübner,* NJW 1980, S. 732 Fn. 46.

[350] Vgl. *Hager,* S. 319.

[351] *Hübner,* NJW 1980, S. 735.

Dagegen spricht aber nun, daß dies mit der Interessenlage des Vorbehaltsverkäufers nicht vereinbar ist. Denn der Vorbehaltsverkäufer will ja gerade das Eigentum und nicht irgendeine andere dingliche Sicherung behalten.[352] Er ist nicht nur an einer Verwertungsmöglichkeit interessiert, sondern will vielmehr seine alte Stellung ohne Zwischenschritte wieder einnehmen können.[353] Nicht nur die Restkaufpreisforderung des Verkäufers soll durch den Eigentumsvorbehalt gesichert werden, wie es – zugegebenermaßen – auch das Sicherungsrecht Pfandrecht bewerkstelligen könnte; denn dann würde dem Vorbehaltsverkäufer nur Schutz bei bestehendem, nicht aber bei nicht existentem Kaufvertrag zugestanden. Vielmehr soll auch der Anspruch des Verkäufers auf Rückforderung der Leistung, der erst dann geltend gemacht werden kann, wenn er zurückgetreten ist, gesichert werden.[354]

b) Georgiades[355]*: Die „Anwartschaft" als auflösend bedingtes Eigentum*

Durch die bedingte Übereignung geht nach Georgiades das Eigentum an der Sache auf den Käufer über. Georgiades führt aus: Dem Verkäufer bleibe die Anwartschaft auf Eigentumsrückfall, die der Anwartschaft des Erwerbers bei aufschiebend bedingter Übereignung entspreche. Vom Fortbestand des dem Verkäufer zustehenden Kaufpreisanspruchs bleibe die Anwartschaft des Käufers wie auch die des Eigentümers immer abhängig. Die Zahlung der letzten Rate führe zu einem Bedingungsausfall und damit zum Erlöschen der Anwartschaft; die dingliche Beschränkung des Eigentums falle dann weg.[356] Die Vorbehaltssache stehe nach der h. L. nur noch formaljuristisch im Eigentum des Vorbehaltsverkäufers.[357] Die Position des Vorbehaltskäufers habe sich dagegen so verdichtet, daß sie einer für eine Anwartschaft charakteristischen Schwebelage im Regelfall nicht mehr entspreche. Der Käufer warte den Erwerb des Vollrechts nicht mehr ab, sondern verhalte sich schon vorher als Eigentümer, indem er über die Sache in der Form und mit der Wirkung verfüge, als sei er der Eigentümer.[358]

---

[352] Vgl. *Serick,* Eigentumsvorbehalt, S. 207; *Raiser,* S. 53; *Rinnewitz,* S. 435.

[353] *Hager,* S. 319.

[354] Sog. Doppelfunktionalität des Eigentumsvorbehalts, vgl. BGHZ 54, 214 (219); *Brox,* JuS 1984, S. 658 zu II 1; *Rinnewitz,* S. 274 m. w. N.

[355] In: Die Eigentumsanwartschaft beim Vorbehaltskauf. Zur Theorie der dinglichen Anwartschaften, 1963.

[356] *Georgiades,* S. 158.

[357] *Georgiades,* S. 153.

[358] *Georgiades,* S. 154.

Georgiades ist weiter der Ansicht, der Käufer könne als Berechtigter sein Eigentum sowohl nach § 929 als auch nach § 930 i. V. m. § 929 weiterübertragen, von der Beschränkung des § 161 Abs. 2 abgesehen, wonach beim Bedingungseintritt (Rücktritt wegen Zahlungsverzugs des Käufers[359]) die Verfügung dem Vorbehaltsverkäufer gegenüber unwirksam wäre.[360] § 161 Abs. 3 gestatte einen gutgläubigen Erwerb, wenn der Käufer über das Eigentum verfüge, aber seine dingliche Beschränkung verschweige. Der Erwerber erhalte dann unbeschränktes Eigentum. Der Verkäufer habe in diesem Fall bei Bedingungseintritt einen Entschädigungsanspruch gegen den Käufer entsprechend § 160 Abs. 2.

Damit behandelt Georgiades aber den unproblematischen Fall des gutgläubig lastenfreien Erwerbs, während er eine Stellungnahme zu den eigentlich interessanten Fallkonstellationen, in denen der Veräußerer sein auflösend bedingtes Eigentum nur vorgibt, in Wahrheit also nicht Vorbehaltskäufer oder dessen Abnehmer ist, schuldig bleibt[361]. Ohne Georgiades eine fremde Auffassung unterschieben zu wollen, wird man gegen einen gutgläubigen Erwerb vom Scheinanwärter bei nicht bestehendem Vorbehaltskauf[362], um in der bisher gebrauchten, wenn auch hier nicht ganz zutreffenden Terminologie zu bleiben (denn hier verfügt nicht der Anwärter), grundsätzlich nichts einzuwenden haben. Die §§ 929 ff., 932 ff. kommen dabei unmittelbar zur Anwendung; eine Einschränkung erfährt die Rechtsstellung des Erwerbers dadurch, daß er an ein auflösend bedingtes Recht geglaubt hat und deshalb auch nur ein solches, nämlich das durch die Anwartschaft des Eigentümers belastete Eigentum, erwirbt mit der Konsequenz, daß er bei Nichtzahlung der von ihm vorgestellten noch ausstehenden Raten[363] sein Eigentum wieder verliert. Ob ein Vorbehaltskauf vorliegt, kann den Erwerb nicht beeinflussen, da über das Eigentum verfügt wird; ebenfalls nicht hinsichtlich der Resolutivbedingung, bei deren Eintritt das Eigentum an den Verkäufer zurückfällt, weil der gutgläubige Erwerb sich auf die Umstände gründet, die der Erwerber für gegeben hält und somit die tatsächlich bestehende Bedingung für seine Rechtsstellung keine Bedeutung hat. Als Alternativlösung bietet sich hinsichtlich der vorgeschwindelten noch ausstehenden Raten teilweise objektiv unentgeltlicher Erwerb unbe-

---

[359] *Georgiades,* S. 158 unten.

[360] *Georgiades,* S. 161.

[361] Anders aber zum gutgläubigen Erwerb nach der h. L., vgl. *Georgiades,* S. 129 ff.

[362] Beispiel s. S. 30, Fn. 2.

[363] Der von Georgiades grundsätzlich geforderte Rücktritt des „Vorbehaltsverkäufers"/Eigentümers für einen Bedingungsausfall (vgl. die Ausführungen von Georgiades auf S. 158 unten) ist hier mangels Kaufvertrags und eines hieraus resultierenden Rechts zum Besitz entbehrlich.

lasteten Eigentums an mit der Folge des § 816 Abs. 1 S. 2. Insoweit ergäben sich keine Unterschiede zu der von Ulrich Hübner vertretenen Auffassung vom pfandrechtsbelasteten Eigentum.

Georgiades kommt das Verdienst zu, durch seine dogmatische Konzeption die Verkehrsfähigkeit und damit die wirtschaftliche Verwertbarkeit der Rechtsstellung des Vorbehaltskäufers auf eine schlüssige Grundlage gestellt und die dogmatischen Schwierigkeiten, mit denen sich die Anwartschaftslehre aufgrund der (irrigen) schuldrechtlichen Abhängigkeit des Anwartschaftsrechts konfrontiert sieht, beseitigt zu haben. So sehr aber die Auffassung des Autors bei der Rechtsstellung des Vorbehaltskäufers gewinnbringend ist, so wenig ist sie dies bei der des Verkäufers. Zwar liegt das überwiegende Interesse nach Verkehrsfähigkeit seiner Rechtsstellung beim Käufer; darüber darf aber nicht dasjenige des Verkäufers in Vergessenheit geraten. Daß dieser z. B. aus Liquiditätsmangel seine Anwartschaft versilbern will, ist ein nicht von der Hand zu weisendes Bedürfnis, das in der Verkehrsfähigkeit seiner Rechtsstellung Berücksichtigung finden muß. Georgiades zufolge entspricht aber die Anwartschaft des Verkäufers auf Eigentumsrückfall der Anwartschaft des Käufers auf Eigentumserwerb; ein begrifflicher Unterschied bestehe zwischen den beiden Eigentumsanwartschaften nicht, so daß bzgl. Natur und Inhalt der Anwartschaft des Verkäufers das gelte, was bislang für die Anwartschaft des Käufers gegolten habe[364]. Damit aber erfolgt eine schlichte Verlagerung der Problematik auf den Vorbehaltsverkäufer.[365] Veräußerte nun dieser – gerade in Hinsicht auf die behandelte Problematik – seine angebliche Anwartschaft auf Eigentumsrückfall (unter der Voraussetzung, daß er auf irgendeine Weise in den Besitz der Sache gelangt ist), so stellten sich erneut alle Probleme des gutgläubigen Erwerbs, die damit immer noch einer Lösung harrten.

Im übrigen steht aber § 455 auch dieser Auffassung entgegen. Von der auflösend bedingten Vollrechtsübertragung geht § 455 nun einmal nicht aus; damit verstößt die Konzeption vom auflösend bedingten Eigentum wie auch die des pfandrechtsbelasteten Eigentums gegen das Gesetz. Freilich sieht das auch Georgiades[366]. Daß dieses Manko aber durch Wirtschaftspraxis und Rechtsprechung im Wege der Rechtsfortbildung ausgeglichen werde[367], hat sich nicht bewahrheitet.[368]

---

[364] *Georgiades,* S. 158.

[365] Vgl. *Eichenhofer,* AcP 185 (1985), S. 164 Fn. 3.

[366] A. a. O., S. 176.

[367] *Georgiades,* S. 155 und 175.

[368] Vgl. *Rinnewitz,* S. 277.

C. Der Besitz als Rechtsscheinträger für das Anwartschaftsrecht

Bei der Diskussion über die Eignung des Besitzes als Rechtsscheinträger für das Anwartschaftsrecht ist der Gesichtspunkt des Rechtsscheins von anderen Gesichtspunkten sauber zu trennen, wie etwa dem der Gutgläubigkeit des Erwerbers, dem einer ihm eventuell obliegenden Nachforschungspflicht oder allgemein dem seiner Schutzwürdigkeit. Diese Fragenkreise werden in der Literatur nicht immer mit der gebotenen Schärfe auseinandergehalten[1]. Zur Beantwortung der Frage, ob der Besitz jemanden analog zum Eigentum auch als Anwartschaftsinhaber legitimieren kann, ist zunächst das Prinzip des Besitzes als Rechtsscheinträger des Eigentums kurz darzustellen.

I. Allgemeines

Unsere Rechtsordnung geht davon aus, daß hinter der tatsächlichen Gewalt meist auch die rechtliche Herrschaft steht, daß also in der Regel der Besitzer zugleich der Eigentümer ist. Der Besitzer/Eigentümer kann sich im Rechtsstreit auf die für ihn u. U. leichtere Beweisbarkeit des ehemaligen Besitzes und den Entzug der Sache durch verbotene Eigenmacht beschränken, §§ 861 Abs. 1, 862 Abs. 1 S. 1 i. V. m. 858 Abs. 1. Insoweit bedeutet Besitzschutz praktisch erleichterten Eigentumsschutz. Der Besitz wird als Mittel und Form der Rechtsübertragung benutzt, die Übergabe ist Mittel der Eigentumsübertragung bei beweglichen Sachen, §§ 929 ff. Dadurch wird zum einen der Eigentumsübergang offensichtlich (Publizitätsprinzip); zum andern wird dafür gesorgt, daß Besitz und Eigentum in der Regel in einer Hand bleiben. Aus dieser Verknüpfung von tatsächlicher und rechtlicher Herrschaft folgt weiter, daß § 1006 aus dem Besitz eine Vermutung für das Eigentum ableitet. Nach § 851

---

[1] So vermengt z. B. *Medicus,* BürgR, Rn. 475 a. E. Gesichtspunkte, die den Besitz als Rechtsscheinträger betreffen mit denen der Gutgläubigkeit, wenn er sagt, daß der Veräußerer durch die Behauptung, Anwartschaftsberechtigter zu sein, den Rechtsschein des Besitzes zerstöre (= Rechtsschein, der Verf.) und deshalb der Interessent sich beim Verkäufer über die Richtigkeit der Angaben des vermeintlich Anwartschaftsberechtigten erkundigen könne (= Gutgläubigkeit, der Verf.).

schließlich wird der wegen Entziehung oder Beschädigung einer beweglichen Sache zum Schadensersatz Verpflichtete durch seine Leistung an denjenigen, in dessen Besitz sich die Sache bei der Entziehung oder Beschädigung befunden hat, auch dann befreit, wenn ein Dritter Eigentümer der Sache war oder ein sonstiges Recht an der Sache hatte, es sei denn, daß ihm das Recht des Dritten bekannt oder infolge grober Fahrlässigkeit unbekannt ist. Dieser enge Zusammenhang zwischen tatsächlicher und rechtlicher Herrschaft eignet den Besitz dazu, als Legitimation des Veräußerers im Rechtsverkehr zu dienen. Er verleiht einen *Rechtsschein*, an den sich der Erwerber halten kann. Der Besitz des Veräußerers bildet daher die Grundlage für den gutgläubigen Erwerb vom Nichteigentümer.[2]

II. Zur mangelnden Eignung des „Geredes“ als Rechtsscheintatbestand

Von einem Rechtsscheintatbestand könnte man dann nicht ausgehen, würde man die Behauptung des Nicht-Anwartschaftsberechtigten, daß er mit dem Vorbehaltskäufer einen Vorbehaltskauf abgeschlossen habe oder daß ein anderer dieses Geschäft als Vorbehaltskäufer abgeschlossen und er von diesem diese Rechtsposition durch Abtretung erworben habe, als nicht durch den Besitz der Sache glaubhaft gemacht ansehen. Der gute Glaube des Erwerbers hinsichtlich des Anwartschaftsrechts des Übertragenden wäre dann nichts anderes als der gute Glaube an dessen Gerede, daß er mit dem Vorbehaltskäufer einen Vertrag über die bedingte Eigentumsübertragung geschlossen oder durch Vertrag von einem Dritten dessen Anwartschaftsrecht erworben habe.[3] Ein derartiger „guter Glaube“, so ließe sich argumentieren, könne nicht die Grundlage

---

[2] H. L., vgl. beispielsweise BGHZ 56, 128; *Schwab/Prütting*, § 6 II. Ob der Besitz als Rechtsscheingrundlage ausreichend ist oder ihn nicht vielmehr weitere Kriterien als Rechtsscheinträger ergänzen sollten, oder ob der Besitz überhaupt als Rechtsscheingrundlage tauglich ist, ist strittig. Vgl. *Baur/Stürner*, § 52 II 3 a (Besitzlage des Erwerbers muß so beschaffen sein, daß sie jede Art von Besitz des Veräußerers ausschließt); *Wiegand*, JuS 1974, S. 204 m. w. N. in Fn. 44 ff. (Besitzverschaffungsmacht als Verbreiterung der Rechtsscheinbasis: Maßgeblich ist, daß sich der Veräußerer in der Lage zeigt, durch einen seinen Weisungen folgenden Dritten dem Erwerber unmittelbaren Besitz zu verschaffen); *Hager*, S. 240 f. m. w. N. (ganz ablehnend zum Besitz als Rechtsscheinträger und allein abstellend auf die Besitzverschaffungsmacht).

[3] Die plastische Formulierung „Gerede“ bei *Flume*, AcP 161 (1962), S. 196 wurde übernommen von *Harry Westermann/Gursky*, § 45 III 1 d; *Medicus*, BürgR, Rn. 475 a. E.; *Wiegand*, JuS 1974, S. 211; *Kupisch*, JZ 1977, S. 494 f. zu IV; *Schwerdtner*, Jura 1980, S. 665; *Krüger*, JuS 1994, S. 906 und *Staudinger/Bork*, Vorbem. zu §§ 158 ff. Rn. 74.

eines Rechtserwerbs sein und habe nichts zu tun mit dem guten Glauben an das Eigentum, der von dem durch den Besitz begründeten Anschein des Eigentums getragen sei.[4]

Es trifft aber nicht zu, daß der Erwerber allein auf das „Gerede" vertraut; vielmehr muß der Veräußerer durch den Besitz der Sache legitimiert sein. Insoweit besteht kein Unterschied zum Eigentumserwerb vom Nichtberechtigten; auch in diesem Fall wird auf das „Gerede" (Behauptung, Eigentümer zu sein) und auf den Rechtsschein des Besitzes vertraut. Sagt der Besitzer wahrheitswidrig, er sei Anwartschaftsberechtigter, so ist nicht allein deshalb der Rechtsschein des Besitzes zerstört, weil der Erwerber weiß, daß der Veräußerer kein Eigentümer ist. Zwar spricht der Besitz nicht mehr für das Eigentum; wohl kann er – bei analoger Anwendung der §§ 932, 1006 – für ein Anwartschaftsrecht sprechen.[5]

Die Argumentation, das Vertrauen auf das Gerede des vermeintlich Anwartschaftsberechtigten sei nicht schutzwürdig, verstellt den Blick auf das eigentliche Problem. Es kann nicht darum gehen, irgendwelche Behauptungen mit Vertrauensschutz zu versehen. Vielmehr stellt sich die Frage, inwieweit der Besitz der Sache auch für das Anwartschaftsrecht sprechen kann. Ausschlaggebend für den Erwerb des Eigentums vom Nichtberechtigten ist ja auch, daß der Besitz den Veräußerer als Eigentümer ausweist und nicht, daß der Erwerber auf das vertraut, was der Veräußerer sagt. Ebenso weist der Besitz gem. § 366 HGB den Kaufmann als verfügungsbefugt aus; auf seine Behauptungen kommt es nicht an. Die Argumentation, beim gutgläubigen Zweiterwerb eines Anwartschaftsrechts werde das Vertrauen auf „Gerede" geschützt, kann daher erst dann etwas besagen, wenn man den Besitz als Rechtsscheintatbestand für ein Anwartschaftsrecht verneint.[6]

---

[4] So *Flume*, AcP 161 (1962), S. 196 und Rechtsgeschäft, § 42 4 c; ihm folgend *Schwerdtner*, Jura 1980, S. 665. Ähnlich *Forkel*, Grundfragen, S. 194, nach dem der Veräußerer sich auf eine Position beruft, die gewisse Umstände zur Vervollständigung erwartet, dafür aber ein Rechtsschein fehlt. Forkel läßt aber inkonsequenterweise den gutgläubigen Erwerb vom Nichtanwärter zu (S. 177 f.). Nach *Wilhelm*, Rn. 1247, bieten die „Erzählungen" des Veräußerers keine für den Erwerber verläßliche Grundlage. Das Anwartschaftsrecht sei nicht wie das Eigentum eine aus sich heraus klare sachenrechtliche Position, die aufgrund des Besitzes zu vermuten sei.

[5] *Brox*, JuS 1984, S. 662; ihm folgend *Eder*, S. 17.

[6] *Rinnewitz*, S. 441. Ähnlich *Berger*, S. 143 und Fn. 31 m. w. N., nach dem z. B. in § 325 Abs. 2 ZPO eine Meinung ohne Vorliegen eines äußeren Rechtsscheintatbestandes geschützt wird, dabei aber übersieht, daß gerade im Besitz der äußere Tatbestand liegt, vgl. § 325 Abs. 1 ZPO. Ausdrücklich gegen die Formulierung „Gerede" von seiner Konzeption aus auch *Eichenhofer*, AcP 185 (1985), S. 177 f.

III. Die dogmatische Begründung

1. Analogie zu § 1006

Gegen einen Rechtsscheintatbestand könnte auch sprechen, daß der Gesetzgeber den vom Besitz ausgehenden Rechtsschein zugleich typisiert und begrenzt hat. Der Nichtberechtigte kann sich möglicherweise nur als Eigentümer legitimieren. Man könnte der Auffassung sein, die Behauptung, Anwartschaftsberechtigter zu sein, bewege sich nicht mehr im gesetzlichen Rahmen. Der Nichtanwärter sei nicht anders zu behandeln als derjenige, der z. B. eine Verfügungsbefugnis behaupte; beide gäben zu, nicht Eigentümer zu sein und zerstörten damit die Rechtsscheinwirkung. Während der gute Glaube an die Verfügungsbefugnis aber durch einen speziellen Tatbestand (§ 366 HGB) geschützt werde, fehle dafür bei der Anwartschaft jegliche Grundlage.[7] Die in § 1006 bestimmte Publizitätswirkung begründet zugunsten des Besitzers möglicherweise nur, daß er Eigentümer, nicht aber Anwärter ist; eine Vermutung als Anwärter könnte vielmehr im Widerspruch zur Eigentumsvermutung stehen. Die Vermutung aus § 1006 verwirkliche sich gar nicht, da der Anwartschaftsrechtserwerber den Veräußerer nicht für den Eigentümer halte. Man könne deshalb nicht sagen, daß der Eigentümer dadurch, daß er den Besitz aus der Hand gegeben habe, den Rechtsschein der Anwartschaftsberechtigung des Besitzers gesetzt habe. Jedenfalls folge eine solche Rechtsscheinshaftung nicht aus dem Gesetz. Das Anwartschaftsrecht entfalte vielmehr, obwohl dingliches Recht, keine Publizität.[8]

Schließlich, so weiter die Gegner eines Rechtsscheintatbestandes, dürfe der Anwendungsbereich des § 1006 nicht unzulässig ausgeweitet werden: Die Vermutung des § 1006 spreche nicht dafür, daß der Besitzer die Sache unter aufschiebender Bedingung erhalten habe. Allgemeiner Auffassung nach gehe die Vermutung des § 1006 nur dahin, daß der Besitzer bei Erwerb des Besitzes Eigenbesitz begründet und unbedingtes Eigentum erworben habe. Stehe fest, daß zunächst Fremdbesitz begründet worden sei – und das sei bei einem Er-

---

[7] *Staudinger/Wiegand,* § 932 Rn. 130 f. und JuS 1974, S. 211. Vom zerstörten Rechtsschein sprechen auch *Harry Westermann/Gursky,* § 45 III 1 d (S. 335); *Klaus Schreiber,* Rn. 331 und *Medicus,* BürgR, Rn. 475 a. E. Einen Rechtsscheintatbestand verneinen ebenfalls *Schlegelberger/Hefermehl,* Anh. § 382 HGB Rn. 36 (S. 250) und *MünchKomm/H. P. Westermann,* § 455 Rn. 70 Mitte.

[8] *Bülow,* Kreditsicherheiten, Rn. 634 f. und 638 und Jura 1986, S. 235.

werb unter Eigentumsvorbehalt der Fall –, gelte die Vermutung des § 1006 nicht.[9]

§ 1006 läßt streng angewendet eine Rechtsscheinwirkung zugunsten des Nichtanwärters nicht zu; der Gesetzgeber hat aber den Erwerb des Anwartschaftsrechts und damit auch den diesbezüglichen Vertrauensschutz im Rechtsverkehr nicht geregelt, sondern bewußt der Rechtsfortbildung überlassen[10]. Der Gesetzgeber hat das Anwartschaftsrecht mit keinem Wort erwähnt, sondern nur fragmentarischen Regelungen, wie etwa § 161, unterworfen. Wer nun argumentiert, daß mangels eines gesetzlich geregelten Rechtsscheintatbestandes ein gutgläubiger Erwerb des Anwartschaftsrechts ausscheide, greift also zu kurz. Es liegt vielmehr eine Lücke vor, die dann mit den §§ 932 ff. analog zu schließen ist, wenn sich der gutgläubige Erwerb des Anwartschaftsrechts als ein dem gutgläubigen Erwerb des Eigentums rechtsähnlicher Tatbestand erweist. Mittels analoger Anwendung der genannten Vorschriften gäbe der Besitz auch einen Rechtsschein für das Anwartschaftsrecht ab. Die dargestellte Kritik an der Eignung des Besitzes als Rechtsscheinträger für das Anwartschaftsrecht trifft nicht, da sie lediglich die Gesetzeslage zugrunde legt, eine analoge Anwendung der §§ 932 ff. aber nicht in Betracht zieht. Daß im Gesetz das Anwartschaftsrecht im Rahmen des gutgläubigen Erwerbs keine Erwähnung findet, trifft zu, ist aber nicht entscheidend. Es fragt sich vielmehr, ob eine analoge Anwendung der §§ 932 ff. zu bejahen ist. Hiergegen bringt aber die Auffassung, der Rechtsschein (nämlich der des Eigentums) sei durch die Behauptung, Anwartschaftsberechtigter zu sein, zerstört, nichts vor. Diese spricht nur, und insoweit zutreffend, gegen eine direkte Anwendung der §§ 932 ff.

Es kann daher nicht unzulässig sein, der Frage nachzugehen, ob und inwieweit der gutgläubige Anwartschaftsrechtserwerb in das System des positivierten Regelungszusammenhangs einzuordnen ist. Allein die Tatsache, daß der Gesetzgeber einen Rechtsscheintatbestand für das Anwartschaftsrecht nicht normiert hat, kann die Behandlung des gutgläubigen Zweiterwerbs jedenfalls nicht präjudizieren.[11] Wenn nach § 932 der gute Glaube an das Eigentum des Veräußerers zu einem Eigentumserwerb vom Nichtberechtigten führt, so sollte auch der gute Glaube an das Anwartschaftsrecht des Veräußerers geschützt werden, wenn man das Anwartschaftsrecht als das in der Entwicklung

---

[9] *Krüger,* JuS 1994, S. 906 Fn. 14 m. w. N., der sich i. e. gegen *Marotzke,* Anwartschaftsrecht, S. 123 ff., wendet.

[10] *Rinnewitz,* S. 436 m. w. N.

[11] Zutreffend *Rinnewitz,* S. 438.

befindliche Eigentum ansieht.[12] Ferner kann der Anwärter bzgl. des Anwartschaftsrechts an der Sache auch als Eigenbesitzer gem. § 872 analog[13] angesehen werden. Bezüglich des Eigentums ist er zwar nach wie vor Fremdbesitzer und eine unmittelbare Anwendung des § 1006 kommt nicht in Betracht. Der Weg wäre insoweit dann aber für eine analoge Anwendung des § 1006 frei.[14]

Aus verschiedenen Vorschriften läßt sich ableiten, daß auch nach dem Gesetz der Besitz nicht allein und ausschließlich für das Eigentum spricht. So darf ein Dritterwerber aus der Herrschaft des Veräußerers über die Sache gem. § 936 BGB auf Lastenfreiheit der Sache vertrauen. Nach § 366 HGB legitimiert die Innehabung des Gegenstandes den Kaufmann als verfügungsberechtigte Person. Schließlich wird in § 325 Abs. 2 ZPO durch den Verweis auf die §§ 932 ff. BGB der gute Glaube daran geschützt, die Sache sei nicht streitbefangen. In all diesen Fällen geht der Gutglaubensschutz über den Regelungsgehalt des § 1006 BGB hinaus und ergänzt ihn soweit, als daß der Besitz – an den durch Verweis auf die § 932 ff. BGB immer angeknüpft wird – nicht nur den Schein des Eigentums für sich hat.[15] Zu bedenken ist weiterhin, daß der-

---

[12] *Brox,* JuS 1984, S. 661 f. Auf die Wesensähnlichkeit mit dem Eigentum als dem maßgeblichen Gesichtspunkt hebt *Valentin,* S. 123, ab: Die Eigentumsanwartschaft stehe in einem unmittelbar korrespondierenden Verhältnis zum Vollrecht; diese Wesensgleichheit lasse es zu, daß im Besitz auch das Weniger, nämlich das Anwartschaftsrecht (nicht aber Pfandrecht oder Nießbrauch!), dokumentiert sei.

[13] § 872 spricht nur von der „Sache", weshalb sich wegen des Eigenbesitzes bzgl. des Anwartschaftsrechts an einer Sache eine analoge Anwendung der Vorschrift anbietet.

[14] Von dem Anwärter als Eigenbesitzer gehen aus *Schlegelberger/Hefermehl,* Anh. § 382 HGB Rn. 35, 13; *Serick,* Eigentumsvorbehalt, § 10 V 1.

[15] *Rinnewitz,* S. 437 f. Die Meinung, der Besitz sei tauglicher Rechtsscheintatbestand für das Anwartschaftsrecht, ist herrschend, s. *Manfred Wolf,* Rn. 516; *Raiser,* S. 39; *Rimmelspacher,* Rn. 302; *Brox,* JuS 1984, S. 662; *Dietrich Reinicke/Tiedtke,* JA 1984, S. 211; *Jauernig,* BGB, § 929 Rn. 6 F b bb (bei Mobilien werde der gute Glauben wegen § 1244 nicht nur an das Eigentum geschützt); *Berger,* S. 149; *Georgiades,* S. 44 oben; *Eder,* S. 17; *Loesti,* S. 33; *Valentin,* S. 123; *Pannenborg,* S. 96. Weitergehend als die h. L. *Wieling,* SachenR I, § 17 IV 1 b aa, bb und Lehrbuch, § 17 III 1 b aa, der davon ausgeht, der Besitz spreche für jedes dingliche Recht, das der Besitzer für sich in Anspruch nehme.

Anders im Ausgangspunkt *Eichenhofer,* AcP 185 (1985), S. 178, für den als Anhänger der Pendenztheorie der Besitz des Nichtanwärters die Vermutung möglichen Eigenbesitzes und damit einer möglichen Eigentümerstellung nach § 1006 begründet, der dabei aber wohl unzulässigerweise dem Besitz eine derzeitige Aussage über eine zukünftige ungewisse Rechtslage entnehmen will. *Hager,* S. 317 schließlich bejaht einen Rechtsscheintatbestand für das Anwartschaftsrecht mit der Besitzverschaffungsmacht des Nichtanwärters. Diese dürfe der Erwerber als hinreichenden Nachweis der Berechtigung verstehen. Mit Einigung und Einräumung des Besitzes könne der Erwerber jenige, der dem Besitz einen Rechtsschein für das Anwartschaftsrecht versagt und den Besitz lediglich für das Eigentum sprechen lassen will, sich letztlich unausgesprochen gegen die Lehre vom Anwartschaftsrecht wendet, nach der die Berechtigung des Eigentumsvorbehaltskäufers eine eigenständige verkehrsfähige Rechtsposition sein soll.

In dem Fall, in dem zur Übertragung eines Rechts bestimmte Publizitätsanforderungen bestehen, kann an diese ein Verkehrsschutz geknüpft werden. Der Verkehr soll dem Verfügenden trauen dürfen, der den Publizitätsansprüchen genügen kann. Die Rechtsscheingrundlage ist insoweit mit der Übertragungsform entschieden; Tatbestandsmerkmal der Anwartschaftsrechtsübertragung ist aber die Besitzübertragung. Der Besitz ist damit die relevante Rechtsscheingrundlage. Demgegenüber gehen Pfandrecht und Vormerkung nach §§ 412, 401 durch Forderungsübertragung über. Eines Publizitätsakts (Übergabe der Sache oder Eintragung in das Grundbuch) bedarf es zu deren Übertragung nicht. Der Dritterwerber kann allenfalls vom bisherigen Pfandrechtsinhaber die Herausgabe der Sache und bei der Vormerkung einen Grundbuchberichtigungsanspruch geltend machen. Anders aber bei der Hypothek, bei deren Übertragung die Publizitätsvorschrift des § 1154 (Briefübergabe oder Grundbucheintragung) zu beachten ist; hier hat der Gesetzgeber einen gutgläubigen Erwerb zugelassen.[16]

Wenn bei der Diskussion um die Eignung des Besitzes als Rechtsscheinträger für das Anwartschaftsrecht gelegentlich allein auf § 1006 abgestellt wird, so ist das aber zumindest mißverständlich. Denn aus § 1006 allein folgt nicht, daß der Besitz Rechtsscheinträger für das Eigentum wäre; aus § 1006 folgt lediglich, zu wessen Lasten die Beweislosigkeit des Eigentums im Prozeß geht. § 1006 stellt hierbei eine Ausnahme vom allgemeinen Grundsatz dar, daß jeder die ihm günstigen Tatsachen zu beweisen habe. Den in den Abs. 1-3 genannten Besitzern steht nämlich die Vermutung zur Seite, daß sie bei Erwerb der Sache Eigenbesitz begründeten, dabei unbedingtes Eigentum erwarben und es während der Besitzzeit behielten[17]. Freilich aber steht die Eigentumsvermutung mit den §§ 929 ff. in engem Zusammenhang, knüpft doch die Rechtsvermutung, wie § 1006 Abs. 1 S. 2 zeigt, genau an die Tatbestände an, bei denen der Besitzer kein Eigentum hätte erwerben können und also nicht

vom regelmäßigen Ablauf ausgehen. *Gernhuber*, BürgR, S. 126 geht von einer ausreichenden Rechtsscheinbasis mit der Disposition über den Besitz aus.

Unzutreffend daher die Kritik *Krügers*, JuS 1994, S. 906 und Fn. 14, daß die Rechtsscheinproblematik nahezu nur von denjenigen behandelt werde, die einen gutgläubigen Erwerb vom Nichtanwärter ablehnen.

[16] Zutreffend *Rinnewitz*, S. 437 f.

[17] BGH NJW 1994, S. 939; *Palandt/Bassenge*, § 1006 Rn. 4.

vom Besitz- auf den Eigentumserwerb geschlossen werden kann.[18] Sachgerecht ist es daher vielmehr, § 1006 als einen Teilausschnitt anzusehen, der den Besitz zum Rechtsscheinträger im BGB macht, ergänzt durch die Vorschriften der Übertragung des Eigentums nach §§ 929 ff., durch § 851 und die allgemeine Erwägung, daß hinter der tatsächlichen auch die rechtliche Herrschaft steht. Unter dieser Prämisse kann davon ausgegangen werden, daß der Besitz einen Rechtsscheintatbestand für das Anwartschaftsrecht gibt.

2. Analogie zu §§ 1065, 1227

Die Eignung des Besitzes als Rechtsscheinträger für das Anwartschaftsrecht ließe sich möglicherweise auch mit einer Analogie zu §§ 1065, 1227 i. V. m. 1006 begründen. Denn in diesen beiden Fällen verknüpft das BGB mit dem Besitz einer beweglichen Sache die Vermutung für ein beschränktes dingliches Recht, nämlich für einen Nießbrauch und für ein Faustpfandrecht. Daher könnte man möglicherweise den Sachbesitz analog §§ 1065, 1227 auch als Rechtsscheinträger für das Anwartschaftsrecht ansehen.[19] Der Besitz, so ließe sich weiter argumentieren, spreche ebenso für die Anwartschaft wie für das Eigentum, das Pfand oder den Nießbrauch und schaffe so die erforderliche Vertrauensbasis. Der Besitz sei zwischen nichtberechtigtem Veräußerer und Erwerber eines Anwartschaftsrechts in eben der Form vorhanden wie bei der Veräußerung von angeblichem Eigentum.[20]

Eine Analogie zu §§ 1227, 1006 und §§ 1065, 1006 zur Begründung eines Rechtsscheintatbestandes für das Anwartschaftsrecht sollte man aber nicht befürworten. Weder das akzessorische Pfandrecht noch der nicht übertragbare Nießbrauch sind dem Anwartschaftsrecht hinreichend ähnlich. Die Anwendbarkeit der für die Ansprüche aus dem Eigentum geltenden Vorschriften bei Beeinträchtigungen des Rechts des Pfandgläubigers (§ 1227) bzw. des Nießbrauchers (§ 1065) sagen nichts zu der hier interessierenden Frage aus, ob für die Übertragung des Anwartschaftsrechts vom Nichtberechtigten ein Rechtsschein vorliegt. Hier zeigt sich wieder, daß § 1006 nicht alleiniger Standort des Rechtsscheins des Besitzes für das Eigentum ist, sondern nur zusammen

---

[18] Vgl. *Schwab/Prütting,* § 50 I.

[19] *Rimmelspacher,* Rn. 302.

[20] *Berger,* S. 154 f., der mit Recht bzgl. des Erwerbs vom Scheinanwärter bei nicht bestehendem Vorbehaltskauf eine inkonsequente Haltung der h. L. rügt, die zwar immer auf einen Kundgabetatbestand abhebe, den vorhandenen Besitz des Veräußerers hier aber nicht berücksichtige. Sie ignoriere insoweit die historische Entwicklung des Gutglaubensschutzes als auch den Besitz und das Traditionsprinzip (S. 149).

mit den bereits wiederholt erwähnten übrigen Gesichtspunkten, die den Rechtsschein des Besitzes begründen, begriffen werden kann.

Nur bedingt würde es auch weiterhelfen, wenn man zur Rechtsscheintauglichkeit des Besitzes für das Anwartschaftsrecht auf den Fall des gutgläubigen Erwerbs eines Pfandrechts verwiese, bei dem das Gesetz ausdrücklich in § 1207 auf die §§ 932, 934[21] und 935 Bezug nimmt. Denn die Akzessorietät des Pfandrechts[22] bedingt Besonderheiten, die sich nicht ohne weiteres auf andere Rechte übertragen lassen. Daß der Gesetzgeber hier lediglich den Ersterwerb, nicht aber den Zweiterwerb geregelt hat, sollte dann auch nicht weiter irritieren, da dies gerade in der Akzessorietät des Pfandrechts begründet liegt. Beim Anwartschaftsrecht dagegen könnte man sich auch eine Regelung zum gutgläubigen Zweiterwerb vorstellen, da die Gründe, die beim Pfandrecht gegen einen gutgläubigen Zweiterwerb sprechen, nicht vorliegen. Der Nießbrauch läßt sich hier gar nicht heranziehen, da dieser gem. § 1059 S. 1 nicht übertragbar, geschweige denn gutgläubig erwerbbar ist.

IV. Die Eignung des Besitzes als Rechtsscheinträger für den Ratenstand

Damit verbleibt allein noch die Frage, ob ein gutgläubiger Erwerb vom den Ratenstand falsch angebenden Anwärter[23] denkbar ist oder anders ausgedrückt, inwieweit der Besitz einen Rechtsschein für eine bestimmte „Höhe des Anwartschaftsrechts“ abzugeben vermag. Er könnte daran scheitern, daß der Besitz des Veräußerers nichts über die Höhe der Abzahlungen aussagt[24] und der Rechtsschein stets auf den dinglichen Bereich beschränkt bleibt.[25] Der Besitz als der maßgebliche Publizitätsakt, auf den sich das Vertrauen des Erwerbers begründe, so ließe sich argumentieren, sage überhaupt nichts über den vereinbarten Kaufpreis, die Dauer der Zahlungsfrist oder die Höhe der schon

[21] Der Ausschluß des gutgläubigen Erwerbs eines Pfandrechts gem. § 933 analog ergibt sich daraus, daß das Pfandrecht nicht durch Besitzkonstitut bestellt werden kann, vgl. §§ 1205 f.

[22] Dazu bereits oben B I 1, S. 35 ff.

[23] Beispiel s. S. 30, Fn. 3.

[24] So *Harry Westermann/Gursky,* § 45 III 1 d (S. 334 unten); *MünchKomm/ H. P. Westermann,* § 455 Rn. 70; *Flume,* AcP 161 (1962), S. 396 oben; *Gerhards,* S. 32; *Valentin,* S. 17 Fn. 42 und S. 124 Fn. 380.

[25] So *Gernhuber,* BürgR, S. 127 oben.

abgeleisteten Abzahlungen aus. Der Erwerb schuldrechtlich begründeter Befugnisse werde zu Lasten des Vorbehaltseigentümers nicht geschützt.[26]

Dem ist aber zu entgegnen, daß der Umstand, daß der Sache kein entsprechender nach außen sichtbarer Stempel durch die Behauptung des Veräußerers aufgedrückt wird, bereits 9 von 10 Raten gezahlt zu haben, allein einen gutgläubigen Erwerb nicht hindern kann. Ebensowenig wie sich aus dem Besitz der Schluß ziehen läßt, der Besitzer sei Eigentümer, Pfandgläubiger oder Nießbraucher, läßt sich aus dem Besitz der Schluß ziehen, wieviele Raten bereits gezahlt worden sind. Dies heißt aber nicht, daß der Besitz nicht für diese Behauptung sprechen könne: Spricht der Besitz erst einmal für das Anwartschaftsrecht, so spricht er grundsätzlich für das Anwartschaftsrecht in jeder erdenklichen Höhe, also von der ersten bis zur vorletzten abbezahlten Rate. Für welche Höhe er in concreto spricht, hängt von den Angaben des Veräußerers ab, die den Rechtsschein erst konkretisieren.[27] Damit ist aber noch nicht gesagt, daß der Erwerber das Anwartschaftsrecht in der angegebenen Höhe auch zwangsläufig erwirbt; dies richtet sich vielmehr danach, ob der Erwerber bzgl. der angegebenen Höhe gutgläubig ist. Ob der gutgläubige Erwerb in der bestimmten Höhe stattfindet, ist keine Frage des Rechtsscheins, sondern eine solche der Gutgläubigkeit. In deren Rahmen wird deshalb auf diese Frage zurückzukommen sein. Jedenfalls ist festzuhalten, daß einer analogen Anwendung der §§ 932 ff. bzgl. des Rechtsscheins nichts im Wege steht; der Besitz legitimiert den Veräußerer als Anwartschaftsberechtigten.

---

[26] So *Rinnewitz,* S. 445.

[27] Vgl. *Wieling,* SachenR I, § 17 IV 1 b bb. Weitergehend nimmt *Wieling* an, daß der Besitz für jedes vom Besitzer behauptete Recht spricht. Wieling zieht zur Begründung seiner Auffassung § 1007 Abs. 3 S. 1 an, der zeige, daß die Position des gutgläubigen Erwerbers durch dingliche Ansprüche gegenüber jedermann geschützt sei. Ausdrücklich gegen diese Argumentation als nicht verständlich *Medicus,* BürgR, Rn. 475, dessen hartem Urteil man sich angesichts der Lektüre des § 1007 Abs. 3 S. 1, der vom Ausschluß des Herausgabeanspruchs des früheren Besitzers unter zwei alternativen Voraussetzungen, nicht aber vom gutgläubigen Erwerb spricht, wird anschließen müssen.

D. Die Rechtsähnlichkeit zur Übertragung des Eigentums vom Nichtberechtigten im Hinblick auf Interessenlage, Systematik sowie Struktur des Anwartschaftsrechts

I. Die Interessenlage

Wenn nicht a priori davon ausgegangen werden kann, daß das Gesetz den gutgläubigen Erwerb ausschließen will, kommt es letztlich auf eine Interessenabwägung an. Ansatzpunkt für die Interessenwertung muß die Regelung sein, die dem gutgläubigen Eigentumserwerb zugrundeliegt. Maßgebliche Überlegung für die bestehende Regelung ist der Veranlassungsgedanke, der heute um den Gesichtspunkt des Verkehrsschutzes bereichert ist.[1] Im folgenden wird die Interessenlage des Vorbehaltsverkäufers, des Anwartschaftsberechtigten, des Erwerbers und schließlich die des Rechtsverkehrs untersucht.

Der Vorbehaltsverkäufer bleibt zumindest zunächst Eigentümer und behält seinen persönlichen Schuldner. Durch Rücktritt und der damit eröffneten Möglichkeit, einen Bedingungsausfall mit Wirkung auch gegen Dritte herbeizuführen, kann er seine Sicherheit gegenüber jedem dritten Besitzer realisieren, weshalb sein Schutz am wenigsten dringlich zu besorgen ist.[2] Durch den bloßen Rücktritt kann der Verkäufer diese Folge nicht bewirken, da das bedingte Eigentum durch den schuldrechtlichen Rücktritt nicht beeinflußbar ist. Der alleinige Rücktritt würde nur die Rechtsfolgen der §§ 346 ff. auslösen. Gleichzeitig zum Rücktritt kann er aber den auf die sachenrechtliche Zuordnung einwirkenden Widerruf erklären. Durch diesen und den dinglich wirkenden Bedingungsausfall hat er ausreichend Möglichkeit, die Anwartschaft durch einseitigen Akt zu zerstören und zu vindizieren. Ansonsten verliert er

[1] *Rinnewitz*, S. 439 m. w. N.

[2] Im Ergebnis ebenso *Rinnewitz*, S. 440 und *Brox*, JuS 1984, S. 662. Beide sind freilich der herkömmlichen Auffassung, der Rücktritt führe ipso jure zum Erlöschen des Anwartschaftsrechts. Ähnlich führt die Abhängigkeit vom Kaufvertrag nach *Hager*, S. 319 unten, nach dem der ehedem Berechtigte drohenden Nachteilen schuldrechtlich zuvorkommen könne und *Harms*, Fall 42 b) 1 c, nach dem der Erwerber die Risiken aus dem Schuldverhältnis ohnehin voll trage, zur Schutzwürdigkeit des Erwerbers zu Lasten des Anwartschaftsberechtigten. Gegen die Überbetonung der konstruktiven Seite wegen der Interessengerechtheit des gutgläubigen Erwerbs in allen Fallkonstellationen aber *Wieling*, SachenR I, § 17 IV 1 b bb.

mit Zahlung des gutgläubigen Erwerbers zwar sein Eigentum, erhält dafür aber das gezahlte Geld. Im übrigen stehen ihm in diesem Fall Ausgleichsansprüche gegen den Nichtberechtigten zu.[3]

Der Anwartschaftsberechtigte verliert zwar sein Recht; er hat es aber in der Hand, wem er die Sache übergibt oder ob er sie überhaupt weggibt (Veranlassungsprinzip). Wenn dem Eigentümer zugemutet wird, daß er das Risiko der Weggabe trägt, so ist nicht einzusehen, warum dem Anwartschaftsberechtigten eine andere Behandlung zuteil werden soll.[4] Es besteht kein Anlaß, denjenigen, der die dem Eigentum gegenüber schwächere Position hat, stärker zu schützen als den Eigentümer selbst.[5]

Die von der Kritik propagierte mangelnde Schutzwürdigkeit des Erwerbers[6] ist nicht zu sehen. Wenn man sagt, der Erwerber vertraue schutzunwürdigerweise auf das „Gerede" des Veräußerers, so verkennt man, daß diese Kritik erst dann etwas besagen kann, wenn man den Besitz als Rechtsscheintatbestand für das Anwartschaftsrecht ablehnt. Insoweit verstellt diese Argumentation den Blick auf das eigentliche Problem. Und die Überlegung, der Erwerber könne sich bei dem angeblichen Vorbehaltsverkäufer über die Wahrheit der Behauptungen erkundigen, spricht nicht generell gegen den gutgläubigen Erwerb,

---

[3] Dazu i. e. oben B I 6, S. 82 ff.

[4] So auch *Herboth*, S. 103 und 104, *Georgiades*, S. 45 und S. 132 Fn. 9 und *Eichenhofer*, AcP 185 (1985), S. 178 oben, nach denen der wahre Berechtigte die Sache selbst aus der Hand gegeben bzw. die Besitzlage selbst veranlaßt habe.

[5] *Rinnewitz*, S. 440. Ähnlich *Georgiades*, S. 45 und ihm folgend *Valentin*, S. 124, nach denen es nicht einzusehen ist, wieso das Eigentum durch Verfügung eines Nichtberechtigten verloren gehen soll, nicht aber das „wesensgleiche minus" Anwartschaftsrecht. S. a. *Eder*, S. 18, nach dem sonst das Anwartschaftsrecht zu einer stärkeren Rechtsfigur würde als das Eigentum. Außerdem führe der gutgläubige Erwerb des Anwartschaftsrechts nur zu einem schwächeren Eingriff in die Rechtsstellung der Beteiligten als der des Eigentums; so auch *Gerhards*, S. 30. Nach *Eichenhofer*, AcP 185 (1985), S. 177 schließlich stünde der Anwartschaftsberechtigte besser, als wenn er Eigentümer gewesen wäre und der Veräußerer an den redlichen Zweiterwerber das Eigentum übertragen hätte, da bei Zahlung des Zweiterwerbers der Anwartschaftsberechtigte statt des Zweiterwerbers Eigentümer würde.

[6] Von einer mangelnden Schutzwürdigkeit des Erwerbers gehen aus *Brox*, JuS 1984, S. 662; *Schwerdtner*, Jura 1980, S. 665; *Larenz*, SchuldR, § 43 II c a. E.; s. a. *Pannenborg*, S. 96: „... nicht so schutzwürdig ...". Zur mangelnden Schutzwürdigkeit des Erwerbers unter Betonung einer ihm obliegenden Nachforschungspflicht *Wilhelm*, Rn. 1247; *Bülow*, Kreditsicherheiten, Rn. 635 und Jura 1986, S. 235; *Medicus*, BürgR, Rn. 475 a. E. Für eine Nachforschungspflicht vom Standpunkt des Besitzes als Rechtsscheinträger aus auch *Hager*, S. 316.

Die Befürworter der Schutzwürdigkeit des Erwerbers beschränken diese wegen des Abhängigkeitsdogmas allgemein auf den Erwerb vom Nichtanwärter und vom Scheinanwärter bei bestehendem Vorbehaltskauf, Nachweise s. Fn. 14 zu Abschnitt B.

sondern betrifft lediglich die Gutgläubigkeit im Einzelfalle, § 932 Abs. 2. Es kann dabei unter Umständen als grobe Fahrlässigkeit anzusehen sein, wenn der Erwerber die Angaben des Verkäufers nicht dadurch nachprüft, daß er sich den Vorbehaltskaufvertrag zeigen läßt oder sich beim angeblichen Vorbehaltsverkäufer erkundigt.[7] Dies wird besonders bei einer unerkannt nichtigen Übereignung deutlich, da der Dritte hier von beiden Seiten positive Auskunft bzgl. des Anwartschaftsrechts bekommt. Damit erweist sich diese Überlegung als in der Prämisse für verfehlt.[8]

Bei der Beantwortung der Frage, ob im Interesse eines ungehinderten Güteraustauschs der gutgläubige Erwerb zuzulassen ist, darf man nicht bei der Feststellung stehenbleiben, das Anwartschaftsrecht sei ein dem Eigentum „wesensgleiches minus", sondern muß versuchen, den wirtschaftlichen Hintergrund dieser Wendung herauszustellen. Die Praxis hat die den Bedürfnissen des Wirtschaftsverkehrs nicht entsprechende gesetzliche Regelung der Mobiliarsicherheiten durch Sicherungsübereignung und Eigentumsvorbehalt ergänzt. Man hat gerade beim Anwartschaftsrecht akzeptiert, daß der Vorbehaltskäufer seine Rechtsstellung, die entgegen dem Leitbild der §§ 433 ff. eben noch keine Eigentümerstellung ist, als Kreditunterlage verwenden darf. Diese Praxis hat den Eigentumsvorbehalt in weite Bereiche des wirtschaftlichen Lebens getragen[9]. Wenn die Einräumung wie die Übertragung des Anwartschaftsrechts nach §§ 929 ff. erfolgt, wobei die Stellung des Anwartschaftsberechtigten der sonst erworbenen Eigentümerstellung in kreditwirtschaftlicher Hinsicht als gleichwertig angesehen wird, kann ein Bedürfnis nach gutgläubigem Erwerb nicht angezweifelt werden.[10] Wenn ein Recht den zur Übertragung bestimmten Publizitätsanforderungen genügt, kann daran Verkehrsschutz geknüpft werden. Der Verkehr soll dem Verfügenden trauen dürfen, der den Publizitätsansprüchen genügen kann.[11]

---

[7] *Eder,* S. 17 f.; *Rinnewitz,* S. 441 f.; *Marotzke,* Anwartschaftsrecht, S. 125; ebenso *Wieling,* SachenR I, S. 790 Fn. 11, der die Erkundigungspflicht des Erwerbers nur dann als sinnvoll und einleuchtend erachtet, wenn man die Möglichkeit des gutgläubigen Erwerbs generell bejaht hat.

[8] *Rinnewitz,* S. 442.

[9] Nach *Harms,* Fall 42 b) 1 c wird an neuen und daher als Sicherheit geeigneten Gütern zunehmend nur ein Anwartschaftsrecht begründet, über das sich der Erwerber nicht immer genau erkundigen kann und deshalb das wirtschaftliche Bedürfnis für eine Analogie spricht.

[10] *Rinnewitz,* S. 442-444.

[11] *Rinnewitz,* S. 438 und S. 470 f. *Brox,* JuS 1984, S. 662 (ihm folgend *Schwerdtner,* Jura 1980, S. 665) kommt in seiner Interessenabwägung zur mangelnden Schutzwürdigkeit des Erwerbers, indem er mit der h. L. die Unmöglichkeit des gutgläubigen Erwerbs vom Scheinanwärter bei nicht bestehendem Vorbehaltskauf unterstellt und von der Interessenlage zu dem Fall, daß ein Anwartschaftsrecht besteht, keinen Unter-

Eine entsprechende Anwendung der §§ 932 ff., die sich nur auf das Eigentum beziehen, ist damit möglich, soweit der Rechtsschein des Besitzes die fehlende Rechtsinhaberschaft zu heilen vermag.[12] Zwar bezieht sich der gute Glaube des Erwerbers nicht auf das Eigentum des Verfügenden, sondern nur auf dessen Anwartschaftsberechtigung. Dieser Glaube ist aber nicht weniger schutzwürdig als der an das Eigentum, wenn nur der Verfügende durch den Besitz der Sache legitmiert ist. §§ 932 ff. schützen den durch Besitz vermittelten guten Glauben an die Rechtszuständigkeit.[13] Die Rechtslage kann nicht anders sein, wenn der Veräußerer zunächst einem Dritten das ihm zustehende Anwartschaftsrecht und sodann dem redlichen Zweiterwerber das ihm vermeintlich noch zustehende Anwartschaftsrecht überträgt.[14] Der Erwerber hätte Eigentum nach § 932 erworben, wenn der Verfügende ihm die Sache, also das Eigentum an ihr, übereignet hätte; er verdient somit Schutz und erhält das Anwartschaftsrecht, wenn ihm der Verfügende das Anwartschaftsrecht überträgt.

Die Autoren, die die Schutzwürdigkeit des Erwerbers verneinen, vermögen nicht überzeugend darzulegen, weshalb sie diesen Schluß ziehen. Denn selbst bei der Interessenabwägung hält die Kaufpreisforderung in die Argumentation

---

schied ausmachen kann. Diese Argumentation überzeugt aber deshalb nicht, weil – allein auf die Interessenlage abgestellt – man genauso gut andersherum den gutgläubigen Erwerb vom Scheinanwärter bei nicht bestehendem Vorbehaltskauf bejahen könnte, weil hier kein Unterschied zum Fall mit bestehendem Anwartschaftsrecht vorliege. Gegen die Argumentation von *Brox* auch *Rinnewitz*, S. 467, der betont, daß das Vorliegen des Anwartschaftsrechts auf die Schutzwürdigkeit des Erwerbers keinen Einfluß haben kann, sondern vielmehr – von *Rinnewitz'* Konzeption her folgerichtig – die unüberwindliche Schranke der nichtexistenten Forderung den gutgläubigen Erwerb verhindert.

[12] *Harry Westermann*, SachenR, 5. Aufl. (abweichend von 6. Aufl.), § 45 III 1 c.

[13] *Larenz*, SchuldR, § 43 II c; *Palandt/Bassenge*, § 929 Rn. 46; *Müller*, Rn. 2437; *Raiser*, S. 39; *Georgiades*, S. 132.

[14] *Tiedtke*, Gutgläubiger Erwerb, S. 59; *Dietrich Reinicke/Tiedtke*, Kaufrecht, S. 369 (Anwartschaftsrecht nichts anderes als das in der Entwicklung befindliche Eigentum); zumindest ähnlich *Koch*, S. 33; *Gerhards*, S. 30; *Georgiades*, S. 132 Fn. 9; *Sponer*, S. 91; *Loesti*, S. 33 f.; *Pannenborg*, S. 96; s. a. *Forkel*, Grundfragen, S. 193 und *Rinnewitz*, S. 442 f.

Einige gelangen mit gleicher Argumentation vom Boden des Abhängigkeitsdogmas zu einem gutgläubigen Erwerb auch über den Erwerb vom Nichtanwärter und vom Scheinanwärter bei bestehendem Vorbehaltskauf hinaus, so *Herboth*, S. 104, der unterstreicht, in der Schutzwürdigkeit des Erwerbers in allen Fallkonstellationen keinen Unterschied ausmachen zu können; *Nauenberg*, S. 33 oben, der die Schutzwürdigkeit des Erwerbers für jeden translativen Erwerb betont; *Hausmann*, S. 42, der mit dieser Argumentation den Erwerb vom Scheinanwärter bei nicht bestehendem Vorbehaltskauf bejaht.

Einzug, wenn gesagt wird, die Möglichkeit des gutgläubigen Erwerbs vom Scheinanwärter bei bestehendem Vorbehaltskauf[15] sei abzulehnen, da ein Unterschied in der Interessenlage zum Erwerb vom Scheinanwärter bei nicht bestehendem Vorbehaltskauf[16], bei der der Erwerber ebenfalls nicht schutzwürdig sei, nicht bestehe. Die Ungereimtheiten der derzeit h. L., wonach der gutgläubige Erwerb des Anwartschaftsrechts dann zu bejahen ist, wenn der Gutgläubige von jemandem erwirbt, der die Sache *vom Vorbehaltskäufer* entliehen hat (Erwerb vom Nichtanwärter[17]), aber zu verneinen ist, wenn der Gutgläubige von jemandem erwirbt, der die Sache *vom Eigentümer* entliehen hat (Erwerb vom Scheinanwärter bei nicht bestehendem Vorbehaltskauf[18]), werden im Vergleich dieser Fallkonstellationen besonders deutlich, da doch ein Unterschied in der Schutzwürdigkeit des Erwerbers nicht festzustellen ist. Der Erwerber ist unabhängig von der für ihn nicht sichtbaren Umstände, ob ein Kaufvertrag oder ein Anwartschaftsrecht vorliegt, grundsätzlich schutzwürdig. Differenzierungen in der Lösung der verschiedenen Fallkonstellationen lassen sich gewiß nicht auf der Ebene der Interessenabwägung begründen. Ausschlaggebend bei der Interessenabwägung und bei der Beurteilung der Schutzwürdigkeit des Erwerbers ist doch, daß er in der Konstellation des Erwerbs vom Scheinanwärter bei nicht bestehendem Vorbehaltskauf[19] hätte Eigentum erwerben können, die h. L. dem redlichen Erwerber aber nicht einmal den Erwerb des Anwartschaftsrechts zubilligen will. Mögen einige dieses Ergebnis der h. L. als „verblüffend" bezeichnen, so ist es doch in Wahrheit wegen seiner mangelnden Interessengerechtheit und seines falschen dogmatischen Ausgangspunkts hinsichtlich der Abhängigkeit des Anwartschaftsrechts vom Vorbehaltskauf schlichtweg falsch. Die Interessenlage bei der Übertragung des Anwartschaftsrechts durch den Nichtberechtigten ist der der gesetzlichen Konzeption hinsichtlich des Eigentums zugrundeliegenden gleich, so daß §§ 932 ff. analog anzuwenden sind.

II. Systematische Erwägungen

Die angebliche Grundverschiedenheit des Eigentumserwerbs – auch des bedingten Eigentumserwerbs – vom Nichtberechtigten und dem Erwerb einer

---

[15] Beispiel s. S. 30, Fn. 5.

[16] Beispiel s. S. 30, Fn. 2.

[17] Beispiel s. S. 33, Fn. 24.

[18] Beispiel s. S. 30, Fn. 2.

[19] Beispiel s. S. 30, Fn. 2.

angeblichen Rechtsposition auf Erwerb des Eigentums vom Nichtinhaber einer solchen Position[20] könnte man zum Anlaß nehmen, einen Vergleich mit der Rechtslage beim Pfandrecht an beweglichen Sachen zu ziehen. Auf diesem Wege ließe sich auch eine mögliche Fehlentwicklung, die auf die Verselbständigung dcs Anwartschaftsbegriffs und der mit ihm verbundenen Bildersprache zurückzuführen sein könnte[21], aufzeigen. Denn wenn es für den Eigentumserwerb des Vorbehaltskäufers vom Nichtberechtigten auf den guten Glauben im Zeitpunkt der bedingten Eigentumsübertragung ankomme, so folge daraus nicht zwangsläufig, daß auch ein gutgläubiger Erwerb der Rechtsposition des Vorbehaltskäufers von einem angeblichen Vorbehaltskäufer anzuerkennen wäre.[22]

Aus dem Vergleich ergibt sich nach der Kritik, daß wegen der Parallelität mit der Rechtslage bei der Übertragung eines nicht bestehenden Pfandrechts auch das Anwartschaftsrecht nicht gutgläubig zu erwerben sei. So könne zwar der Pfandnehmer kraft guten Glaubens ein Pfandrecht auch vom Nichteigentümer bei rechtsgeschäftlicher Bestellung erwerben. Ein gutgläubiger Erwerb eines nicht bestehenden Pfandrechts sei aber auch bei bestehender Forderung ausgeschlossen.[23] Die Gegenauffassung sehe die Problematik unrichtig, weil sich daraus, daß dem Pfandberechtigten und Nießbraucher zur Verteidigung ihrer Rechte gegen Beeinträchtigungen die Vermutung des § 1006 zustehe, nicht ergebe, daß auch für den rechtsgeschäftlichen Verkehr die Situation hinsichtlich des durch den Besitz begründeten Rechtsscheins betreffs des Eigentums und betreffs der Rechte an fremder Sache die gleiche wäre. Der Erwerb vom Nichtberechtigten sei nicht über die gesetzlichen Regelungen hinaus zu favorisieren. Die Anerkennung eines gutgläubigen Erwerbs des Pfandrechts vom Nicht-Pfandgläubiger würde bedeuten, daß vor allem der gute Glaube an das Gerede des Zedenten über sein angebliches Pfandrecht geschützt würde.[24] Die Kritik schließt, das BGB kenne bei Mobilien nur den Schutz des guten Glaubens an das Eigentum. Es bestehe keine Veranlassung, darüber hinauszugehen. Selbst die Erweiterung des Schutzes des guten Glaubens nach § 366 HGB betreffe nur die Befugnis, über die Sache „für den Eigentümer" zu verfügen.[25]

---

20 *Flume,* AcP 161 (1962), S. 394 und Rechtsgeschäft, § 42 4 c.

21 *Wiegand,* JuS 1974, S. 211.

22 *Flume,* AcP 161 (1962), S. 394 f. und Rechtsgeschäft, § 42 4 c.

23 H. L., vgl. *Baur/Stürner,* § 55 B V 3; *Schwab/Prütting,* § 73 I.

24 *Flume,* AcP 161 (1962), S. 395 und Fn. 17 m. w. N. auch zur Gegenansicht und Rechtsgeschäft, § 42 4 c.

25 *Flume,* AcP 161 (1962), S. 397 oben und Rechtsgeschäft, § 42 4 c.

Der Vergleich mit dem Pfandrecht trifft aber nicht. Wegen der wirtschaftlichen Funktion des Eigentumsvorbehalts als Sicherungsrecht ist es zwar durchaus legitim, einen Vergleich zu der Rechtslage bei einem anderen Sicherungsrecht anzustellen.[26] Zunächst aber ist die Rechtslage bei der Übertragung eines Pfandrechts durch den Nichtberechtigten umstritten und damit für andere Fälle wenig aussagekräftig. Der Vergleich trifft aber auch in der Sache nicht. Denn die Rechtslage in beiden Fällen ist sehr unterschiedlich. Nach h. M. scheidet bei der Übertragung eines nicht bestehenden Pfandrechts ein gutgläubiger Erwerb deshalb aus, weil es an einem rechtsgeschäftlichen Erwerb des Pfandrechts fehlt; denn übertragen wird allein die Forderung, und wegen der Akzessorietät des Pfandrechts geht dieses mit dem Übergang der Forderung kraft Gesetzes auf den neuen Gläubiger über (vgl. §§ 1250 Abs. 1, 401, 412). Die Begründung, es fehle an einem rechtsgeschäftlichen Erwerb, trifft dagegen beim Erwerb eines Anwartschaftsrechts nicht zu, denn dieses wird wie das Vollrecht, also rechtsgeschäftlich, übertragen.[27]

Auch ein Vergleich mit Nießbrauch oder Vormerkung bringt kein der Möglichkeit der Übertragbarkeit des Anwartschaftsrechts durch den Nichtberechtigten nachteiliges Ergebnis. Denn im Falle des Nießbrauchs ist die Unmöglichkeit gutgläubigen Erwerbs zwangsläufige Folge der mangelnden Übertragbarkeit, wie sie in § 1059 geregelt ist. Ebensowenig wie das Pfandrecht wird die Vormerkung durch Rechtsgeschäft übertragen; auch sie geht als Annex der gesicherten Forderung kraft Gesetzes mit über. Deshalb wird bei der Vormerkung überwiegend ein Gutglaubensschutz versagt.[28]

---

[26] *Rinnewitz,* S. 436.

[27] *Brox,* JuS 1984, S. 662 m. w. N.; *Georgiades,* S. 132 Fn. 9; *Rinnewitz,* S. 437. S. a. *Marotzke,* Anwartschaftsrecht, S. 124 f.; *Eichenhofer,* AcP 185 (1985), S. 178, nach dem das Argument, daß auch ein nicht bestehendes Pfandrecht nicht gutgläubig erworben werden könne, die Gegenansicht nicht stütze, da sie „auf der Stufe anwartschaftsrechtlichen Trennungsdenkens stehen (bleibe), ohne daß die Anwartschaft dem Eigentum anverwandelt würde".

[28] *Rinnewitz,* S. 436 f. Rinnewitz a. a. O. ist aber irrig der Ansicht, daß *Flume,* AcP 161 (1962), S. 395 den Schluß zieht, die Unmöglichkeit des Erwerbs von Pfandrecht, Nießbrauch und Vormerkung vom Nichtberechtigten bedeute, daß der Besitz auch für das Anwartschaftsrecht keinen Rechtsschein abgeben könne. Denn Flume argumentiert vielmehr genau andersherum, nämlich daß der Besitz keinen Rechtsschein für das Pfandrecht (auf das er i. ü. allein eingeht) abgebe, weshalb ein gutgläubiger Erwerb des Pfandrechts nicht möglich sei: Es sei nicht einzusehen, wieso der Besitz den „Rechtsschein" gerade des Bestehens eines Pfandrechts vermittele. Die Meinung, die den gutgläubigen Erwerb eines nicht bestehenden Pfandrechts vom angeblichen Pfandgläubiger zulasse, beruhe auf einer positivistischen Verabsolutierung des Besitzes als Grundlage für den gutgläubigen Erwerb, vgl. *Flume,* AcP 161 (1962), S. 395 m. w. N. in Fn. 17.

Als systematisches Argument gegen den gutgläubigen Zweiterwerb ließe sich weiterhin anführen, daß §§ 932 ff. wie auch § 892 zugunsten des Gutgläubigen nur den Mangel der Berechtigung beseitigten, nicht aber den Mangel, daß der Verfügungsgegenstand überhaupt nicht existiere. Deshalb gebe es auch keinen gutgläubigen Erwerb nichtbestehender Forderungen, ebensowenig könne ein Pfandrecht, das nicht bestellt worden sei, gutgläubig erworben werden. Nach der hinter den §§ 932 ff. stehenden Vorstellung reiche ein vom Besitz ausgehender Rechtsschein für das Anwartschaftsrecht nicht aus, den gutgläubigen Erwerb eines nichtexistierenden Rechtsgegenstandes zu begründen.[29] Nur über die mangelnde Rechtszuständigkeit, nicht über die mangelnde Existenz des Anwartschaftsrechts solle der gute Glaube hinweghelfen.[30]

---

[29] *Bülow,* Jura 1986, S. 236; auch nach *Manfred Wolf,* Rn. 516 a. E. kommt ein gutgläubiger Erwerb in analoger Anwendung der §§ 932 ff. nur dann in Betracht, wenn das Recht existiert, aber nur einem anderem als dem Veräußerer zusteht; auch *MünchKomm/Quack,* § 932 Rn. 87 zufolge ist die Entstehung eines Anwartschaftsrechts kraft guten Glaubens nicht möglich. Ähnlich *Valentin,* S. 18, nach dem sich beim Erwerb vom Scheinanwärter bei nicht bestehendem Vorbehaltskauf wieder der Grundsatz beweist, daß ein gutgläubiger Erwerb nur dann möglich ist, wenn die in Frage stehende Übertragung auch bei Vornahme durch einen Berechtigten wirksam gewesen wäre.

Die Differenzierung der h. L. nach Existenz des Anwartschaftsrechts hält *Staudinger/Wiegand,* § 932 Rn. 132 mit dem Grundkonzept des § 932 für unvereinbar und verneint jeden gutgläubigen Erwerb. Ebenfalls gegen einen gutgläubigen Erwerb vom Scheinanwärter bei nicht bestehendem Vorbehaltskauf *Sponer,* S. 91 unten, da dies „ganz offenbar" der Wertung der §§ 932 ff. engegenstehe. Dagegen aber wiederum *Wieling,* SachenR I, § 17 IV 1 b bb (S. 791 unten) und Lehrbuch, § 17 III 1 b bb; *Berger,* S. 158: Es entspreche der gesetzlichen Regelung des gutgläubigen Erwerbs gemäß Gutglaubensschutz und Veranlassungsprinzip, den gutgläubigen Erwerb vom Scheinanwärter bei nicht bestehendem Vorbehaltskauf und vom den Ratenstand falsch angebenden Anwärter zu bejahen.

[30] *Brox,* JuS 1984, S. 661 f. Brox verweist auf S. 662 Fn. 37 nicht ganz zutreffend auf *Baur/Stürner,* § 59 V 3 und *Harry Westermann,* SachenR, 5. Aufl. (abweichend von 6. Aufl.), § 45 III 1 c. Baur verneint zwar in der Tat den gutgläubigen Erwerb vom Scheinanwärter bei nicht bestehendem Vorbehaltskauf; er begründet dies jedoch damit, daß die Bedingung nicht eintreten könne, und nicht mit der Begründung von Brox. Harry Westermann seinerseits spricht zwar davon, daß die §§ 932 ff. entsprechend auf Anwartschaftsrechte anwendbar seien, soweit der Rechtsschein des Besitzes die fehlende Rechts*inhaberschaft* (Hervorhebung vom Verf.) zu heilen vermöge bzw. daß ein gutgläubiger Erwerb dort ausgeschlossen sei, wo gar keine Anwartschaft bestehe. Es geht ihm aber wohl nicht um die Begründung von Brox, sondern auch er stellt auf das schuldrechtliche Verhältnis ab, von der das Anwartschaftsrecht abhängig sei. Da Harry Westermann den Erwerb vom Scheinanwärter bei bestehendem Vorbehaltskauf nicht behandelt, läßt auch er sich wohl nicht als Vertreter der Argumentation von Brox ins Feld führen. Gleiches gilt auch für *Larenz,* SchuldR, § 43 II c (S. 120 Mitte) und *Gerhards,* S. 31, die von der Heilung der fehlenden Rechtszuständigkeit bzw. der fehlenden Anwärterstellung sprechen.

Der Wortlaut des § 932 zwingt aber zunächst nicht zu dieser Annahme: „wenn die Sache dem Veräußerer nicht gehört" beschränkt nicht den Anwendungsbereich der Vorschrift auf die Fälle, in denen ein anderer Eigentümer ist, sondern schließt auch die Variante ein, in der niemand Eigentum an der Sache hat. Praktisch erscheint zwar ein solcher Fall kaum relevant zu werden, weil selbst bei zwischenzeitlich herrenlosen Sachen der Veräußerer zunächst selbst in den Besitz der Sache kommen muß, dies aber regelmäßig zu seinem Eigentum führen (§ 958) und somit ein nachfolgender gutgläubiger Erwerb unmöglich wird. Es bleibt aber der Fall, daß bei der Inbesitznahme gegen ein fremdes Aneignungsrecht verstoßen wird, da hier der Inbesitznehmende kein Eigentum erwirbt. Dennoch wird zu Recht angenommen, daß diese Sache von einem Dritten gutgläubig erworben werden kann. Somit heilen die Gutglaubensvorschriften auch das an der Sache bisher überhaupt nicht bestehende Eigentumsrecht. Damit ist die soeben angeführte Argumentation schon für den redlichen Eigentumserwerb nicht richtig. Sie kann daher auch dem gutgläubigen Zweiterwerb des Anwartschaftsrechts nicht entgegenstehen.[31]

Auch alle gem. § 892 gutgläubig erwerbbaren Grundbuchrechte können im Zusammenhang mit dem redlichen Erwerb unter bestimmten Voraussetzungen erst zur Entstehung gelangen. So kann die Hypothek ohne weiteres gem. § 892 von einem gutgläubigen Dritten erworben werden, wenn die Einigung zwischen dem veräußernden Hypothekar und dem Eigentümer nichtig gewesen ist. Befürwortet man die herrschende Auffassung und läßt man infolge der mangelhaften dinglichen Einigung keine Eigentümerhypothek entstehen, so heilt § 892 nicht allein die fehlende Inhaberstellung der vermeintlich entstandenen Hypothek, sondern bringt sie zugunsten des redlichen Erwerbers erst zur Entstehung.[32] Aus dem Pfandrecht oder der Vormerkung lassen sich hiergegen keine Argumente herleiten, da deren mangelnde Erwerbbarkeit durch guten Glauben an deren Akzessorietät und nicht daran scheitert, daß die Rechte nicht bestehen. Im Ergebnis sind damit keine durchschlagenden Argumente aus systematischer Sicht gegen die Übertragung der Anwartschaft durch einen Nichtberechtigten vorhanden.[33]

---

[31] So mit Recht *Rinnewitz,* S. 464 f.

[32] In diesem Sinne auch *Valentin,* S. 17, nach dem dingliche Rechte – auch nur vermeintliche – grundsätzlich durch Übertragung des Scheininhabers in der Person eines Gutgläubigen erst zur Entstehung gelangen können.

[33] Zutreffend *Rinnewitz,* S. 465 f. m. w. N.

III. Strukturelle Erwägungen

In die Gefahr, durch Begriffsbildungen normative Entscheidungen zu ersetzen, begibt man sich, wenn man aus der angeblichen Struktur eines Rechts praktische Rückschlüsse ziehen will. Dem „wesensgleichen minus" Anwartschaftsrecht, für das erst recht die Vorschriften für das Eigentum zu gelten hätten, ist man ja bereits begegnet. Davor wurde erst neuerdings wieder gewarnt, als völlig zu Recht gesagt wurde, daß man sich mit dem allgemein akzeptierten Grundsatz, daß sich die rechtliche Behandlung des Anwartschaftsrechts nach den für das Vollrecht geltenden Regeln vollziehe, nicht zufrieden geben könne; entscheidend sei vielmehr die eigentliche Wertentscheidung denn die juristische Konstruktion[34]. Dennoch blieb auch dieser Aspekt in der Diskussion nicht unberücksichtigt und half den gutgläubigen Erwerb in den verschiedenen Fallkonstellationen zu verneinen oder zu bejahen.

So erfährt der gutgläubige Erwerb des Anwartschaftsrechts durch Medicus eine pauschale Ablehnung: Eine durch eine Kaufpreisforderung, durch deren Erfüllung sie erst zum Vollrecht erstarken könne, mitbestimmte Rechtsposition eigne sich für den gutgläubigen Erwerb nicht.[35] Ferner wird geltend gemacht, das Anwartschaftsrecht sei infolge seiner Abhängigkeit von der schuldrechtlichen Grundlage eine wesentlich schwächere Rechtsposition als das Eigentum, also entgegen der gängigen Formulierung doch kein „dem Eigentum wesensgleiches minus", sondern ein aliud gegenüber dem Eigentum, weshalb eine analoge Anwendung der §§ 932 ff. auf die Übertragung einer angeblichen Eigentumsanwartschaft nicht geboten erscheine.[36]

---

[34] *Krüger*, JuS 1994, S. 906. Ausdrücklich gegen eine Argumentation mit „wesensgleichem minus" oder „aliud", wenn eine Analogie in Rede steht, *Scheuerle*, AcP 163 (1963), S. 444 f.; s. a. *Flume*, AcP 161 (1962), S. 408; *Wittmann*, ZRT 1978, S. 53 f. (Unbrauchbarkeit solcher metaphorischer Ausdrücke).

[35] *Medicus*, BürgR, Rn. 475 a. E.; ihm folgend *Schwerdtner*, Jura 1980, S. 665.

[36] *Harry Westermann/Gursky*, § 45 III 1 d a. E.; *Brox*, JuS 1984, S. 662. Nach *Flume*, AcP 161 (1962), S. 395 Fn. 17 a. E. sind für die Problematik des gutgläubigen Erwerbs die Rechte an fremder Sache gegenüber dem Eigentum nicht ein minus, sondern ein aliud. Auch für *Wiegand*, JuS 1974, S. 211 stellt die Behauptung des vermeintlich Berechtigten, eine Anwartschaft übertragen zu wollen und zu können, anders als die Behauptung, sie durch die bedingte Übereignung zu begründen, kein minus, sondern ein aliud gegenüber der Eigentumsbehauptung dar.

Speziell zum Erwerb vom Scheinanwärter bei bestehendem Vorbehaltskauf sucht *Valentin*, S. 19 gegen *Georgiades*, S. 44, 45 die Begründung für die Zulässigkeit des gutgläubigen Erwerbs ausdrücklich in der rechtlichen Konstruktion des Anwartschaftsrechts. Die Möglichkeit des gutgläubigen Erwerbs sei keine Frage des Rechtsscheins.

Die der Anwartschaft durch ihre Abhängigkeit vom Schuldverhältnis anhaftende Schwäche ist nach *Raiser*, S. 38 und *Georgiades*, S. 44 Fn. 7 entscheidend dafür, daß

Bezeichnenderweise sind es die beiden ältesten Stellungnahmen[37], die den gutgläubigen Erwerb des Anwartschaftsrechts im wesentlichen mit dem Argument bejahen wollen, daß es sich bei dem Anwartschaftsrecht um ein beschränktes dingliches Recht handele, das deshalb auch gutgläubig erwerbbar sei. Hinsichtlich des gutgläubigen Erwerbs werde das Anwartschaftsrecht nicht anders als andere beschränkte dingliche Rechte (soweit sie überhaupt übertragbar seien) behandelt.[38] Das Anwartschaftsrecht für den Fall des Eigentumsvorbehalts sei ein Recht an der Sache, ein dingliches Recht, ähnlich dem Pfandrecht oder Nießbrauch. Genauso wie der Entleiher einer Sache zum Nachteil des Eigentümers diese mit Pfand oder Nießbrauch eines Gläubigers belasten könne (§§ 1032, 1227), so könne auch das Eigentum kraft guten Glaubens mit einem Anwartschaftsrecht belegt werden.[39]

Die strukturellen Argumente dienen deren Verwendern regelmäßig nur dazu, das bereits gefundene Ergebnis zusätzlich abzusichern; die hier entwickelte Lösung wird sich von diesen meist wenig überzeugenden Argumenten nicht beirren lassen. Hebt man auf die vermeintliche Schwäche des Anwartschaftsrechts wegen dessen Abhängigkeit von der Kaufpreisforderung ab und will man daraus eine mangelnde Eignung für den gutgläubigen Erwerb oder etwa herleiten, daß es sich deshalb beim Anwartschaftsrecht nicht um ein minus, sondern um ein aliud dem Eigentum gegenüber handele, so übersieht man dabei zweierlei: Erstens würde dieser Umstand nicht gegen die gutgläubige Erwerbbarkeit, sondern gegen die Verkehrsfähigkeit des Anwartschaftsrechts überhaupt sprechen, eine Konsequenz, die aber offenbar niemand zu ziehen bereit ist. Läßt man die Übertragbarkeit zu, so steht der Abhängigkeitsgesichtspunkt einem redlichen Erwerb nicht im Wege, da sich dieser Aspekt auch beim Erwerb vom Berechtigten nicht durchsetzt. Folgte man dem Dogma von der Abhängigkeit des Anwartschaftsrechts, so müßte sowohl der vom Nichtberechtigten als auch der vom Berechtigten Erwerbende die Abhängig-

---

ein gutgläubiger Erwerb vom Scheinanwärter bei nicht bestehendem Vorbehaltskauf ausscheidet. Ähnlich *Forkel,* Grundfragen, S. 194 f., nach dem das Rechtsänderungsrecht und damit alle ihm angeschlossenen Befugnisse einfach untergeht, wenn sich ein noch offenes Tatbestandsmerkmal nicht mehr verwirklichen läßt. In diesem Sinne auch *Rinnewitz,* S. 452 f. (Anwartschaftsrecht als ein auf den Erwerb des Eigentums ausgerichtetes Herrschaftsrecht sui generis), der auf S. 453, Fn. 1693 im Hinblick auf das gleiche Ergebnis ausdrücklich auf *Forkel* verweist.

[37] *Nauenberg,* Die Anwartschaft aus aufschiebend bedingter Übereignung (1933), S. 33 und *Hausmann,* Die Uebertragung der Anwartschaftsrechte (1937), S. 42.

[38] *Nauenberg,* S. 33; ähnlich *Raiser,* S. 36 f., nach dem es vom gutgläubigen Ersterwerb zum Zweiterwerb nur „ein kleiner Schritt“ sei.

[39] *Hausmann,* S. 42.

keit des Anwartschaftsrechts hinnehmen.[40] Zum andern liegt eine solche Schwäche aber auch gar nicht vor, da das Anwartschaftsrecht vom Vorbehaltskauf wie gezeigt nicht abhängt.

Bemüht man des weiteren die Struktur des Anwartschaftsrechts, das als Rechtsänderungsrecht bei fehlender Forderung wegen mangelnder Entwicklungsmöglichkeit fortfalle und somit einem gutgläubigen Erwerb nicht zugänglich sei, oder das als beschränktes dingliches Recht wie jedes andere beschränkte dingliche Recht gutgläubig erwerbbar sei, so muß man sich den völlig zu Recht erhobenen und einleitend bereits erwähnten Vorwurf gefallen lassen, irrigerweise die Problemlösung der Konstruktion statt der Wertentscheidung zu überlassen. Damit sind im Hinblick auf die angebliche Struktur des Anwartschaftsrechts keine Gründe für, aber auch keine Einwände gegen dessen Übertragbarkeit vom Nichtberechtigten ersichtlich. Die Argumentation ist vielmehr ohne Aussagekraft.

---

[40] Überzeugend *Rinnewitz,* S. 442; ähnlich *Hager,* S. 319 Mitte.

E. Der gute Glaube des Erwerbers

Der Erwerb vom Nichtberechtigten erfordert die Gutgläubigkeit auf seiten des Erwerbers: Dem Anwartschaftsrechtserwerber darf nicht bekannt oder infolge grober Fahrlässigkeit unbekannt sein, daß dem Veräußerer an der Sache kein Anwartschaftsrecht zusteht, § 932 Abs. 2 analog. Grobfahrlässige Unkenntnis liegt dann vor, wenn der Erwerber die im Verkehr erforderliche Sorgfalt in ungewöhnlich hohem Maße verletzt und dasjenige unbeachtet gelassen hat, was im gegebenen Fall sich jedem aufgedrängt hätte. Für ihn muß bei nur durchschnittlichem Merk- und Erkenntnisvermögen ohne besondere Aufmerksamkeit und besonders gründliche Überlegungen aufgrund der Geschäftsumstände und der Verkäuferperson erkennbar gewesen sein, daß der Veräußerer Nichtberechtigter war.[1] Eine allgemeine Nachforschungspflicht besteht nicht. Die Umstände des Einzelfalles sind maßgebend, ob Bösgläubigkeit aufgrund konkreter Verdachtsgründe oder auch ohne solche wegen unterlassener Nachforschung im Hinblick auf verkehrsübliche Möglichkeit von Drittberechtigung anzunehmen ist.[2]

Wer behauptet, der Erwerber sei in den Fällen des Erwerbs vom Scheinanwärter bei nicht bestehendem Vorbehaltskauf[3] und vom den Ratenstand falsch angebenden Anwärter[4] nicht schutzwürdig, weil nur der gute Glaube an die Rechtszuständigkeit des Verfügenden, nicht auch der an die Richtigkeit der von diesem über den Inhalt des Rechts, insbesondere über den Kaufvertrag gemachten Angaben, geschützt werde[5], läuft Gefahr, die Problematik der Gutgläubigkeit mit der des Rechtsscheins zu vermengen. Ein Rechtsscheintatbestand liegt mit dem Besitz aber auch dann für das Anwartschaftsrecht vor,

---

[1] So zumindest für das Eigentum *Palandt/Bassenge,* § 932 Rn. 10 m. w. N.; die für die grobfahrlässige Unkenntnis entwickelten Grundsätze lassen sich mangels entgegensprechender Gesichtspunkte entsprechend auf die Rechtslage beim Anwartschaftsrecht übertragen.

[2] *Palandt/Bassenge,* § 932 Rn. 10 m. w. N.

[3] Beispiel s. S. 30, Fn. 2.

[4] Beispiel s. S. 30, Fn. 3.

[5] *Larenz,* SchuldR, § 43 II c a. E.; *Harry Westermann,* SachenR, 5. Aufl. (abweichend von 6. Aufl.), § 45 III 1 c; *MünchKomm/H. P. Westermann,* § 455 Rn. 70; *Medicus,* BürgR, Rn. 475; *Gernhuber,* BürgR, S. 127 oben; *Rinnewitz,* S. 445; *Valentin,* S. 17 Fn. 42 und S. 124 Fn. 380.

wenn dieses gar nicht besteht oder durch den Nichtanwärter in der falschen Höhe angegeben wird.[6] Eine pauschalisierende fehlende Schutzwürdigkeit des Erwerbers kann sich allein hieraus nicht ergeben; zu fragen ist insoweit, ob er gutgläubig ist.

Folgte man der Prämisse[7], daß mit Nachforschungspflichten, wie sie etwa beim Kauf von Waren bestehen, die möglicherweise unter Eigentumsvorbehalt übereignet wurden[8], der verminderten Rechtsscheinwirkung des Besitzes Rechnung getragen werden soll, so könnte man hier wegen der mangelnden Aussagekraft des Besitzes für die abbezahlten Raten versucht sein, für eine solche Nachforschungspflicht zu plädieren. Mittels dieses Instruments könnte man die vom Gesetz vorgesehene Risikoverteilung zugunsten des Eigentümers korrigieren.

Im Schrifttum findet sich zu der Frage einmal die Auffassung, daß der Erwerber bei nicht angestellter Nachforschung über die Berechtigung des Veräußerers bösgläubig sei. Der Gehalt des Rechts richte sich nach dem Stand der Erfüllung der Kaufpreisforderung. Über diesen werde sich der Erwerber von den Parteien des Kaufvertrages Aufklärung holen, die Erzählungen seines Veräußerers darüber böten für ihn keine verläßliche Grundlage. Also müsse er (auch) beim Verkäufer rückfragen, und dieser werde seinen guten Glauben an das Anwartschaftsrecht des Veräußerers zerstören. Frage der Erwerber nicht zurück, so sei sein Erwerb kein schutzwürdiger Erwerb; der Erwerber sei bösgläubig, weil er seine Erwerbsgrundlage nicht gesichert habe.[9] Aber auch diejenigen, die grundsätzlich für die Schutzwürdigkeit des Erwerbers eintreten, bejahen mitunter eine Nachforschungspflicht. Während einige nur aus den Umständen des Einzelfalls angezeigte Nachforschungen für erforderlich halten[10], verlangen andere, daß der Erwerber sich den Sachverhalt vom Eigentü-

---

[6] Dazu oben C, S. 120 ff.

[7] *Wiegand,* JuS 1974, S. 207 f., insbes. S. 208 li. Sp.

[8] Siehe dazu und zu anderen Fällen *Palandt/Bassenge,* § 932 Rn. 11 ff.

[9] *Wilhelm,* Rn. 1247; *Bülow,* Kreditsicherheiten, Rn. 635 und Jura 1986, S. 235; *Medicus,* BürgR, Rn. 475 a. E. Für eine Nachforschungspflicht vom Standpunkt des Besitzes als Rechtsscheinträger auch *Hager,* S. 316; von seinem Standpunkt der Besitzverschaffungsmacht hält er eine Nachforschungspflicht nicht in jedem Fall geboten, S. 316 und 317.

[10] *Eder,* S. 17 f.; *Rinnewitz,* S. 441 f.; wohl auch *Wieling,* SachenR I, S. 790 Fn. 11.

mer/Vorbehaltsverkäufer regelmäßig bestätigen läßt[11]. Vereinzelt wird sich aber auch gänzlich gegen eine Nachforschungspflicht gestellt[12].

Gegen eine Nachforschungspflicht spricht aber einiges. Denn eine Nachforschung würde in vielen Fällen gar nicht zum Erfolg führen, nämlich dann, wenn der Eigentümer überhaupt keine zutreffende Antwort zur Berechtigung des Veräußerers geben könnte oder wollte. So etwa, wenn der Veräußerer zu einem gewissen Zeitpunkt Anwartschaftsberechtigter gewesen ist, die Anwartschaft aber veräußert hat und so der Eigentümer nach bestem Wissen dem nachforschenden Anwartschaftsrechtserwerber regelmäßig die Auskunft geben müßte, daß dessen Vertragspartner – unzutreffenderweise – sehr wohl Anwartschaftsberechtigter sei. Oder dann, wenn der angebliche Eigentümer, wie es etwa beim Erwerb vom bösgläubigen Scheinanwärter bei bestehendem Vorbehaltskauf[13] naheliegen würde, den nachforschenden Erwerber belügt. Oder wenn die Übereignung unerkannt nichtig ist (Erwerb vom Scheinanwärter bei bestehendem Vorbehaltskauf[14]), da auch hier der Eigentümer nach bestem Gewissen den Erwerber falsch informieren würde[15]. In diesen Fällen würde also eine Nachforschungspflicht zu nichts führen. Würde man aber nur dann, wenn der Anwartschaftsrechtserwerber seine Gutgläubigkeit nutzlos unter Beweis gestellt hat, einen gutgläubigen Erwerb zulassen[16], hieße das, den Anwartschaftsrechtserwerber z. B. in dem Fall der unerkannt nichtigen Übereignung als schutzwürdiger ansehen als in den sonstigen Fällen. Dafür ist aber kein sachlicher Grund ersichtlich; die Zufälligkeiten des Einzelfalles sollten hier nicht den Ausschlag geben. Deshalb ist bereits unter diesem Gesichtspunkt die Annahme einer generellen Nachforschungspflicht mehr als fraglich.

Des weiteren kann auch hier wieder ein Vergleich mit dem maius Eigentum bemüht werden: Unvoreingenommen spricht doch mehr für die Richtigkeit einer Behauptung, mit der der Behauptende etwas weniger für sich in Anspruch nimmt. Für den Erwerber ist es eher glaubhaft, wenn sich der Veräußerer nur als Anwärter statt als Eigentümer ausgibt, versäumt er doch damit, einen hö-

---

[11] *Herboth,* S. 104 f; wohl etwas einschränkend *Georgiades,* S. 44 Fn. 5, nach dem der Erwerber, der die Inhaberschaft des Verfügenden nicht nachprüft und sich über die Verdachtsgründe leichtfertig hinwegsetzt, sich den Vorwurf der culpa lata gefallen lassen muß.

[12] *Berger,* S. 154., der in der Pflicht, nach der Wirksamkeit des Kausalgeschäfts zu forschen, einen Verstoß gegen die Übereignungslehre des BGB erblickt.

[13] Beispiel s. S. 30, Fn. 5.

[14] Beispiel s. S. 30, Fn. 5.

[15] – oder er dies versehentlich tut, vgl. die Beispiele von *Herboth,* S. 104 zu 1 b und 2 –

[16] So *Herboth,* S. 104 f.

heren Gewinn zu erzielen. Des weiteren muß der Vertragspartner des Nichteigentümers, also desjenigen, der ein Mehr behauptet, grundsätzlich keine Nachforschungen anstellen, um Eigentümer zu werden. Dann muß aber doch derjenige, der weniger erwerben will, erst recht keine Nachforschungen anstellen.

Gegen letzteres möge man das Argument der minderen Aussagekraft des Besitzes für die „Höhe des Anwartschaftsrechts" im Vergleich zum Eigentum wiederholen. Man sollte sich aber vor Augen halten, daß durch das Erfordernis einer allgemeinen Nachforschungspflicht der gutgläubige Erwerb ausgehöhlt, ja in vielen Fällen (nämlich in den soeben nicht angesprochenen Fallkonstellationen) verhindert würde. Das widerspricht aber gerade der Intention des gutgläubigen Erwerbs, den Warenverkehr zu erleichtern und den Abnehmer im Normalfall von einer Nachforschungspflicht zu entlasten[17]: Muß man sich zunächst erkundigen, ob der Veräußerer auch tatsächlich berechtigt ist, macht man aus dem gutgläubigen Erwerb vom Nichtberechtigten einen Erwerb vom Berechtigten. Die Beweislastverteilung des § 932 Abs. 2, der durch seine Formulierung demjenigen, der für sich das Eigentum in Anspruch nimmt, die Beweislast für den bösen Glauben des Erwerbers auferlegt, drängt auch gerade zu dem Schluß, daß das Gesetz die Interessen des Erwerbers – solange kein Fall des § 935 Abs. 1 vorliegt – denen des Eigentümers gegenüber bevorzugt. Diese gesetzliche Wertung darf man nicht durch überspannte Nachforschungspflichten in ihr Gegenteil verkehren[18].

Eine generelle Nachforschungspflicht des Anwartschaftsrechtserwerbers ist mithin abzulehnen. Liegen aber konkrete Verdachtsgründe vor, die gegen eine Berechtigung des Veräußerers sprechen, so trifft den Erwerber nach allgemeinen Regeln eine Nachforschungspflicht. Kommt er dieser nicht nach, ist er nicht gutgläubig gem. § 932 Abs. 2 analog.

---

[17] *Hager,* S. 317.

[18] Ähnlich *MünchKomm/Quack,* § 932 Rn. 1.

F. Ergebnis

Die Vorschriften zur Übertragung des Eigentums an beweglichen Sachen durch einen Nichtberechtigten (§§ 932 ff.) sind auf die Übertragung des Anwartschaftsrechts durch einen Nichtberechtigten analog anwendbar. Es ist dabei mit der herrschenden Anwartschaftslehre davon auszugehen, daß das Anwartschaftsrecht isoliert nach den Regeln des Eigentums (§§ 929 ff.) übertragbar ist. Auch die Rückabwicklung zwischen den Beteiligten erfolgt entsprechend den für das Eigentum geltenden Regeln.[1]

Eine etwaige Forderungsabhängigkeit steht dem gutgläubigen Erwerb des Anwartschaftsrechts im Gegensatz zur ganz h. L. auch dann nicht entgegen, wenn kein Vorbehaltskauf vorliegt. Denn entgegen fast allgemeiner Auffassung ist das Anwartschaftsrecht nicht unmittelbar forderungsabhängig. Es kann weder als akzessorisch, kausal noch als sonst von dem ihm zugrundeliegenden Vorbehaltskauf abhängig angesehen werden. Der Begriff der Akzessorietät verbietet sich schon deshalb, weil das dem Vorbehaltskäufer zustehende Anwartschaftsrecht nicht das von der – einer anderen Person, nämlich – dem Vorbehaltsverkäufer zustehenden Kaufpreisforderung geführte Recht ist, dies aber nach dem herkömmlichen Verständnis Voraussetzung für Akzessorietät wäre.[2]

Das Anwartschaftsrecht ist auch nicht unmittelbar rechtsgrundabhängig, weil es auf einer kausalen Verfügung beruhe; denn hierfür gibt das Gesetz keine Rechtfertigung.[3] Im Normalfall des Vorbehaltskaufs, in dem die Parteien über dessen Wirksamkeit nicht unsicher sind, ist es von Gesetzes wegen auch ausgeschlossen, ihnen den Willen zu unterschieben, die Wirksamkeit des Kaufvertrages zum Bedingungsinhalt zu erheben. Denn nur eine ausdrückliche Vereinbarung eines solchen Bedingungszusammenhangs ist nach dem geltenden Recht, das sich für das Abstraktionsprinzip entschieden hat, beachtlich.[4] Eine Ausnahme hiervon stellt auch nicht § 455 dar, der durch seine Formulierung „Zahlung des Kaufpreises“ einen gesetzlichen Bedingungszu-

---

[1] B I 6, S. 82 ff.

[2] B I 1, S. 35 ff.

[3] B I 2, S. 39 ff.

[4] B I 4 a, S. 53 ff.

sammenhang im Zweifel anordne. Schon der Wortlaut zwingt nicht zu einem solchen Schluß; dagegen sprechen aber Entstehungsgeschichte, Systematik und Sinn und Zweck der Vorschrift. Insbesondere dient der Eigentumsvorbehalt nicht dazu, den Vorbehaltsverkäufer vor der Leistung auf einen unwirksamen Vertrag zu schützen.[5] Eine darüber hinaus angebliche sonstige Abhängigkeit des Anwartschaftsrechts vom Vorbehaltskauf ist schon von der Methodik her nicht anzuerkennen.[6]

Bei unwirksamem Kaufvertrag muß der Vorbehaltsverkäufer das Anwartschaftsrecht kondizieren; die Vindikation steht ihm grundsätzlich nicht zu. Mittelbar aber wirkt der unwirksame Kaufvertrag doch auf die dingliche Rechtsstellung des Anwärters: Denn der Vorbehaltsverkäufer braucht nun keine Kaufpreisraten mehr anzunehmen, ohne daß ein Fall des § 162 Abs. 1 vorläge. Ferner kann er beispielsweise durch Widerruf beim Vorliegen der Rücktrittsvoraussetzungen gem. § 455 zugleich die Anwartschaft zerstören.[7] Der Vorbehaltsverkäufer ist befugt, vom Anwartschaftszweiterwerber die Sache nach § 985 heraus zu verlangen, wenn er erklärt, zukünftig keine Raten mehr anzunehmen, so einen Bedingungsausfall herbeiführt und die Anwartschaft vernichtet.[8] Schließlich bewirkt die fehlende Forderungsabhängigkeit, daß entgegen der Rechtsprechung die Parteien auch nach Übertragung der Anwartschaft auf einen Dritten grundsätzlich nicht gehindert sind, den Vorbehaltskauf willkürlich aufzuheben.[9]

Dem Anwartschaftsrecht steht mit dem Besitz analog §§ 929 ff., 932 ff., 1006 ein Rechtsscheinträger zur Seite, auf den der Erwerber auch hinsichtlich des Ratenstandes grundsätzlich vertrauen darf. Ebensowenig wie beim Eigentumserwerb vom Nichtberechtigten vertraut der Erwerber vom Nichtanwärter lediglich auf ein Gutglaubensschutz nicht auslösendes „Gerede".[10]

Die Interessenlage ist mit der beim Eigentumserwerb vom Nichtberechtigten vergleichbar. Insbesondere stehen dem Vorbehaltsverkäufer die oben bezeichneten Mittel zur Verfügung, alsbald wieder in den Besitz seiner Sache zu gelangen. Auch die Kreditfähigkeit spricht für eine hohe Umlauffähigkeit des Anwartschaftsrechts. Gerade bei der Interessenabwägung wird deutlich, daß

---

[5] B I 4 b-d, S. 55 ff., insbes. unter d, S. 64 ff.

[6] B I 3, S. 49 ff.

[7] B I 5 a, S. 72 ff.

[8] B I 5 b, S. 78 ff.

[9] B I 5 c, S. 80 ff.

[10] C, S. 120 ff.

die Differenzierung der h. L. hinsichtlich der Zulässigkeit des gutgläubigen Erwerbs danach, ob ein Vorbehaltskauf vorliegt oder nicht, nicht haltbar ist.[11]

Gegen eine analoge Anwendung der §§ 932 ff. sprechen schließlich weder systematische Argumente, wie etwa der nicht treffende Vergleich mit der Rechtslage beim Pfandrecht,[12] noch solche, daß das Anwartschaftsrecht sich aufgrund seiner angeblichen Struktur zum gutgläubigen Erwerb nicht eigne[13]. Nur ausnahmsweise wird man den Erwerber als verpflichtet ansehen können, über die Berechtigung seines Vertragspartners Nachforschungen anzustellen; ansonsten ist er gutgläubig.[14]

Den Lösungen der von der Anwartschaftslehre abweichenden Ansichten kann jedenfalls insoweit nicht gefolgt werden, als sie den Vorbehaltskäufer als Eigentümer ansehen (Lehre vom pfandrechtsbelasteten und vom auflösend bedingten Eigentum), da sie mit dem Gesetz nicht vereinbar sind. Denn §§ 161, 455 belassen das Eigentum zunächst beim Vorbehaltsverkäufer.[15] Wegen Verstoßes gegen § 159 kann auch der Pendenztheorie nicht gefolgt werden.[16] Hingegen ist die Lehre von der Vorausverfügung gesetzeskonform, wenn sie auch der h. L. insoweit unterlegen ist, als sie es dem Anwärter entgegen der Intention des § 161 Abs. 1 S. 1 verweigert, über sein jetzige Rechtsstellung als Berechtigter verfügen zu dürfen. Nach ihr sind die §§ 932 ff. ebenfalls nicht direkt anwendbar; da aber auch ihr zufolge der Vorbehaltskäufer starke Sicherung anbieten können soll, steht insbesondere angesichts der Interessenlage nichts entgegen, auch von ihrem Boden aus für eine analoge Anwendung der §§ 932 ff. einzutreten.[17]

---

[11] D I, S. 130 ff.

[12] D II, S. 134 ff.

[13] D III, S. 139 ff.

[14] E, S. 142 ff.

[15] B II 2, S. 113 ff.

[16] B II 1 f, S. 107 ff.

[17] B II 1, S. 88 ff., insbes. unter g, S. 108 ff.

Literaturverzeichnis

AK / Bearbeiter: Kommentar zum Bürgerlichen Gesetzbuch, Reihe Alternativkommentare, Bd. 4, Sachenrecht, Neuwied / Darmstadt 1983

Banke, Bernd Erich: Das Anwartschaftsrecht aus Eigentumsvorbehalt in der Einzelzwangsvollstreckung, Diss. iur. Mainz 1991

Baur, Jürgen F. / *Stürner,* Rolf: Lehrbuch des Sachenrechts, 16. Aufl., München 1992

Bayer, Walter: Urteilsanmerkung zu BGH, Urt. v. 10.10.1984, in: WM 1987, S. 1541 ff.

Berger, Wolfgang: Eigentumsvorbehalt und Anwartschaftsrecht – Besitzloses Pfandrecht und Eigentum, Frankfurt am Main / Bern / New York / Nancy 1984

Beuthien, Volker: Zweckerreichung und Zweckstörung im Schuldverhältnis, Tübingen 1969

Blomeyer, Arwed: Eigentumsvorbehalt und gutgläubiger Erwerb, AcP 153 (1954), S. 239 ff.

– Die Rechtsstellung des Vorbehaltsverkäufers, AcP 162 (1963), S. 193 ff.

– Studien zur Bedingungslehre, Teil 2, Über bedingte Verfügungsgeschäfte, Berlin / Leipzig 1939 (zit.: Studien)

Bork, Reinhard: Der Vergleich, Berlin 1988

Breyhan, Christian: Abstrakte Übereignung und Parteiwille in der Rechtsprechung, Leipzig 1929

Brox, Hans: Das Anwartschaftsrecht des Vorbehaltskäufers, JuS 1984, S. 657 ff.

Büdenbender, Ulrich: Grundsätze des Hypothekenrechts, JuS 1996, S. 665 ff.

Bülow, Peter: Einführung in das Recht der Kreditsicherheiten, Jura 1995, S. 198 ff.; 1996, S. 190 ff.

– Kauf unter Eigentumsvorbehalt, Jura 1986, S. 169 ff., 234 ff.

– Recht der Kreditsicherheiten, 3. Aufl., Heidelberg 1993 (zit.: Kreditsicherheiten)

Derleder, Peter: Zu den Sanktionen des Eigentumsvorbehalts bei Leistungsstörungen auf der Käuferseite, ZHR 139 (1975), S. 20 ff.

– Mobiliarsachenrechtlicher Verkehrsschutz durch Privilegierung des Erwerbs vom Nichtberechtigten? – BGH, NJW 1978, S. 696, in: JuS 1979, S. 477 ff.

Dilcher, Hermann: Sachenrecht in programmierter Form, 5. Aufl., Berlin / New York 1990

Döring, Frank Markus: Schutz des Vorbehaltskäufers durch Anwendung des § 936 III BGB auf den gutgläubigen Zwischenerwerb?, NJW 1996, S. 1443 ff.

Eder, Ulrich: Das Pfandrecht am Anwartschaftsrecht des Vorbehaltskäufers, Diss. iur. Münster 1990

Egert, Hans: Die Rechtsbedingung im System des bürgerlichen Rechts, Berlin 1974

Ehmann, Horst: Über den Begriff des rechtlichen Grundes im Sinne des § 812 BGB, NJW 1969, S. 398 ff.

– Die Gesamtschuld, Berlin 1972 (zit.: Gesamtschuld)

Eichenhofer, Eberhard: Anwartschaftslehre und Pendenztheorie – Zwei Deutungen von Vorbehaltseigentum –, AcP 185 (1985), S. 162 ff.

Enneccerus, Ludwig / *Nipperdey,* Hans Carl: Allgemeiner Teil des Bürgerlichen Rechts, Halbbd. 2, 15. Aufl., Tübingen 1960

Erman, Walter / Bearbeiter: Handkommentar zum Bürgerlichen Gesetzbuch, Bd. 1 und 2, 9. Aufl., Münster 1993

Esser, Josef: Schuldrecht. Ein Lehrbuch, Bd. 2, Besonderer Teil, 4. Aufl., Karlsruhe 1971

Esser, Josef / *Schmidt,* Eike: Schuldrecht, Bd. 1, Allgemeiner Teil, Teilbd. 1, 8. Aufl., Heidelberg 1995

Fikentscher, Wolfgang: Schuldrecht, 8. Aufl., Berlin / New York 1991

Fischer, Gerfried: Vorrang des Vermieterpfandrechts vor dem Sicherungseigentum? – BGHZ 117, 200, in: JuS 1993, S. 542 ff.

Flume, Werner: Allgemeiner Teil des bürgerlichen Rechts, Bd. 2, Das Rechtsgeschäft, 4. Aufl., Berlin / Heidelberg / New York 1992 (zit.: Rechtsgeschäft)

– Die Rechtsstellung des Vorbehaltskäufers, AcP 161 (1962), S. 385 ff.

Forkel, Hans: Grundfragen der Lehre vom privatrechtlichen Anwartschaftsrecht, Berlin 1962 (zit.: Grundfragen)

– Urteilsanmerkung zu BGH, Urt. v. 24. 10. 1979, in: NJW 1980, S. 774 f.

Georgiades, Apostolos: Die Eigentumsanwartschaft beim Vorbehaltskauf. Zur Theorie der dinglichen Anwartschaften, Tübingen 1963

Gerhards, Paulheinz: Die Neuordnung des Anwartschaftsrechts aus aufschiebend bedingter Übereignung, Diss. iur. Köln 1962

Gerhardt, Walter: Die neuere Rechtsprechung zu den Mobiliarsicherheiten – Teil 1, JZ 1986, S. 672 ff.

Gernhuber, Joachim: Bürgerliches Recht. Ein systematisches Repetitorium für Fortgeschrittene, 3. Aufl., München 1991 (zit.: BürgR)

– Freiheit und Bindung des Vorbehaltskäufers nach Übertragung seines Anwartschaftsrechts, FS für Baur, Tübingen 1981, S. 31 ff.

– Das Schuldverhältnis, Tübingen 1989 (zit.: Schuldverhältnis)

Grimm, Walter: Gutgläubiger Erwerb bei bedingten Verfügungen, Diss. iur. Göttingen 1913

Hager, Johannes: Verkehrsschutz durch redlichen Erwerb, München 1990

Harder, Manfred: Die Leistung an Erfüllungs Statt, Berlin 1976

Harms, Wolfgang: Sachenrecht, 4. Aufl., Frankfurt am Main 1983

Hausmann, Adolf: Die Uebertragung der Anwartschaftsrechte nach dem Bürgerlichen Gesetzbuch, Diss. iur. Köln 1937

Hennrichs, Joachim: Raumsicherungsübereignung und Vermieterpfandrecht, DB 1993, S. 1707 ff.

Herboth, Hermann: Das gutgläubig erworbene Anwartschaftsrecht des Vorbehaltskäufers, Diss. iur. Mainz 1955

Hübner, Ulrich: Zur dogmatischen Einordnung der Rechtsposition des Vorbehaltskäufers, NJW 1980, S. 729 ff.

Jaeger, Ernst / *Henckel,* Wolfram: Konkursordnung mit Einführungsgesetz, 2. Lieferung, §§ 10-18, 9. Aufl., Berlin 1980

Jahr, Günther: Zur iusta causa traditionis, ZSS (Rom. Abt.) 80 (1963), S. 141 ff.

– Romanistische Beiträge zur modernen Zivilrechtswissenschaft, AcP 168 (1968), S. 9 ff.

Jauernig, Othmar: Zur Akzessorietät bei der Sicherungsübertragung, NJW 1982, S. 268 ff.

Jauernig, Othmar / Bearbeiter: Bürgerliches Gesetzbuch, Kommentar, 7. Aufl., München 1994 (zit.: BGB)

Kegel, Gerhard: Verpflichtung und Verfügung, FS für Mann, München 1977, S. 57 ff.

Klinke, Ulrich: Causa und genetisches Synallagma, Berlin 1983

Koch, Wilhelm: Die rechtliche Wirkung der Übertragung von Anwartschaftsrechten insbesondere beim Kauf unter Eigentumsvorbehalt, Diss. iur. Würzburg 1937

Koller, Ingo: Der gutgläubige Erwerb bei der Übertragung von Miteigentumsanteilen, JZ 1972, S. 646 ff.

Kollhosser, Helmut: Auflösung des Anwartschaftsrechts trotz Zubehörhaftung? – Zugleich zu BGH, Urteil v. 10.10.1984 – VIII ZR 244 / 83 –, in: JZ 1985, S. 370 ff.

– Der Kampf ums Zubehör (zwischen Grundpfandgläubiger und Sicherungseigentümer), JA 1984, S. 196 ff.

Krawielicki, Robert: Grundlagen des Bereicherungsanspruchs, Breslau 1936

Krüger, Wolfgang: Das Anwartschaftsrecht – ein Faszinosum, JuS 1994, S. 905 ff.

Kühne, Eberhard: Tatbestandsteilung, Rostock 1936

Kupisch, Berthold: Auflassungsvormerkung und guter Glaube, JZ 1977, S. 486 ff.

– Durchgangserwerb oder Direkterwerb? Eine verfehlte Fragestellung zu einem überlebten Begriff, JZ 1976, S. 417 ff.

Lange, Heinrich: Urteilsanmerkung zu OLG Stuttgart, Urt. v. 21.6.1950, in: NJW 1951, S. 445 f.

Larenz, Karl: Allgemeiner Teil des deutschen bürgerlichen Rechts, 7. Aufl., München 1988 (zit.: AT)

– Lehrbuch des Schuldrechts, Bd. 2, Besonderer Teil, Halbbd. 1, 13. Aufl., München 1986 (zit.: SchuldR)

Larenz, Karl / *Canaris,* Claus-Wilhelm: Methodenlehre der Rechtswissenschaft, 3. Aufl., Berlin / Heidelberg / New York 1995

Lempenau, Gerhard: Direkterwerb oder Durchgangserwerb bei Übertragung künftiger Rechte, Bad Homburg v. d. H. / Berlin / Zürich 1968

Loesti, Christoph: Zur sicherungshalben Übertragung der Eigentumsanwartschaft, Diss. iur. München 1974

Loewenheim, Ulrich: Verfügung über das Anwartschaftsrecht nach dessen sicherungsweiser Übertragung? – BGH, NJW 1980, 175, in: JuS 1981, S. 721 ff.

Ludwig, Georg: Zur Auflösung des Anwartschaftsrechts des Vorbehaltskäufers, auch bei Zubehörhaftung, NJW 1989, S. 1458 ff.

Lübtow, Ulrich v.: Hand wahre Hand, FS der Juristischen Fakultät der FU Berlin zum 41. Deutschen Juristentag, Berlin 1955, S. 119 ff.

Marotzke, Wolfgang: Das Anwartschaftsrecht ein Beispiel sinnvoller Rechtsfortbildung? Zugleich ein Beitrag zum Recht der Verfügungen, Berlin 1977 (zit.: Anwartschaftsrecht)

– Die Aufhebung grundpfandrechtsbelasteter Eigentumsanwartschaften, AcP 186 (1986), S. 490 ff.

– Der Eigentumsvorbehalt im neuen Insolvenzrecht, JZ 1995, S. 803 ff.

– Die logische Sekunde – ein Nullum mit Dauerwirkung?, AcP 191 (1991), S. 177 ff.

Medicus, Dieter: Die Akzessorietät im Zivilrecht, JuS 1971, S. 497 ff.

– Allgemeiner Teil des BGB, 6. Aufl., Heidelberg 1994 (zit.: AT)

– Bürgerliches Recht, 17. Aufl., Köln / Berlin / Bonn / München 1996 (zit.: BürgR)

Meister, Hans: Pfändung aufschiebend bedingten und künftigen Eigentums, NJW 1959, S. 608 f.

Mugdan, Benno: Die gesammten Materialien zum Bürgerlichen Gesetzbuch für das Deutsche Reich, Bd. 2, Recht der Schuldverhältnisse, Berlin 1899

Mühl, Otto: Buchbesprechung zu „Dingliche Anwartschaften" von Ludwig Raiser, AcP 160 (1961), S. 264 ff.

Müller, Klaus: Sachenrecht, 3. Aufl., Köln / Berlin / Bonn / München 1993

Müller-Laube, Hans-Martin: Die Konkurrenz zwischen Eigentümer und Anwartschaftsberechtigtem um die Drittschutzansprüche, JuS 1993, S. 529 ff.

MünchKomm / Bearbeiter: Münchener Kommentar zum BGB, hrsg. von Kurt Rebmann und Franz Jürgen Säcker, Bd. 1, Allgemeiner Teil (§§ 1-240), 3. Aufl., München 1993

– Bd. 3, Schuldrecht Besonderer Teil, Halbbd. 1 (§§ 433-606), 3. Aufl., München 1995

– Bd. 4, Sachenrecht (§§ 854-1296), 2. Aufl., München 1986

Münzel, Karl: Grundsätzliches zum Anwartschaftsrecht, MDR 1959, S. 345 ff.

Nauenberg, Max: Die Anwartschaft aus aufschiebend bedingter Übereignung als beschränktes dingliches Recht, Diss. iur. Heidelberg 1933

Nicolai, Andrea: Vermieterpfandrecht und (Raum-) Sicherungsübereignung, JZ 1996, S. 219 ff.

Oeckinghaus, Arne: Kaufvertrag und Übereignung beim Kauf beweglicher Sachen im deutschen und französischen Recht, Berlin 1973

Palandt, Otto / Bearbeiter: Bürgerliches Gesetzbuch, Kommentar, 55. Aufl., München 1996

Pannenborg, Gerrit: Verfügungen über die Anwartschaft aus aufschiebend bedingter Übereignung und ihre Wirkung bei Eintritt der Bedingung, Diss. iur. Münster 1954

Pottschmidt, Günter / *Rohr,* Ulrich: Kreditsicherungsrecht. Ein Handbuch für Studium und Praxis, 4. Aufl., München 1992

Protokolle: Protokolle der Kommission für die zweite Lesung des Entwurfs des Bürgerlichen Gesetzbuchs, bearbeitet von Achilles, Gebhard und Spahn, Bd. II, Recht der Schuldverhältnisse, Berlin 1898

Raiser, Ludwig: Dingliche Anwartschaften, Tübingen 1961

RGRK / Bearbeiter: Das Bürgerliche Gesetzbuch mit besonderer Berücksichtigung der Rechtsprechung des Reichsgerichts und des BGH, hrsg. von Mitgliedern des Bundesgerichtshofes, Kommentar, Bd. 3, Teil 1 (§§ 854-1011), 12. Aufl., Berlin / New York 1979

Reinicke, Dietrich / *Tiedtke,* Klaus: Der gutgläubige Erwerb eines Pfandrechts an beweglichen Sachen, JA 1984, S. 202 ff.

– Kaufrecht, 5. Aufl., Neuwied / Kriftel / Berlin 1992 (zit.: Kaufrecht)

– Kreditsicherung, 3. Aufl., Neuwied / Kriftel / Berlin 1994 (zit.: Kreditsicherung)

Reinicke, Gerhard: Gesetzliche Pfandrechte und Hypotheken am Anwartschaftsrecht aus bedingter Übereignung, Stuttgart 1941 (zit.: Pfandrechte)

– Zur Lehre vom Anwartschaftsrecht aus bedingter Übereignung. Zugleich ein Beitrag zur Methode der Rechtsfindung, MDR 1959, S. 613 ff.

Reinicke, Michael: Der Kampf um das Zubehör zwischen Sicherungseigentümer und Grundpfandgläubiger – BGHZ 92, 280, in: JuS 1986, S. 957 ff.

Reuter, Dieter / *Martinek,* Michael: Ungerechtfertigte Bereicherung, Tübingen 1983

Rimmelspacher, Bruno: Kreditsicherungsrecht, 2. Aufl., München 1987

Rinnewitz, Jürgen: Zur dogmatischen Struktur des Anwartschaftsrechts aus dem Eigentumsvorbehalt, Diss. iur. Göttingen 1989

Schäfer, Alexander Maria: Das Abstraktionsprinzip beim Vergleich, Bielefeld 1992

Schapp, Jan: Sachenrecht, München 1989

Scheuerle, Wilhelm: Das Wesen des Wesens, AcP 163 (1963), S. 429 ff.

Schlegelberger, Franz / *Hefermehl,* Wolfgang: Handelsgesetzbuch, Kommentar, Bd. 5 (§§ 373-382), 5. Aufl., München 1982

Schlüter, Wilfried: Durchbrechung des Abstraktionsprinzips über § 139 BGB und Heilung eines formnichtigen Erbteilskaufs durch Erfüllung – BGH, NJW 1967, 1128, in: JuS 1969, S. 10 ff.

Schnorr v. Carolsfeld, Ludwig: Buchbesprechung zu „Die Anwartschaft des Käufers unter Eigentumsvorbehalt“ von Ernst Letzgus, in: KritVSchr 66 (1939), S. 174 ff.

Schreiber, Klaus: Sachenrecht, Stuttgart / München / Hannover / Berlin / Weimar 1993

Schreiber, Rupert: Die bedingte Übereignung. Die Unzweckmäßigkeit der Konstruktion des Anwartschaftsrechts als Recht sui generis, NJW 1966, S. 2333 ff.

Schwab, Karl-Heinz / *Prütting,* Hanns: Sachenrecht. Ein Studienbuch, 25. Aufl., München 1995

Schwerdtner, Peter: Anwartschaftsrechte, Jura 1980, S. 609 ff., 661 ff.

Serick, Rolf: Causa und Anwartschaft, AcP 166 (1966), S. 129 ff.

– Eigentumsvorbehalt und Sicherungsübertragung, Bd. 1. Der einfache Eigentumsvorbehalt, Heidelberg 1963 (zit.: Eigentumsvorbehalt)

Soergel, Hans Th. / Bearbeiter: Bürgerliches Gesetzbuch mit Einführungsgesetz und Nebengesetzen, hrsg. von Wolfgang Siebert, Kommentar, Bd. 1, Allgemeiner Teil (§§ 1-240), 12. Aufl., Stuttgart / Berlin / Köln 1987

– Bd. 3, Schuldrecht 2 (§§ 433-515), 12. Aufl., Stuttgart / Berlin / Köln 1991

– Bd. 6, Sachenrecht (§§ 854-1296), 12. Aufl., Stuttgart / Berlin / Köln 1990

Sponer, Wolfdieter: Das Anwartschaftsrecht und seine Pfändung, Bielefeld 1965

Staudinger, Julius von / Bearbeiter: Julius von Staudingers Kommentar zum Bürgerlichen Gesetzbuch, Buch 1, Allgemeiner Teil (§§ 90-240), 12. Aufl., Berlin 1980 (zit.: 12. Aufl.)

– Buch 1, Allgemeiner Teil, §§ 134-163, 13. Aufl., Berlin 1996

– Buch 2, Recht der Schuldverhältnisse (§§ 433-534), 13. Aufl., Berlin 1995

– Buch 3, Sachenrecht (§§ 903-931, Anhang zu §§ 929-931, §§ 932-936), 12. Aufl., Berlin 1989

Stoll, Hans: Bemerkungen zu Eigentumsvorbehalt und Sicherungsübertragung, ZHR 128 (1966), S. 239 ff.

Tiedtke, Klaus: Erwerb beweglicher und unbeweglicher Sachen kraft guten Glaubens, Jura 1983, S. 460 ff., 518 ff.

– Gutgläubiger Erwerb im bürgerlichen Recht, im Handels- und Wertpapierrecht sowie in der Zwangsvollstreckung, Berlin / New York 1985 (zit.: Gutgläubiger Erwerb)

Valentin, Richard: Das Prinzip des Gutglaubensschutzes und seine Abwandlungen, Diss. iur. München 1968

Waldner, Wolfram: Zur Rechtsstellung des Anwartschaftszweiterwerbers, MDR 1980, S. 459 ff.

Weber, Hansjörg: Kreditsicherheiten. Recht der Sicherungsgeschäfte, 4. Aufl., München 1994

Weitnauer, Hermann: Buchbesprechung zu „Eigentumsvorbehalt und Sicherungsübertragung (Monographie in 3 Bänden). Band I: Der einfache Eigentumsvorbehalt" von Rolf Serick, in: JZ 1965, S. 141 f.

Westermann, Harm Peter: Die causa im französischen und deutschen Zivilrecht, Berlin 1967

Westermann, Harry: Die Grundlagen des Gutglaubensschutzes, JuS 1963, S. 1 ff.

– Sachenrecht, ein Lehrbuch. 5. Aufl., Karlsruhe 1966 (zit.: SachenR, 5. Aufl.)

Westermann, Harry / *Gursky,* Karl-Heinz: Sachenrecht, ein Lehrbuch, Bd. 1. Grundlagen und Recht der beweglichen Sachen, 6. Aufl., Heidelberg 1990

Wiegand, Wolfgang: Die Entwicklung des Sachenrechts im Verhältnis zum Schuldrecht, AcP 190 (1990), S. 112 ff.

– Der gutgläubige Erwerb beweglicher Sachen nach §§ 932 ff. BGB, JuS 1974, S. 201 ff.

Wieling, Hans-Josef: Sachenrecht, 2. Aufl., Berlin / Heidelberg / New York 1994 (zit.: Lehrbuch)

– Sachenrecht, Bd. 1. Sachen, Besitz und Rechte an beweglichen Sachen, Berlin / Heidelberg / New York 1990 (zit.: SachenR I)

Wilhelm, Jan: Sachenrecht, Berlin / New York 1993

Wittmann, Roland: Induktive Logik und Jurisprudenz, ZRT 1978, S. 43 ff.

Wolf, Ernst: Sachenrecht, 2. Aufl., Köln / Bonn / Berlin / München 1976

Wolf, Manfred: Sachenrecht, 13. Aufl., München 1996

Wolff, Martin / *Raiser,* Ludwig: Sachenrecht. Ein Lehrbuch, 10. Aufl., Tübingen 1957

Zimmermann, Reinhard: Sittenwidrigkeit und Abstraktion, JR 1985, S. 48 ff.

Es wird verwiesen auf Hildebert *Kirchner,* Abkürzungsverzeichnis der Rechtssprache, 4. Aufl., Berlin / New York 1993.

Sachregister

Schriften zum Bürgerlichen Recht

166 Heike Damrau-Schröter
Zivilrechtliche Aspekte der „Mieter-Modernisierung“
Die Rechtsstellung des Mieters zwischen Verwendungsersatz und Wegnahmerecht
294 S. 1994 ⟨3-428-08007-6⟩
DM 98,– / öS 715,– / sFr 98,–

167 Christian Katzenmeier
Vertragliche und deliktische Haftung in ihrem Zusammenspiel
dargestellt am Problem der „weiterfressenden Mängel“
308 S. 1994 ⟨3-428-07959-0⟩
DM 118,– / öS 861,– / sFr 118,–

168 Robin Dörrie
Die Testamentsvollstreckung im Recht der Personenhandelsgesellschaften und der GmbH
206 S. 1994 ⟨3-428-08053-X⟩
DM 78,– / öS 569,– / sFr 78,–

169 Frank Walter Schmitz
Die deliktische Haftung für Arbeitnehmer
Ein Beitrag zur deliktischen Verhaltenszurechnung
114 S. 1994 ⟨3-428-08093-9⟩
DM 72,– / öS 526,– / sFr 72,–

170 Andreas Quentin
Kausalität und deliktische Haftungsbegründung
zugleich ein Beitrag zum Kausalitätsproblem bei Waldschadensfällen
339 S. 1994 ⟨3-428-08050-5⟩
DM 98,– / öS 715,– / sFr 98,–

171 Dietmar Nolting
Der Änderungsvorbehalt beim Erbvertrag
235 S. 1994 ⟨3-428-08149-8⟩
DM 82,– / öS 599,– / sFr 82,–

172 Hermann Eichler
Die Rechtsidee des Eigentums
Eine rechtsdogmatische und rechtspolitische Betrachtung
86 S. 1994 ⟨3-428-08144-7⟩
DM 58,– / öS 423,– / sFr 58,–

173 Ulrich Voß
Vertragliche und gesetzliche Ansprüche des Schwarzarbeiters
153 S. 1994 ⟨3-428-08125-0⟩
DM 72,– / öS 526,– / sFr 72,–

174 Thomas Berg
Schwebend unwirksame Beschlüsse privatrechtlicher Verbände
264 S. 1994 ⟨3-428-08219-2⟩
DM 86,– / öS 628,– / sFr 86,–

175 Fredy Müller
Auskunftshaftung nach deutschem und englischem Recht
Eine rechtsvergleichende Untersuchung der dogmatischen Grundlagen der Haftung gegenüber Dritten für fahrlässig verursachte primäre Vermögensschäden
348 S. 1995 ⟨3-428-08259-1⟩
DM 108,– / öS 788,– / sFr 108,–

176 Nicola Preuß
Die notarielle Hinterlegung
252 S. 1995 ⟨3-428-08230-3⟩
DM 88,– / öS 642,– / sFr 88,–

177 Velten Kappeßer
Die Nottestamente des BGB
Eine Untersuchung zur Entwicklungsgeschichte, zur Dogmatik und zur praktischen Bedeutung des Bürgermeistertestaments und des Dreizeugentestaments de lege lata und de lege ferenda
241 S. 1995 ⟨3-428-08324-5⟩
DM 82,– / öS 599,– / sFr 82,–

178 Christina Wolf
Drittleistung und Leistungsmittlung
139 S. 1995 ⟨3-428-08403-9⟩
DM 74,– / öS 540,– / sFr 74,–

179 Theodor Lytras
Zivilrechtliche Haftung für Umweltschäden
546 S. 1995 ⟨3-428-08270-2⟩
DM 268,– / öS 1.956,– / sFr 268,–

180 Astrid Bernard
Der Schwangerschaftsabbruch aus zivilrechtlicher Sicht unter besonderer Berücksichtigung der Rechtsstellung des nasciturus
147 S. 1995 ⟨3-428-08477-2⟩
DM 78,– / öS 569,– / sFr 78,–

181 Winfried Boecken
Deliktsrechtlicher Eigentumsschutz gegen reine Nutzungsbeeinträchtigungen
449 S. 1995 ⟨3-428-08424-1⟩
DM 178,– / öS 1.299,– / sFr 178,–

182 Tobias Haumer
Der Taschengeldanspruch zwischen Ehegatten im Recht des Familienunterhalts
172 S. 1995 ⟨3-428-08558-2⟩
DM 76,– / öS 555,– / sFr 76,–

183 Karsten Scholz
Der Begriff der Zumutbarkeit im Deliktsrecht
190 S. 1996 ⟨3-428-08493-4⟩
DM 86,– / öS 628,– / sFr 86,–

184 Roland Schimmel
Eheschließungen gleichgeschlechtlicher Paare?
245 S. 1996 ⟨3-428-08588-4⟩
DM 98,– / öS 715,– / sFr 98,–

185 Klaus Friederich
Die Stellung des Sicherungsgebers bei der privativen Schuldübernahme nach § 418 Abs. 1 BGB
241 S. 1996 ⟨3-428-08389-X⟩
DM 112,– / öS 818,– / sFr 112,–

186 Wolfgang Reetz
Der Schutz vor negativen Immissionen als Regelungsaufgabe des zivilrechtlichen und des öffentlich-rechtlichen Nachbarschutzes
326 S. 1996 ⟨3-428-08254-0⟩
DM 108,– / öS 788,– / sFr 108,–

187 Klaus Reischl
Zur Schenkung von Todes wegen
unter besonderer Berücksichtigung der legislativen Zielsetzung
327 S. 1996 ⟨3-428-08851-4⟩
DM 98,– / öS 715,– / sFr 89,–

188 Bettina Albers-Frenzel
Die Mithaftung naher Angehöriger für Kredite des Hauptschuldners
266 S. 1996 ⟨3-428-08560-4⟩
DM 92,– / öS 672,– / sFr 83,50

189 Christine Godt
Haftung für Ökologische Schäden
Verantwortung für Beeinträchtigungen des Allgemeingutes Umwelt durch individualisierbare Verletzungshandlungen
347 S. 1997 ⟨3-428-08685-6⟩
DM 98,– / öS 715,– / sFr 89,–

190 Frank Klinkhammer
Der Besitz als Gegenstand des Bereicherungsanspruchs
112 S. 1997 ⟨3-428-08703-8⟩
DM 76,– / öS 555,– / sFr 69,–